Transtorno do Espectro Autista

Transtorno do Espectro Autista

avaliação e intervenção multiprofissional

EDITORES

Cristiana Castanho de Almeida Rocca

Telma Pantano

Antonio de Pádua Serafim

manole
editora

Capa: Ricardo Yoshiaki Nitta Rodrigues
Imagem da capa: Freepik
Projeto gráfico: Departamento Editorial da Editora Manole
Editoração eletrônica: R G Passo

CIP-BRASIL. CATALOGAÇÃO NA PUBLICAÇÃO
SINDICATO NACIONAL DOS EDITORES DE LIVROS, RJ

T696

Transtorno do espectro autista / editores Cristiana Castanho de Almeida Rocca, Telma Pantano, Antonio de Pádua Serafim. - 1. ed. - Barueri [SP] : Manole, 2025.
23 cm.

Inclui bibliografia e índice
ISBN 978-85-204-5886-0

1. Autismo. 2. Transtornos do espectro autista - Diagnóstico. 3. Transtornos do espectro autista - Tratamento. 4. Autismo - Abordagem interdisciplinar do conhecimento. I. Rocca, Cristiana Castanho de Almeida. II. Pantano, Telma. III. Serafim, Antonio de Pádua.

25-97886.0 CDD: 616.85882
CDU: 616.896

Gabriela Faray Ferreira Lopes - Bibliotecária - CRB-7/6643

Editora Manole Ltda.
Alameda Rio Negro, 967, conj. 717
Alphaville Industrial – Barueri – SP - Brasil
CEP: 06454-000
Fone: (11) 4196-6000
www.manole.com.br | https://atendimento.manole.com.br/

Impresso no Brasil | *Printed in Brazil*

Editores

Cristiana Castanho de Almeida Rocca

Psicóloga Supervisora do Serviço de Psicologia e Neuropsicologia, e em atuação no Hospital Dia Infantil do Instituto de Psiquiatria do Hospital das Clínicas da Faculdade de Medicina da Universidade de São Paulo (IPq-HCFMUSP). Mestre e Doutora em Ciências pela FMUSP. Professora Colaboradora na FMUSP e Professora nos cursos de Neuropsicologia do IPq-HCFMUSP.

Telma Pantano

Fonoaudióloga e Psicopedagoga do Serviço de Psiquiatria Infantil do Hospital das Clínicas da Faculdade de Medicina da Universidade de São Paulo (HCFMUSP). Vice-coordenadora do Hospital Dia Infantil do Instituto de Psiquiatria do HCFMUSP e Especialista em Linguagem. Mestre e Doutora em Ciências e Pós-doutora em Psiquiatria pela FMUSP. Master em Neurociências pela Universidade de Barcelona, Espanha. Professora e Coordenadora dos cursos de Neurociências e Neuroeducação pelo Centro de Estudos em Fonoaudiologia Clínica.

Antonio de Pádua Serafim

Psicólogo. Livre-Docente na área de Neuropsicologia pelo Instituto de Psicologia da Universidade de São Paulo (IPUSP). Professor Associado de Avaliação Psicológica e Neuropsicológica no Curso de Graduação em Psicologia e Coordenador do Laboratório de Estudos e Pesquisas em Avaliação Psicológica e Neuropsicológica (LEANPSI-IPUSP). Orientador do Programa de Pós-graduação em Neurociências e Comportamento (IPUSP). Professor Colaborador no Departamento de Psiquiatria da Faculdade de Medicina da Universidade de São Paulo (FMUSP). Membro do GT 35 – ANPPEP – Pesquisa em Avaliação Psicológica.

Autores

Adriana Dias Barbosa Vizzotto

Doutora e Mestre em Ciência da Saúde pela Faculdade de Medicina da Universidade de São Paulo (FMUSP). Pós-graduação em Desenvolvimento Infantil pela Child Behavior Institute of Miami. Terapeuta Ocupacional com formação em Psiquiatria e Saúde Mental. Colaboradora do Programa de Esquizofrenia (PROJESQ) do Instituto de Psiquiatria do HCFMUSP.

Alison Vanessa Morroni Amaral

Pedagoga pela Universidade do Norte do Paraná (UNOPAR). Pós-graduada em Psicopedagogia pela Faculdade Anhanguera, em Alfabetização e Letramento pelo Instituto Superior de Educação da América Latina (ISAL), em Neuroeducação pela Universidade Mozarteum – FAMOSP, em Especialização Multidisciplinar em Psiquiatria Infantil e Adolescência – Formação em Saúde Mental pelo Hospital das Clínicas da Faculdade de Medicina da Universidade de São Paulo (HCFMUSP) e em Intervenção em ABA para Autista e Deficiência Intelectual. Colaboradora e Pesquisadora no Hospital Dia Infantil do Instituto de Psiquiatria (IPq-HCFMUSP) nos Grupos de Avaliação Psicopedagógica, Treino das Funções Executivas e Aprendizado, Habilidades Socioemocionais a partir de histórias infantis e Treino de Habilidades Matemáticas.

Allyson de Castro Eccard

Médico Psiquiatra pela Universidade Estadual de Campinas (UNICAMP). Psiquiatra da Infância e Adolescência pelo Instituto de Psiquiatria do Hospital das Clínicas da Faculdade de Medicina da Universidade de São Paulo (IPq-HCFMUSP). Colaborador do Programa de Transtornos do Espectro Autista do Serviço de Psiquiatria da Infância e Adolescência do IPq-HCFMUSP.

Antonio de Pádua Serafim

Psicólogo. Livre-Docente na área de Neuropsicologia pelo Instituto de Psicologia da Universidade de São Paulo (IPUSP). Professor Associado de Avaliação Psicológica e Neuropsicológica no Curso de Graduação em Psicologia e Coordenador do Laboratório de Estudos e Pesquisas em Avaliação Psicológica e Neuropsicológica (LEANPSI-IPUSP). Orientador do Programa de Pós-graduação em Neurociências e Comportamento (IPUSP). Professor Colaborador no Departamento de Psiquiatria da Faculdade de Medicina da Universidade de São Paulo (FMUSP). Membro do GT 35 – ANPPEP – Pesquisa em Avaliação Psicológica.

Cristiana Castanho de Almeida Rocca

Psicóloga Supervisora do Serviço de Psicologia e Neuropsicologia, e em atuação no Hospital Dia Infantil do Instituto de Psiquiatria do Hospital das Clínicas da Faculdade de Medicina da Universidade de São Paulo (IPq-HCFMUSP). Mestre e Doutora em Ciências pela FMUSP. Professora Colaboradora na FMUSP e Professora nos cursos de Neuropsicologia do IPq-HCFMUSP.

Dinara Souza

Terapeuta Ocupacional pela Universidade de Sorocaba. Mestre em Educação nas Profissões da Saúde pela Pontifícia Universidade Católica de São Paulo (PUC-SP) e certificada internacionalmente na abordagem de Integração Sensorial. Atua há mais de duas décadas na atenção a crianças com transtornos do neurodesenvolvimento, com ênfase no transtorno do espectro do autismo. Fundadora da MakingSense – Assistência, Assessoria e Estudo em Processamento Sensorial. Coordenadora do Núcleo de Terapia Ocupacional do Ambulatório de Autismo TEAMM da Universidade Federal de São Paulo (UNIFESP). Supervisora clínica e docente em programas de pós-graduação na área, com destacada produção técnica e participação ativa na formação interprofissional em saúde.

Érica da Cruz Santos

Psicóloga Clínica e Hospitalar. Mestre em Ciências pela Universidade de São Paulo. Supervisora no Serviço de Psicologia e Neuropsicologia e Coordenadora do Programa de Aprimoramento em Neuropsicologia no Contexto Hospitalar do Instituto de Psiquiatria do Hospital das Clínicas da Faculdade de Medicina da Universidade de São Paulo (IPq-HC-FMUSP). Professora nos cursos de Neuropsicologia do Serviço de Psicologia e Neuropsicologia do IPq-HCFMUSP e da Comportalmente.

Giovana Del Prette

Psicóloga. Especialista em Terapia Analítico-comportamental. Mestre em Psicologia. Doutora em Ciências pelo Instituto de Psicologia da Universidade de São Paulo (IPUSP). Pós-doutora em Psiquiatria pelo Instituto de Psiquiatria do Hospital das Clínicas da Faculdade de Medicina da Universidade de São Paulo (IPq-HCFMUSP), pesquisando e atendendo (em) terapia infantil, com ênfase em treinamento parental comportamental no tratamento de crianças em idade pré-escolar. Leciona a disciplina de Análise do Comportamento no Programa de Residência Médica em Psiquiatria da Infância e Adolescência do IPq-HCFMUSP.

Helen Barbosa

Fonoaudióloga formada pela Escola Paulista de Medicina da Universidade Federal de São Paulo (EPM-UNIFESP). Pós-graduação *lato sensu*. Especialização Multidisciplinar em Psiquiatria Infantil e Adolescência – Formação em Saúde Mental, pelo Instituto de Psiquiatria do Hospital das Clínicas da Faculdade de Medicina da Universidade de São Paulo (IPq-HCFMUSP).

Joana Portolese

Neuropsicóloga. Doutoranda pelo Instituto de Psiquiatria do Hospital das Clínicas da Faculdade de Medicina da Universidade de São Paulo (IPq-HCFMUSP). Coordenadora do Programa de Diagnóstico do Ambulatório de Autismo (PROTEA) do Serviço de Psiquiatria da Infância e Adolescência do IPq-HCFMUSP. Supervisora do Ambulatório de Neurodesenvolvimento (PROANDE) do Serviço de Psiquiatria da Infância e Adolescência do IPq-HCFMUSP.

Laís Maria Cavalcante Vieira

Psicóloga pelo Centro Universitário de Brasília (CEUB). Mestranda em Neurociências e Comportamento pelo Instituto de Psicologia da Universidade de São Paulo (IPUSP). Especialização em Terapia Cognitivo-comportamental pelo Instituto Cognitivo. Com atuação profissional e acadêmica em psicologia clínica e neuropsicologia forense.

Lívia de Castro Rocha

Psicóloga. Aprimoramento e Especialização em Psiquiatria Infantil e Adolescência pelo Instituto de Psiquiatria do Hospital das Clínicas da Faculdade de Medicina da Universidade de São Paulo (IPq-HCFMUSP). Pesquisadora do Hospital Dia Infantil do IPq-HCFMUSP.

Margareth Ramos Mari Dreyer

Mestre em Ciências em Transtornos do Neurodesenvolvimento (University of South Wales, Reino Unido). Pós-graduada em Psicomotricidade (Organisation Internationale de Psychomotricité, França/ ISPE-Gae e Faculdade de Medicina do ABC. Psicóloga pela Pontifícia Universidade Católica de São Paulo (PUC-SP). Colaboradora do Serviço de Psicologia e Neuropsicologia para o Hospital Dia Infantil no Instituto de Psiquiatria do Hospital das Clínicas da Faculdade de Medicina da Universidade de São Paulo (IPq-HCFMUSP) com os programas Psicomotricidade e Relaxamento e Consciência Corporal. Membro da International Society of Research and Advocacy for Developmental Coordination Disorder (ISRA-DCD).

Maria de Fátima Nazaré

Pós-graduada em Neuropsicologia no Contexto Hospitalar pelo Instituto de Psiquiatria do Hospital das Clínicas da Faculdade de Medicina da Universidade de São Paulo (IPq-HCFMUSP). Psicóloga pela Universidade Federal de São Paulo (UNIFESP), com período de mobilidade na Universidade do Porto (UP), na cidade do Porto, Portugal.

Milene da Silva Franco

Psicóloga, Mestranda pelo Instituto de Psicologia da Universidade de São Paulo. Pós-graduada em Neuropsicologia no Contexto Hospitalar pelo Instituto de Psiquiatria do Hospital das Clínicas da Faculdade de Medicina da Universidade de São Paulo (IPq-HCFMUSP). Pós-graduada em Análise Comportamental Clínica pela Pontifícia Universidade Católica do Paraná (PUC-PR). Psicóloga voluntária no Serviço de Hospital-Dia Infanto-Juvenil do IPq-HCFMUSP.

Natalia Silveira Tullii

Terapeuta Ocupacional formada pela Universidade Federal de São Carlos (UFSCar). Especialista em Saúde Mental pela Universidade Estadual Paulista (UNESP). Atua com transtorno do espectro autista e outros atrasos do desenvolvimento em crianças por meio da abordagem de Integração Sensorial, na qual é certificada pela University South of California - Division of Occupational Science and Therapy e Western Psychological Services. MBA em Gestão de Organização de Saúde pelo Hospital Alemão Oswaldo Cruz e Fundação Instituto de Administração. Sócia-diretora da clínica A Casa Amarela e do Grupo Catapulta, em São Paulo, ex-integrante do Programa de Transtornos do Espectro Autista (PROTEA) do Instituto de Psiquiatria do Hospital das Clínicas da Faculdade de Medicina da Universidade de São Paulo (IPq-HCFMUSP).

Rodolfo Ribeiro Dib

Graduado em Psicologia pela Universidade Estadual Paulista (UNESP). Mestre em Psicologia Experimental: Análise do Comportamento pela Pontifícia Universidade Católica de São Paulo (PUC-SP) e Doutorando no mesmo Programa. Professor, supervisor e coordenador de Práticas Supervisionadas da Especialização em Análise do Comportamento Aplicada ao Transtorno do Espectro Autista do Instituto Par – Ciências do Comportamento, e professor voluntário corresponsável pela disciplina de Análise do Comportamento da Residência em Psiquiatria da Infância e Adolescência do Hospital das Clínicas da Faculdade de Medicina da Universidade de São Paulo (HCFMUSP). Qualificação Avançada em Análise do Comportamento Aplicada (ABA) ao Transtorno do Espectro Autista pelo Instituto Par – Ciências do Comportamento.

Rodrigo Fock

Médico Geneticista pela Universidade Federal de São Paulo (UNIFESP). Título de Especialista em Genética Médica pela Sociedade Brasileira de Genética Médica e Genômica (SBGM). Mestre em Tecnologias e Atenção em Saúde pela UNIFESP. Colaborador do Programa de Transtornos do Espectro Autista do Serviço de Psiquiatria da Infância e Adolescência do Instituto de Psiquiatria do Hospital das Clínicas da Faculdade de Medicina da Universidade de São Paulo (IPq-HCFMUSP).

Rosa Magaly Morais

Médica Psiquiatra pelo SUS-SP. Psiquiatra da Infância e Adolescência pelo Instituto de Psiquiatria do Hospital das Clínicas da Faculdade de Medicina da Universidade de São Paulo (IPq-HCFMUSP). Doutora em Ciências da Saúde pelo Instituto Ensino e Pesquisa do Hospital Sírio-Libanês. Colaboradora do Programa de Transtornos do Espectro Autista do Serviço de Psiquiatria da Infância e Adolescência do IPq-HCFMUSP.

Telma Pantano

Fonoaudióloga e Psicopedagoga do Serviço de Psiquiatria Infantil do Hospital das Clínicas da Faculdade de Medicina da Universidade de São Paulo (HCFMUSP). Vice-coordenadora do Hospital Dia Infantil do Instituto de Psiquiatria do HCFMUSP e Especialista em Linguagem. Mestre e Doutora em Ciências e Pós-doutora em Psiquiatria pela FMUSP. Master em Neurociências pela Universidade de Barcelona, Espanha. Professora e Coordenadora dos cursos de Neurociências e Neuroeducação pelo Centro de Estudos em Fonoaudiologia Clínica.

Teresa Cristina Serra Damiano Borghi

Licenciada em Educação Física. Psicomotricista pelo Instituto Superior de Psicomotricidade e Educação (ISPE)/Grupo de Atividades Especializadas (GAE) e Organisation Internacionale de Psychomotricité et Relaxation (OIPR). Mestre em Ciências da Educação pela Faculdad Interamericana de Ciencias Sociales (FICS) com revalidação pela Universidade Federal de Alagoas (UFAL). Membro Titular da Associação Brasileira de Psicomotricidade (ABP). Docente colaboradora em cursos de Especialização nas áreas da Educação e Saúde – Centro Universitário São Camilo, Instituto de Psiquiatria do Hospital das Clínicas da Faculdade de Medicina da Universidade de São Paulo (IPq-HCFMUSP), entre outros. Aplicadora ABA pela Academia do Autismo.

Sumário

Introdução

Rosa Magaly Morais
Allyson de Castro Eccard
Rodrigo Fock

O transtorno do espectro do autismo (TEA) é uma condição de neurodesenvolvimento com amplo espectro de manifestações, desde prejuízos significativos na interação social e comunicação até interesses restritos e comportamentos repetitivos. As habilidades cognitivas dos indivíduos com TEA variam amplamente, e, em alguns casos, dificuldades sociais se tornam mais evidentes somente diante de desafios sociais complexos, quando as demandas superam as habilidades do indivíduo.

O TEA é reconhecido desde a infância e afeta o desenvolvimento ao longo de toda a vida da pessoa. Sua causa é caracterizada por uma complexa interação de fatores genéticos e ambientais que afetam a estrutura e a funcionalidade cerebral desde a gestação. A evolução no entendimento do TEA refletiu-se em mudanças diagnósticas, movendo-se de uma perspectiva categórica para uma visão mais dimensional, conforme estabelecido no DSM-5-TR (*Manual Diagnóstico e Estatístico de Transtornos Mentais, 5ª Edição*). Essa visão atual reconhece a diversidade de experiências e habilidades entre aqueles com TEA, destacando a importância de intervenções precoces e personalizadas que se concentram em melhorar a comunicação, as habilidades sociais e a adaptação comportamental. Tais abordagens visam apoiar o desenvolvimento e o bem-estar de pessoas com TEA e de suas famílias, enfatizando a necessidade de um diagnóstico atempado e estratégias de tratamento baseadas em evidências[1-4].

BREVE HISTÓRICO

A conscientização sobre o autismo tem crescido, refletida em discussões midiáticas, políticas públicas e iniciativas educacionais. Contrariando a ideia de que o autismo é um fenômeno novo, seu estudo teve início há décadas, e sua história remonta a 1911, quando Eugene Bleuler cunhou o termo "autismo" para descrever o isolamento e prejuízo na comunicação em pacientes com esquizofrenia. Contudo, foi Leo Kanner quem, em 1943, delineou o TEA como conhecemos hoje, ao descrever crianças com marcada dificuldade de interação. Paralelamente, Hans Asperger observou um quadro similar, introduzindo a noção de "transtorno de personalidade autística"[5].

Com o DSM-III de 1980, o autismo ganhou reconhecimento diagnóstico como "distúrbio autista". Diferenças adicionais vieram com o DSM-IV, que incluiu o autismo dentro dos "transtornos invasivos do desenvolvimento". A transição para o DSM-5 representou uma mudança significativa ao adotar uma visão mais dimensional do TEA, agora entendido como um espectro, com a manutenção dos mesmos critérios diagnósticos no DSM-5-TR de 2022. Essa abordagem reflete a diversidade de manifestações e graus de severidade dentro do TEA, reconhecendo a complexidade e variabilidade do transtorno ao longo de um contínuo de intensidade e gravidade[1,5].

EPIDEMIOLOGIA

Desde a inclusão do "autismo infantil" no DSM-III em 1980, a compreensão da prevalência do TEA tem evoluído significativamente. Originalmente considerado raro, com estimativas de 2-5 casos por 10 mil crianças, as últimas décadas viram um aumento dramático nas taxas reportadas de prevalência do TEA, intensificando o interesse na sua epidemiologia. Divergências metodológicas e amostrais resultam em variações significativas nas estimativas de prevalência, frequentemente baseadas em registros de saúde ou administrativos, suscetíveis a vieses. Desde os anos 2000, os Centers for Disease Control and Prevention têm monitorado a prevalência de TEA em crianças de 8 anos nos Estados Unidos, revelando um aumento notável na identificação do transtorno. O relatório mais recente, de 2023, indica que cerca de 1 em cada 36 crianças dessa faixa etária é afetada, com variações significativas entre gêneros e etnias, destacando um maior risco entre meninos, e, pela primeira vez, a prevalência de TEA entre crianças brancas de 8 anos foi menor do que nos demais grupos raciais e étnicos, invertendo uma tendência observada em estudos anteriores[3,6].

Globalmente, a prevalência estima-se em torno de 1%, chegando a 1-5% em nações desenvolvidas. No Brasil, esforços estão em curso para obter dados mais precisos, apesar da carência de informações confiáveis até o momento[7,8]. Evidências mostram que o TEA é cerca de 4 vezes mais prevalente em homens do que em mulheres[6]. Porém, quando analisamos estudos de maior qualidade e que abrangem amostras populacionais específicas para TEA, nota-se que a proporção entre homens e mulheres se aproxima de 3:1. Isso sugere a possibilidade de que o TEA seja subdiagnosticado em mulheres, seja pela camuflagem social (ver em "Diagnóstico") ou pela menor sensibilidade dos métodos diagnósticos em detectar TEA em mulheres, o que leva a reflexões importantes sobre a necessidade de estratégias de diagnóstico mais sensíveis e inclusivas que possam abranger adequadamente as variações de gênero na manifestação do TEA. Além disso, mudanças em fatores de risco biológicos podem ter influenciado as alterações na prevalência do TEA. O aumento da idade paterna está associado a um risco aumentado de desenvolver o transtorno, e a idade paterna tem aumentado nas últimas décadas; além disso, a incidência de fatores perinatais, por exemplo, a prematuridade, sabidamente fatores de risco para TEA, aumentou, e a mortalidade dos neonatos acometidos diminuiu[2,3,6].

Independentemente de ter havido ou não aumento real na incidência de TEA, estudos recentes sugerem que, entre os transtornos mentais, o TEA é agora a principal causa de deficiência em crianças abaixo de 5 anos de idade, afetando entre 1% e 2% de crianças no mundo inteiro[7].

A ETIOLOGIA DO TRANSTORNO DO ESPECTRO DO AUTISMO

Não há uma etiologia única para o TEA, mas o que sabemos atualmente é que ele é uma condição multifatorial, no qual há grande influência genética e ambiental, com ambos os fatores contribuindo em escalas diferentes para a arquitetura do transtorno[4].

A influência genética na etiologia do TEA começou a ser avaliada ainda nos anos 1950, quando surgiram os primeiros relatos de concordância de fenótipo entre gemelares. Os estudos de irmãos gêmeos são uma ótima forma de entendermos se é a genética ou o ambiente que tem mais influência na etiologia: caso a concordância do fenótipo em gêmeos idênticos seja alta (compartilhando a mesma genética e ambiente) e seja baixa em gêmeos não idênticos (compartilhando o ambiente, mas com variações genéticas ainda próprias), esse é um indicativo de que a genética tem um peso relevante na etiologia. Já quando a concordância é igual em gêmeos idênticos e não idênticos, esse é um sinal que nos leva a considerar que o ambiente tem maior importância para gerar o transtorno. No caso do TEA, a concordância em gêmeos monozigóticos, os idênticos, é de 95%, enquanto a concordância em gêmeos dizigóticos, os não idênticos, é de 31%, portanto sabemos que existe um papel fundamental da genética no TEA, porém com o ambiente também participando. Quando olhamos os dados de hereditariedade, que nada mais é do que a proporção do fenótipo atribuída ao genoma, calculada a partir dos estudos de concordância em gemelares, percebemos que entre 60 e 90% do TEA têm na genética sua base etiológica principal[9].

O papel da influência que a genética tem na etiologia do TEA é bem estabelecido, mas não quer dizer que esteja claro como as variantes no nosso genoma levam ao fenótipo. Sabemos que são múltiplas as possíveis alterações genéticas que influenciam o risco de TEA, desde variantes pontuais em diversos genes até alterações mais estruturais do genoma, incluindo deleções e duplicações de pequenos segmentos cromossômicos[10]. Algumas dessas alterações, quando em regiões de importância no genoma, podem por si só ser suficientes para que se ultrapasse o limiar necessário que leva ao fenótipo, e geralmente estão associadas a quadros sindrômicos. Não obstante, na maioria das vezes será o somatório de diversas pequenas alterações, cada uma contribuindo em quantidades diferentes, que acabam ultrapassando o limiar e gerando o TEA. Vale ressaltar que algumas dessas variantes podem ser herdadas, por isso não é incomum observarmos história familiar de TEA e outros transtornos do neurodesenvolvimento e psiquiátricos na família, enquanto outras variantes podem ocorrer por um evento de novo, em que aquele indivíduo é o primeiro da família a apresentar aquela alteração genética, não tendo sido herdada de nenhum dos pais[10,11]. Ao procurarmos as variações genéticas mais comuns associadas ao TEA, podemos identificar mais de algumas centenas de genes e regiões genômicas diferentes já atribuídas como relacionadas ao risco de TEA. Curiosamente, estudos diferentes que envolvem o sequenciamento de nova geração de pacientes e famílias com e sem recorrência de TEA chegam muitas vezes a resultados diferentes quanto a essas regiões, mostrando a complexidade da genética do TEA. Ainda assim, alguns genes e regiões genômicas mais frequentes e relevantes são encontrados em concordância nesses diversos estudos, reforçando que algumas variantes têm um peso maior na etiologia do que outras[12]. O somatório de diversas variantes diferentes em genes diferentes nos permite compreender que o TEA é um transtorno poligênico, ou seja, não existe um gene único, ou mesmo uma única via gênica alterada. O conjunto desses fatores poligênicos com o ambiente é o que leva o título de multifatorial.

Existem algumas alterações genômicas, sejam variantes em genes específicos, sejam deleções ou duplicações em regiões cromossômicas que, quando alteradas, levam a quadros sindrômicos ou de doenças genéticas. Nesses casos, quando ocorre uma alteração genética que leva a uma síndrome, temos o TEA como achado secundário da síndrome. Nesses casos, podemos entender que ocorreu uma alteração tão importante que por si só foi suficiente para passar pelo limiar que leva ao fenótipo. Em um processo de investigação etiológico, com exames genéticos, geralmente essas são as alterações plausíveis de se identificar, as quais em geral se pode seguir com aconselhamento genético mais preciso e acompanhamento clínico personalizado, de acordo com a história natural do diagnóstico sindrômico.

Quando falamos em ambiente, podemos incluir fatores pré-concepcionais, gestacionais e neonatais que individualmente, ou em conjunto, contribuem para o TEA. Um dos maiores desafios de identificar fatores ambientais relacionados ao TEA é que a metodologia científica para identificar tais fatores exige amplas coortes de pessoas, tanto com como sem o diagnóstico, expostas aos mesmos fatores. Além do mais, é fundamental equiparar os grupos de indivíduos estudados para outros eventos, como outros fatores ambientais e genéticos que podem ser confundidores para o resultado do estudo. Apesar desses desafios, é possível concluir que alguns fatores têm maior robustez quanto à sua participação na etiologia do TEA. De forma semelhante aos fatores genéticos, vale compreender que não há um único fator ambiental que explique todos os casos, da mesma forma como não é esperado que todos os indivíduos com TEA tenham tido exposições semelhantes a tais fatores, sendo o somatório de um, ou de alguns deles, com os fatores genéticos que acarretam o TEA, por isso chamamos de multifatorial[13]. No Quadro 1 destacamos os principais fatores de risco ambientais estudados para TEA[14].

Por fim, mas com certeza não menos importante, temos a epigenética contribuindo diretamente para a etiologia do TEA. Uma série de mecanismos regulatórios altera o produto de determinados genes sem alterar a sequência do DNA. Esses mecanismos podem ser regulados parcial, ou totalmente, pelo ambiente, de forma que alguns eventos ou situações de exposição como fatores de risco ou fatores protetivos atuam alterando o produto gênico e o risco do TEA. Um desses mecanismos mais conhecidos e estudados é o da metilação, no qual determinado gene pode ser silenciado ou expresso dependendo de como sua região regulatória estiver ativada. Um exemplo prático: há uma região genômica no cromossomo 22q13.33, na qual existe um desses mecanismos regulatórios de metilação. Quando ocorre um evento de hipóxia perinatal, esse mecanismo se altera, levando a hipometilação, o que é um fator de risco importante para o TEA. Não obstante, já é sabido que o uso de ácido fólico, em doses adequadas, reduz o risco de TEA, e tem um efeito nessa mesma região genômica do cromossomo 22q13.33, levando a uma hipermetilação[19].

Como podemos observar, a etiologia do TEA é complexa, e muito o que sabemos apenas toca na superfície de um universo ainda desconhecido, mas que com certeza será explorado e mais bem compreendido nos anos vindouros.

Quadro 1 Alguns dos fatores de risco ambientais estudados associados a risco de transtorno do espectro do autismo

Fator ambiental		Tipo de risco
Infertilidade, subfertilidade e procedimentos reprodutivos	Algumas evidências indicam que casais que apresentam histórico de infertilidade apresentam um risco maior de ter um filho que esteja dentro do espectro do que casais sem história de infertilidade.	Risco pré-concepcional
	Aqueles casais que passam por algum procedimento de tratamento reprodutivo também parecem ter um risco maior de ter um filho com diagnóstico de TEA[15].	
Idade da concepção mais avançada	Homens com idade mais avançada no momento da concepção têm chance maior de ter um filho com diagnóstico de TEA.	Risco pré-concepcional
	Uma diferença de pelo menos 10 anos entre a idade paterna e materna durante a concepção também parece aumentar o risco[16].	
Exposição a fatores químicos	A exposição a diversos fatores químicos durante a gestação já foi associada a risco maior para diagnóstico de TEA. Entre esses fatores químicos podemos incluir poluentes no ar, herbicidas, metais pesados[17], produtos químicos e o uso de drogas.	Risco gestacional e neonatal
Saúde materna durante a gestação	Algumas evidências corroboram que ganho de peso importante durante a gestação pode ser um fator de risco para TEA[18].	Risco gestacional
	Fatores imunológicos, relacionados tanto a infecções durante a gestação como a doenças autoimunes, parecem ser fatores de risco para o TEA.	
Fatores neonatais relacionados à saúde do recém-nascido	Fatores como prematuridade, baixo peso ao nascimento e eventos de hipóxia ao nascimento são fatores de risco para TEA que parecem contribuir para o fenótipo.	Risco neonatal

NEUROBIOLOGIA

Levou várias décadas para que se tornasse claro que o autismo era um transtorno com forte base cerebral. O TEA hoje é entendido como condição resultante da reorganização geral do cérebro que começa cedo no neurodesenvolvimento. O desenvolvimento do córtex cerebral e as alterações associadas ao TEA são fenômenos complexos que abrangem desde processos celulares até alterações estruturais e funcionais em circuitos cerebrais. Durante a corticogênese, progenitores neuronais migram no tecido cerebral e dão origem a diversos tipos celulares – incluindo neurônios, astrócitos, oligodendrócitos –, que juntos formam a intricada estrutura e a funcionalidade de nosso cérebro. Anomalias nessa organização podem levar, por exemplo, a um desequilíbrio excitatório-inibitório, alterando o funcionamento cerebral de indivíduos com TEA[2,3,20].

O uso de técnicas de ressonância magnética (MRI) e ressonância magnética funcional (fMRI) tem sido fundamental para elucidar diferenças estruturais e funcionais no cérebro de pessoas com TEA. Padrões de crescimento cerebral acelerado na infância e alterações na conectividade cerebral são aspectos bem documentados. Comparativamente, crianças com TEA exibem crescimento cerebral acelerado nos primeiros anos de vida, diferindo de crianças com desenvolvimento típico[21]. Os achados são consistentes em demonstrar um aumento nas conexões cerebrais de curta distância, em contraponto a uma redução nas conexões de longa distância em regiões cerebrais especificas[22]. Essa menor integração entre circuitos, vitais para funções executivas, motoras e sensoriais, acarreta alterações em habilidades como o direcionamento e engajamento do olhar e a percepção de movimento biológico, impactando a sociabilidade. Tais descobertas são respaldadas por estudos de neuroimagem que reportam hipoativação em áreas do cérebro responsáveis por funções de comunicação e processamento de pistas sociais durante tarefas sociais, conhecidas coletivamente como o "cérebro social"[20]. Esses achados oferecem *insights* importantes sobre os mecanismos neurais subjacentes ao TEA. Pesquisas longitudinais utilizando MRI em bebês com alto risco para desenvolver autismo têm revelado alterações na estrutura cerebral que antecedem a manifestação de sintomas comportamentais, fornecendo pistas valiosas sobre os mecanismos neurais inerentes ao TEA[3].

A análise de eletroencefalograma (EEG) associada a potenciais relacionados a eventos (ERP) revela anomalias no processamento de estímulos em indivíduos com TEA, como latências atípicas no componente N100, refletindo alterações na conectividade das redes neuronais. Embora a neuroimagem ofereça uma excelente resolução espacial, ela carece de resolução temporal. Métodos como o EEG/ERP são essenciais para a compreensão do processamento cerebral instantâneo[20].

Atualmente, não dispomos de um biomarcador definitivo para a identificação do TEA. Embora a circunferência da cabeça tenha potencialmente sido considerada, ao medir a variação individual no crescimento cerebral ao longo do tempo, essa medida revelou-se de pouca utilidade como preditor do TEA. O EEG, contudo, emerge como candidato promissor para biomarcador cerebral do TEA, dada sua escalabilidade, acessibilidade e custo relativamente baixo[2,3].

Apesar dos avanços nas técnicas de neuroimagem e estudos eletrofisiológicos, replicar esses achados permanece um desafio, devido à heterogeneidade do transtorno e às limitações metodológicas presentes nas pesquisas. Ademais, os mecanismos celulares subjacentes a esses padrões neurais no desenvolvimento precoce permanecem pouco compreendidos, e faltam evidências concretas sobre como a conectividade alterada afeta diferencialmente regiões cerebrais específicas e a implicação dessas alterações na fisiopatologia do TEA.

DIAGNÓSTICO DO TRANSTORNO DO ESPECTRO DO AUTISMO

A identificação do TEA é eminentemente clínica, baseada em uma anamnese detalhada, preferencialmente, com múltiplos informantes. Deve-se considerar a história do neurodesenvolvimento desde a concepção e investigar os critérios de diagnóstico seguindo as diretrizes dos dois principais manuais vigentes – *Manual Diagnóstico e Estatístico de Transtornos Mentais, 5ª Edição*, texto revisado (DSM-5-TR)[1], e Classificação Internacional de Doenças (CID-11)[23]. Mesmo com evidências robustas de alterações na cadeia de tradução das informações genéticas (genoma, proteoma, metaboloma e nos circuitos cerebrais) e da interferência de fatores ambientais em fases precoces do desenvolvimento cerebral, como já comentado, ainda não há marcadores biológicos específicos que determinem o diagnóstico de TEA. Na prática clínica, as investigações laboratoriais, de imagem ou eletrofisiológicas, como o EEG, são solicitadas quando estritamente necessárias, para suspeitas de condições médicas comórbidas ou com o objetivo de descartar outras causas que justificariam os sintomas. As alterações fenotípicas e as manifestações clínicas, mesmo que permeadas de sintomas comórbidos, formam os pilares do diagnóstico do TEA.

Durante a avaliação, é crucial observar a interação do indivíduo com seus pais, com seus pares, companheiros (se for o caso) e o examinador. O acolhimento às preocupações dos cuidadores e do próprio indivíduo, quando possível a comunicação, traz informações relevantes para anamnese. Além disso, a investigação multiprofissional se mostra enriquecedora não só para a programação terapêutica, mas para a própria identificação do TEA. A entrevista deve conter o registro pormenorizado da história clínica com detalhes do desenvolvimento neurológico e socioemocional do paciente. Mesmo cientes do caráter multifatorial e, na maioria das vezes, poligênico associado ao TEA, o questionamento sobre a saúde dos pais e intercorrências na gestação, parto e puerpério, chamam a atenção para possíveis etiologias relacionadas ao atraso do neurodesenvolvimento. A existência de transtornos mentais na família, como transtorno do déficit de atenção e hiperatividade (TDAH), transtorno afetivo bipolar (TAB), TEA e esquizofrenia, está associada a uma predisposição genética compartilhada, e a identificação auxilia no diagnóstico diferencial e no manejo farmacológico de sintomas desafiadores e desadaptativos. O exame físico deve ser detalhado e serve para pesquisar dismorfismos e outras queixas fisiológicas, como problemas gastrintestinais ou de sono, que podem sugerir a necessidade de investigações adicionais[2].

As manifestações clínicas do TEA são heterogêneas e variam em gravidade. O processo de diagnóstico é complexo e deve ser feito o mais precocemente possível, por profissionais qualificados, levando em consideração uma avaliação abrangente do indivíduo. A percepção tardia dos déficits centrais do TEA compromete o desenvolvimento infantil, principalmente durante a fase crítica de plasticidade cerebral (0 a 5 anos), desperdiçando "janelas de oportunidades" em um período propício para uma melhor resposta às intervenções. Além disso, um encaminhamento rápido para a investigação da criança e orientação dos pais minimiza o estresse parental e o sofrimento de toda a família[24].

Os sintomas característicos do TEA incluem desafios na linguagem e socialização, bem como a presença de comportamentos e interesses restritos e repetitivos. Entretanto, a clínica varia de acordo com idade; gênero; presença de comorbidades; acesso, tempo e tipo de tratamento, configurando um espectro de apresentações distintas[4]. Na infância, os sintomas mais prevalentes incluem atrasos no desenvolvimento da linguagem, ecolalia, brincadeiras repetitivas e dificuldade em compreender as emoções dos outros. Já na adolescência e na vida adulta, os desafios podem incluir dificuldades na integração social, na vida profissional e na formação de relacionamentos. Estudos sugerem que o TEA se manifesta de maneira diferente entre gêneros, com as mulheres apresentando maior camuflagem social dos sintomas e, consequentemente, um diagnóstico mais tardio[4]. Nesses casos, uma avaliação cuidadosa de características motoras, a procura por quebra de padrões nos ritmos biológicos e a utilização de instrumentos diagnósticos podem ajudar a corroborar o diagnóstico[25].

De forma geral, o DSM-5TR e a CID-11 definem critérios similares. Entretanto, enquanto o primeiro classifica a gravidade pelo nível de suporte necessário para autonomia e independência, hierarquizando da menor (nível 1) para a maior demanda (nível 3), a CID-11 estabelece especificadores de acordo com a presença e intensidade do déficit de linguagem e cognitivo. No Quadro 2 descrevemos os critérios diagnósticos das duas classificações[1,23].

Quadro 2 Critérios diagnósticos para o transtorno do espectro do autismo segundo o DSM-5TR e a CID-11

DSM-5TR/CID-11	
(A) Prejuízo na reciprocidade socioemocional (dificuldade para se adequar a contextos sociais); prejuízo na comunicação não verbal (redução no contato visual, gestos e expressões faciais); e reduzido interesse por relacionamentos	(C) Os sintomas devem estar presentes no início do desenvolvimento, mas podem não se tornar totalmente manifestos até que as demandas sociais excedam as capacidades limitadas, ou podem ser mascarados por estratégias aprendidas mais tarde na vida
(B) Padrões restritos e repetitivos de comportamento, interesses ou atividades, pelo menos 2 dos 4 itens a seguir: (B1) comportamentos estereotipados e repetitivos (no uso de objetos/na fala), (B2) adesão excessiva à rotina (rituais, insistência na mesmice), (B3) interesses restritos (anormais em intensidade ou incomuns) e (B4) alterações sensoriais (atípicas, hipo ou hiper-reativas)	(D) Os sintomas causam prejuízo clinicamente significativo no funcionamento social, ocupacional ou em outras áreas importantes do funcionamento atual (E) Os sintomas não são mais bem explicados por transtorno do desenvolvimento intelectual ou outros transtornos do neurodesenvolvimento
DSM-5-TR	**CID-11**
Nível 1: pouco suporte – com suporte, pode ter dificuldade para se comunicar, mas não é um limitante para internações sociais. Problemas de organização e planejamento impedem a independência Nível 2: necessitam de suporte – maior comprometimento comunicação e maior frequência de deficiência cognitiva Nível 3: necessitam de suporte total – déficit grave nas habilidades de comunicação verbais e não verbais. Dificuldade importante nas interações sociais e comprometimento intelectual. Inflexibilidade intensa, com maior tendência ao isolamento social.	6A02.0 Transtorno do espectro do autismo sem transtorno do desenvolvimento intelectual e com comprometimento leve ou ausente da linguagem funcional. 6A02.1 Transtorno do espectro autista com transtorno do desenvolvimento intelectual e com comprometimento leve ou ausente da linguagem funcional. 6A02.2 Transtorno do espectro do autismo sem transtorno do desenvolvimento intelectual e com linguagem funcional prejudicada. 6A02.3 Transtorno do espectro autista com transtorno do desenvolvimento intelectual e com linguagem funcional prejudicada. 6A02.4 Transtorno do espectro do autismo sem desordem do desenvolvimento intelectual e com ausência de linguagem funcional. 6A02.5 Transtorno do espectro do autismo com desordem do desenvolvimento intelectual e ausência de linguagem funcional.

Apesar de não ter uso obrigatório durante o processo de diagnóstico do TEA, instrumentos de triagem e de diagnósticos podem ser utilizados em ambiente de pesquisa, diante de dúvida em relação ao diagnóstico, ou no estabelecimento de grupos de risco que merecem acompanhamento mais próximo. A ADOS-2, ADI-R, CARS-2, SRS-2 e M-CHAT-R são os mais utilizados e consideram peculiaridades das diferentes faixas etárias e características individuais[2].

- A ADOS-2 (*Autism Diagnostic Observation Schedule, second edition*) é uma avaliação semiestruturada da comunicação, interação social e comportamentos repetitivos e restritos. É considerada o padrão-ouro para avaliação de autismo. Tem diferentes módulos correspondentes às faixas etárias e aos níveis de linguagem.
- A ADI-R (*Autism Diagnostic Interview-Revised*) é uma entrevista clínica estruturada para pais ou cuidadores. Foca no desenvolvimento e comportamento da criança, cobrindo áreas como linguagem, interação social e comportamentos repetitivos.
- SRS-2 (*Social Responsiveness Scale, second edition*) é uma ferramenta de avaliação que mensura a gravidade dos sintomas em termos de comportamento social e comunicação. É projetada para ser preenchida por pais, professores e outros cuidadores e oferece diferentes formas para diferentes faixas etárias.
- CARS-2 (*Childhood Autism Rating Scale, second edition*) é uma ferramenta de triagem e diagnóstico para identificação de autismo em crianças a partir dos 2 anos de idade. Além disso, pode estabelecer parâmetros de acompanhamento de resposta terapêutica. Consiste em 15 itens, pontuados com base na observação da criança. Esses itens abrangem áreas como relacionamento com pessoas, imitação, resposta emocional, uso do corpo e adaptação a mudanças.
- M-CHAT-R (*Modified Checklist for Autism in Toddlers, Revised*) é um questionário de triagem projetado para pais de crianças entre 16 e 30 meses de idade. Consiste em perguntas simples que os pais/cuidadores e profissionais respondem para ajudar a identificar riscos de desenvolvimento de autismo. Apesar de não ser um instrumento de diagnóstico, seu uso é altamente recomendado em consultas pediátricas para a identificação de grupos de risco para atrasos no neurodesenvolvimento.

Indivíduos com TEA têm maior prevalência de condições clínicas e psiquiátricas quando comparados à população geral. Isso torna o diagnóstico e tratamento ainda mais complexo, agravando a condição clínica, impactando a independência e o bem-estar ao longo da vida. Mesmo sendo essencial entender as comorbidades associadas para o desenvolvimento de políticas públicas e práticas clínicas mais eficazes, esses diagnósticos associados são, na prática, frequentemente negligenciados. Cerca de 70% das pessoas com TEA têm pelo menos um transtorno psiquiátrico associado, e esses transtornos aumentam a mortalidade prematura, o risco de automutilação e possivelmente suicídio[4].

Na fase pré-escolar, são comuns atrasos na linguagem e no desenvolvimento motor, epilepsia, distúrbios do sono, alimentação e hiperatividade. Na idade escolar, aparecem o TDAH, ansiedade, transtorno obsessivo-compulsivo (TOC), deficiência intelectual, desafios acadêmicos, irritabilidade e comportamentos perturbadores. Na adolescência e na vida adulta, aumenta a prevalência de sintomas depressivos. Adultos com autismo têm maior probabilidade de sofrer de condições de saúde física, como doenças imunológicas, distúrbios do sono e obesidade[2].

TRATAMENTO

O TEA demanda uma abordagem de tratamento abrangente e individualizada. A individualização do tratamento deve considerar a idade da criança e suas necessidades específicas, bem como as demandas das famílias. É amplamente reconhecido que o diagnóstico precoce seguido de intervenção intensiva pode influenciar significativamente o prognóstico, melhorando o comportamento, as habilidades funcionais e a comunicação. A instituição de estratégias de manejo adequadas nos primeiros anos de vida é crucial, não apenas para o aproveitamento da maior plasticidade cerebral nesse período, mas também para minimizar ou prevenir problemas comportamentais futuros[2,3,26-28]. Normalmente, recomendam-se de 25 a 40 horas por semana, por 1 ano ou mais[27,28], no entanto esse dado tem suscitado debates na literatura, e algumas revisões não têm mostrado diferença nos desfechos de tratamento em intervenções com diferentes intensidades – 15 horas/semana por 1 ano contra 25 horas/semana por 1 ano[4].

Entre os objetivos gerais das intervenções para o TEA, buscamos maximizar o funcionamento global e a autonomia da criança, facilitando maior independência e melhorando a qualidade de vida. De forma mais específica, as intervenções visam abordar os déficits centrais do TEA, promovendo melhorias no funcionamento social e habilidades lúdicas, aprimorando a linguagem e comunicação (tanto funcional quanto espontânea), otimizando habilidades adaptativas, reduzindo comportamentos disfuncionais e disruptivos e fomentando o desenvolvimento de habilidades acadêmicas e cognitivas[2,27,28].

Tal como destacado, o tratamento psicossocial do TEA enfoca intervenções comportamentais e educacionais direcionadas aos sintomas centrais do transtorno, incluindo déficits em comunicação/interação social e padrões restritos e repetitivos de comportamento[28,29]. As manifestações do TEA frequentemente variam consideravelmente ao longo da vida; da mesma forma, os objetivos dos pais/cuidadores e das pessoas com TEA frequentemente mudam ao longo do tempo. Essa mudança de perspectiva significa que clínicos e serviços precisam ser centrados no paciente, além de flexíveis em sua abordagem, ajudando na construção de objetivos de tratamento e metas realistas no planejamento das intervenções. Assim, as práticas de intervenções psicossociais específicas devem ser adaptadas ao funcionamento e às necessidades individuais da criança, com monitoramento contínuo para assegurar uma resposta adequada à terapia e ajustadas conforme as necessidades da criança evoluem[10]. No Quadro 3 listamos as principais características de bons programas de intervenções psicossociais para o TEA[30].

Quadro 3 Princípios gerais de intervenções efetivas para o transtorno do espectro do autismo

Características comuns de programas efetivos
Programação individualizada para cada criança.
Oferta de um programa relativamente intensivo o mais precocemente possível.
Desenvolvimento da comunicação funcional espontânea.
Instrução social em vários contextos e ambientes.
Para crianças pequenas, incentivo de competências lúdicas e habilidades para jogo com os pares (para indivíduos mais velhos, isso pode ser ampliado a fim de incluir toda a gama de atividades em momentos de lazer).
Aprimoramento do desenvolvimento acadêmico e cognitivo, incluindo diversas habilidades e competências para a solução de problemas e realização de multitarefas.
Intervenções comportamentais positivas para comportamentos-problema e redução de comportamentos que interferem na aprendizagem.
Utilização de recursos como apoio visual, comunicação aumentativa etc.
Estimular competências acadêmicas funcionais, quando indicado.
Envolvimento da família (isso é particularmente útil para estimular a generalização).
Oportunidades de interação com pares com desenvolvimento típico para objetivos específicos.
Disponibilização de um ambiente físico que seja adequado e de suporte à aprendizagem (p. ex., em relação à minimização das distrações).
Avaliação e ajuste contínuo do programa conforme as necessidades da criança mudam.

Fonte: adaptado de Volkmar e Wiesner, 2019[30].

Embora existam evidências de que algumas intervenções possam melhorar os sintomas centrais, estas estão longe de ser curativas, e a grande maioria das pessoas com TEA continua a experimentar comprometimento significativo. Um estudo identificou 28 práticas de intervenção baseadas em evidências científicas para o tratamento do TEA. Dentre estas, 24 práticas fundamentam-se em princípios da Análise do Comportamento Aplicada (ABA), metodologia que emprega técnicas baseadas na teoria comportamental e análise do comportamento visando à criação de repertórios úteis e reduzindo comportamentos-problema de forma individualizada[28,29]. A capacidade de generalizar habilidades e comportamentos aprendidos para além do contexto terapêutico é um aspecto crucial da ABA. Por isso, a capacitação dos pais emerge como estratégia para estender a aplicação dos princípios da ABA ao ambiente natural da criança, potencializando o impacto da intervenção. Além das práticas baseadas em ABA, outras quatro – terapia cognitivo-comportamental, exercício e movimento, musicoterapia e integração sensorial – mostram alguma eficácia com protocolos comportamentais, enriquecendo o espectro de intervenções disponíveis para o tratamento do TEA[2,3,29].

Uma metanálise que avaliou técnicas desenvolvimentais, como o Floortime, mostrou melhora na comunicação social, mas com tamanho de efeito pequeno[10]. Outras técnicas de intervenções comportamentais de desenvolvimento naturalista, que envolvem o uso de princípios de análise de comportamento e aprendizagem para ensinar habilidades escolhidas a partir de uma sequência de desenvolvimento em ambientes naturalísticos, tem tido alguns resultados na melhora da linguagem, no brincar e na comunicação social. Entre elas, destacam-se o *Early Start Denver Model*, *Enhanced Milieu Teaching* (EMT), *Pivotal Response Treatment* e a Atenção Conjunta, Jogo Simbólico, Engajamento e Regulação (JASPER)[2,3,29].

Além disso, a fonoterapia pode contribuir nos casos de prejuízos de linguagem comórbidos, auxiliando no desenvolvimento da fala e na aquisição de comunicação alternativa. O uso de um sistema específico de comunicação aumentativa, chamado PECS, ou Picture Exchange Communication System (um sistema através do qual um indivíduo é ensinado a usar imagens para se comunicar), é comum na prática clínica e pode ser útil para melhorar a iniciação da comunicação. Revisões sistemáticas da eficácia do PECS em geral encontraram benefícios[2-4,28].

Prejuízos nas funções sociais são um dos déficits centrais do TEA, e o aprendizado de habilidades sociais é um componente importante do manejo. Embora estudos adicionais sejam necessários, uma metanálise de 2012 incluindo 5 ensaios randomizados (196 participantes) encontrou evidências de que a participação em grupos de habilidades sociais melhorou a competência social geral e a qualidade da amizade em curto prazo[31].

Por último, a intervenção em terapia ocupacional pode auxiliar nos casos em que se necessita de maior desenvolvimento de motricidade, coordenação motora, treino de habilidades de vida diária através da integração sensorial. No entanto, a literatura é escassa, limitada qualitativamente e inconclusiva para embasar intervenções com base sensorial em crianças com TEA[28].

Com relação aos psicofármacos, atualmente, não existem medicações que atuem sobre os déficits centrais do TEA e idealmente devem ser iniciados só após intervenções psicossociais estiverem estabelecidas, transtornos psiquiátricos comórbidos e/ou doenças clínicas descartadas e estressores psicossociais/ambientais considerados[28].

Os benefícios potenciais e riscos da terapia farmacológica para crianças com TEA devem ser avaliados caso a caso. Pais e cuidadores devem ser informados se o medicamento está sendo usado *off-label*. Somente duas medicações foram aprovadas pelo Food and Drug Administration (FDA) para o tratamento de crianças com TEA, especificamente para agressividade e irritabilidade: a risperidona e o aripiprazol, ambas antipsicóticos atípicos ou de 2ª geração[2,3,32].

Os princípios para o manejo psicofarmacológico de indivíduos com TEA são os mesmos que para indivíduos com outras condições psiquiátricas. Medicamentos devem ser usados para mirar sintomas específicos claramente definidos, e os sintomas devem ser medidos ao longo do tempo (preferencialmente usando escalas de avaliação) para monitorar a eficácia do tratamento. Também é importante reavaliar periodicamente a necessidade de tratamento contínuo.

Crianças com TEA são mais sensíveis à psicofarmacoterapia e mais propensas a ter efeitos adversos do que crianças típicas. Além disso, dadas suas dificuldades em comunicar e identificar suas emoções, pode ser difícil determinar o sintoma-alvo predominante (por exemplo, ansiedade, impulsividade, raiva) e, portanto, o melhor agente psicofarmacológico. Pelas mesmas razões, pode ser mais desafiador monitorar certos efeitos colaterais dos medicamentos (por exemplo, boca seca, tontura).

Na Tabela 1 e na Tabela 2, listamos os principais medicamentos utilizados na abordagem psicofarmacológica do TEA. As medicações de uso *off-label* são usadas sem a devida aprovação do FDA, mas seguindo o consenso médico e a experiência clínica estruturada nos protocolos de tratamento para cada patologia ou conjunto de sintomas[28].

É difícil prever os resultados para crianças com TEA, especialmente para crianças com menos de 3 anos. Algumas crianças manterão o diagnóstico apesar da melhora nos sintomas centrais; outras, particularmente aquelas com sintomas mais leves, podem não mais atender aos critérios diagnósticos para TEA. Fatores associados a resultados e melhor prognóstico incluem: presença de atenção compartilhada; brincar simbólico e funcional; maior capacidade

Tabela 1 Medicações aprovadas pelo FDA para tratamento de sintomas alvo de transtorno do espectro autista

Medicação	Indicações	Aprovações FDA
Risperidona	Irritabilidade	Sim (5-16 anos)
Aripiprazol	Irritabilidade	Sim (6-17 anos)

Fonte: adaptada de Portolese et al., 2021[28].

Tabela 2 Medicações *off-label* e possíveis indicações para tratamento de transtorno do espectro autista

Medicação	Indicações	Aprovações FDA
Melatonina	Inversão do ciclo sono-vigília	Não
Outros antipsicóticos de 1ª e 2ª geração	Irritabilidade, agressividade, comportamentos ritualísticos graves	Não
Psicoestimulantes	Hiperatividade, desatenção	Não
Agonistas alfa-adrenérgicos (clonidina)	Hiperatividade, agressividade, inversão do ciclo sono-vigília	Não
Antidepressivos	Ansiedade e oscilações do humor	Não

Fonte: adaptada de Portolese et al., 2021[28].

cognitiva; menor gravidade de sintomas; diagnóstico precoce; motivação e participação das crianças nas intervenções, participação dos pais nas intervenções precoces e inclusão com pares típicos. Dentre os fatores associados a resultados menos favoráveis, destacamos a falta de atenção compartilhada aos 4 anos de idade; ausência de fala funcional aos 5 anos de idade; quociente de inteligência (QI) < 70, convulsões ou outras condições médicas ou neurodesenvolvimentais comórbidas; e sintomas graves de TEA[3,32].

Em suma, o tratamento do autismo é um processo complexo e dinâmico que demanda uma abordagem multidisciplinar e individualizada, essencial para atender à diversidade de necessidades apresentadas por indivíduos dentro do espectro. A eficácia do tratamento é maximizada por meio da intervenção precoce e do comprometimento contínuo de uma equipe de profissionais, familiares e cuidadores, enfatizando a importância de estratégias adaptáveis que promovam o desenvolvimento social, comunicativo e cognitivo. Assim, enquanto navegamos pelos desafios e pelas possibilidades do tratamento do autismo, permanece a esperança de que cada indivíduo alcance seu potencial máximo, conduzindo a uma qualidade de vida melhorada e inclusão mais plena na sociedade.

REFERÊNCIAS BIBLIOGRÁFICAS

1. American Psychiatric Association. Diagnostic and statistical manual of mental disorders: DSM--5-TR, 5. ed. Arlington: American Psychiatric Publishing; 2022.
2. Lord C, Brugha TS, Charman T, Cusack J, Dumas G, Frazier T, et al. Autism spectrum disorder. Nat Rev Dis Primers. 2020;6(1):5.
3. Lord C, Elsabbagh M, Baird G, Veenstra-Vanderweele J. Autism spectrum disorder. Lancet. 2018;392(10146):508-20.
4. Hirota T, King BH. Autism spectrum disorder: a review. JAMA. 2023;329(2):157-68.
5. Rosen NE, Lord C, Volkmar FR. The diagnosis of autism: from Kanner to DSM-III to DSM-5 and beyond. J Autism Dev Disord. 2021;51(12):4253-70.
6. Maenner MJ, Warren Z, Williams AR, Amoakohene E, Bakian AV, Bilder DA, et al. Prevalence and characteristics of autism spectrum disorder among children aged 8 years: autism and developmental disabilities monitoring network, 11 sites, United States, 2020. MMWR Surveill Summ. 2023;72(2):1.
7. Zeidan J, Fombonne E, Scorah J, Ibrahim A, Durkin MS, Saxena S, et al. Global prevalence of autism: a systematic review update. Autism Res. 2022;15(5):778-90.
8. Freire JMS, Nogueira GS. Considerações sobre a prevalência do autismo no Brasil: uma reflexão sobre inclusão e políticas públicas. Rev Foco. 2023;16(3):e1225:p.01-18.
9. Tick B, Bolton P, Happé F, Rutter M, Rijsdijk F. Heritability of autism spectrum disorders: a meta--analysis of twin studies. J Child Psychol Psychiatry. 2016;57(5):585-95.
10. Fang Y, Cui Y, Yin Z, Hou M, Guo P, Wang H, et al. Comprehensive systematic review and meta-analysis of the association between common genetic variants and autism spectrum disorder. Gene. 2023;887:147723.
11. Ratanatharathorn A, Quan L, Koenen KC, Chibnik LB, Weisskopf MG, Slopen N, et al. Polygenic risk for major depression, attention deficit hyperactivity disorder, neuroticism, and schizophrenia are correlated with experience of intimate partner violence. Transl Psychiatry. 2024;10(1):372.
12. Choi L, An JY. Genetic architecture of autism spectrum disorder: lessons from large-scale genomic studies. Neurosci Biobehav Rev. 2021;128:244-57.
13. Pugsley K, Scherer SW, Bellgrove MA, Hawi Z. Environmental exposures associated with elevated risk for autism spectrum disorder may augment the burden of deleterious de novo mutations among probands. Mol Psychiatry. 2022;27(1):710-30.
14. Enkoyan K, Mkhitaryan M, Bjørklund G. Environmental risk factors in autism spectrum disorder: A narrative review. Curr Med Chem. 2024.
15. Velez MP, Dayan N, Shellenberger J, Pudwell J, Kapoor D, Vigod SN, et al. Infertility and risk of autism spectrum disorder in children. JAMA Netw Open. 2023;6(11):e2343954.
16. Liang CS, Bai YM, Hsu JW, Huang KL, Ko NY, Yeh TC, et al. Associations of parental mental disorders and age with childhood mental disorders: a population-based cohort study with four million offspring. Eur Child Adolesc Psychiatry. 2023;32:825-33.
17. Netto BB, Silva EP, Costa MA, Rezende VL, Bolan SJ, Ceretta LB, et al. Critical period of exposure to mercury and the diagnostic of autism spectrum disorder: a systematic review. J Neurochem. 2024.
18. Wu D, Li Y, Chen L, Klein M, Franke B, Chen J, et al. Maternal gestational weight gain and offspring's neurodevelopmental outcomes: a systematic review and meta-analysis. Neurosci Biobehav Rev. 2023;153:105360.
19. LaSalle JM. Epigenomic signatures reveal mechanistic clues and predictive markers for autism spectrum disorder. Mol Psychiatry. 2023;28(5):1890-901.

20. Sato F, Stump GV, Portolese J, Polanczyk GV, Brentani H. Transtorno do espectro autista. In: Miguel EC, Lafer B, Elkis H, Forlenza OV, editores. Clínica psiquiátrica volume 2: as grandes síndromes psiquiátricas. 2. ed. Barueri: Manole; 2021. p. 125-39.
21. Hazlett HC, Gu H, Munsell BC, Kim SH, Styner M, Wolff JJ, et al. Early brain development in infants at high risk for autism spectrum disorder. Nature. 2017;542:348-51.
22. Ecker C, Bookheimer SY, Murphy DG. Neuroimaging in autism spectrum disorder: brain structure and function across the lifespan. Lancet Neurol. 2015;14:1121-34.
23. World Health Organization. International statistical classification of diseases and related health problems, 11. ed. Genebra: WHO; 2022.
24. Wolff JJ, Piven J. Predicting Autism Risk in Infancy. J Am Acad Child Adolesc Psychiatry. 2020.
25. Cruz S, Zubizarreta SCP, Costa AD, Araújo R, Martinho J, Tubío-Fungueiriño M, et al. Is there a bias towards males in the diagnosis of autism? A systematic review and meta-analysis. Neuropsychol Rev. 2024.
26. Hyman SL, Levy SE, Myers SM; Council on Children with Disabilities, Section on Developmental and Behavioral Pediatrics. Identification, evaluation, and management of children with autism spectrum disorder. Pediatrics. 2020;145(1).
27. Maglione MA, Gans D, Das L, Timbie J, Kasari C; Technical Expert Panel; HRSA Autism Intervention Research – Behavioral (AIR-B) Network. Nonmedical interventions for children with ASD: recommended guidelines and further research needs. Pediatrics. 2012;130(Suppl 2):S169.
28. Portolese J, Pacifico CR, Bagaiolo L, Rolim D, Sato F, Polanczyk GV, et al. Transtorno do espectro autista. In: Miguel EC, Lafer B, Elkis H, Forlenza OV, editores. Clínica psiquiátrica, vol. 3: as grandes síndromes psiquiátricas. 2. ed. Barueri: Manole; 2021. p. 649-58.
29. The Council of Autism Service Providers (CASP). Applied behavior analysis treatment of autism spectrum disorder: practice guidelines for healthcare funders and managers, 2. ed. CASP; 2020.
30. Volkmar FR, Wiesner LA. Autismo: guia essencial para compreensão e tratamento. Porto Alegre: Artmed; 2019. p. 97.
31. Reichow B, Steiner AM, Volkmar F. Social skills groups for people aged 6 to 21 with autism spectrum disorders (ASD). Cochrane Database Syst Rev. 2012.
32. McGuire K, Fung LK, Hagopian L, Vasa RA, Mahajan R, Bernal P, et al. Irritability and problem behavior in autism spectrum disorder: a practice pathway for pediatric primary care. Pediatrics. 2016;137(Suppl 2):S136-48.

MÓDULO I

Avaliações

1

Avaliação da linguagem e transtorno do espectro autista

Telma Pantano
Helen Barbosa

O QUE É LINGUAGEM?

A linguagem é um sistema complexo e dinâmico de símbolos, sejam eles fala, gestos, corpo ou escrita, que utilizamos para nos constituir como indivíduos e compartilhar pensamentos. Para a neurociência, é uma das funções cognitivas mais específicas do nosso cérebro e que nos permite entrar em contato com o nosso próprio funcionamento.

Os estudos sobre as áreas cerebrais envolvidas nos processamentos de linguagem afirmam que o hemisfério esquerdo tem predominância para as habilidades de linguagem e elegeram três áreas majoritariamente envolvidas nessas habilidades: a área de Wernicke, a área de Broca e o fascículo arqueado, que conecta as duas áreas. A área de Wernicke processa sinais auditivos para a linguagem e é importante para compreensão da fala, ao passo que a área de Broca está relacionada com a programação motora da fala[1].

A linguagem pode ser dividida em expressiva e receptiva e em subsistemas: fonologia, semântica, sintaxe, morfologia e pragmática. A fonologia está associada à produção e compreensão dos fonemas de uma determinada língua, enquanto a morfologia e a sintaxe são as áreas relacionadas às regras que regem a estrutura da linguagem, como conjunções, preposições etc. A semântica está ligada ao conteúdo da linguagem, a compreender significados e vocabulário. O subsistema pragmático é sobre como e para que utilizamos todas as habilidades dos subsistemas anteriores, ou seja, está relacionado com a funcionalidade da linguagem e seu uso social. Utilizamos a linguagem pragmática no cotidiano para nos comunicar com parceiros, iniciar um diálogo, fazer comentários, compreender metáforas e em várias outras funções de comunicação.

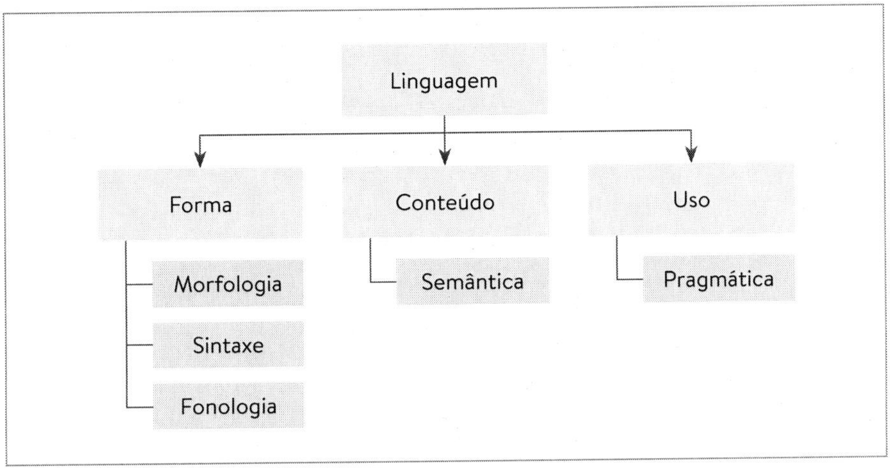

Figura 1 Linguagem.
Fonte: elaborada pelas autoras.

O aprendizado e uso da linguagem são determinados por fatores biológicos, cognitivos, psicossociais e ambientais[2] e segue um padrão universal com marcos do desenvolvimento.

Nos primeiros meses de vida, no desenvolvimento típico já podemos observar o anseio de se comunicar. Autores afirmam que, apesar de a criança em seus primeiros meses de vida não falar, ela busca a comunicação por outros meios, como vocalizações, gestos e balbucios e com diferentes funções: pedidos, protestos etc.[3] Ou seja, a intenção comunicativa e suas variadas funções, antecede até mesmo a fala propriamente dita. Antes de falar, o ser humano já se comunica.

Do 0 aos 3 meses, os bebês olham para os olhos da mãe e sorriem em resposta ao sorriso dela, e aos 9 meses usam sinais como olhar nos olhos, vocalizações com variações de entonação e sorrisos. Entre os 9 e 18 meses, apontam para pedir coisas ou ações, nomeiam objetos, protestam e fazem saudações. Aos 2 anos, as crianças mantêm um tema de conversa com alguns turnos, iniciam um novo tema, mudam e expressam conceitos imaginativos sobre sentimentos pessoais. Na fase dos 3 aos 4 anos, aumentam o uso de funções como comentários, protestos, nomeação e perguntas. Por volta dos 5 anos, as funções comunicativas incluem pedidos de informação (muitas perguntas), descrevem eventos passados, expressam fatos, sentimentos e atitudes. Aos 7 anos, a criança aprende a expressar suas intenções de variadas formas para satisfazer o ouvinte e começam a fazer solicitações indiretas, além de fornecer instruções, negociar, insultar e começar a contar piadas. Aos 8 anos, as crianças entendem e consideram as intenções do outro e estão cada vez mais aptas a manter diálogos sobre temas reais. Por volta dos 9 anos, começam a compreender metáforas e linguagem figurada – habilidade que se consolida aos 11 anos, quando a criança é capaz de conversar sobre temas abstratos. Na fase da adolescência, as funções comunicativas estão consolidadas, e a linguagem é compreendida e usada em sua forma mais abstrata, surgindo espontaneamente o sarcasmo, o duplo sentido e o humor, aproximando-se do domínio do adulto[3-5].

Entender os marcos do desenvolvimento da linguagem é importante para identificarmos as alterações e os atrasos no desenvolvimento dessas habilidades.

LINGUAGEM E DESENVOLVIMENTO

O desenvolvimento da linguagem no transtorno do espectro autista (TEA) é bastante imprevisível e atípico, com atrasos, saltos e peculiaridades desenvolvimentais. Estudos atuais nas áreas das neurociências trazem as dificuldades na conectividade cerebral como uma das principais alterações no funcionamento cerebral de crianças e adultos com TEA[6-8]. As alterações relacionadas à baixa conectividade neuronal e/ou conexões anormais estão sendo fortemente relacionadas às alterações funcionais observadas nos quadros de alterações de linguagem e têm sido utilizadas como explicação para a rigidez simbólica, falhas em abstração e dificuldades relacionadas ao uso funcional da linguagem.

Parâmetros ligados ao desenvolvimento da linguagem, assim como a capacidade de estabelecer a atenção compartilhada, têm sido citados como preditores para o prognóstico funcional[9,10]. Mais do que a aplicação de testes e a observação de defasagens relacionadas à linguagem, para o diagnóstico de TEA é fundamental estar atento às atipias nos desenvolvimentos fonológicos, morfológicos e sintáticos, assim como à aquisição atípica de elementos relacionados ao vocabulário.

Dividimos o desenvolvimento da linguagem em duas fases: pré-linguística e linguística. A primeira corresponde ao período de desenvolvimento anterior ao surgimento das primeiras palavras. A fase linguística corresponde à inserção da criança no mundo simbólico e principalmente ao período de aquisição da fala (aprendizagem de signos).

O desenvolvimento da linguagem tem início ainda intraútero e desenvolve-se durante toda a vida, uma vez que sempre se amplia o repertório lexical e aprendem-se novos usos e formas de utilização da linguagem (desenvolvimentos lexical, semântico e pragmático).

Após o nascimento, observa-se a primeira forma de comunicação não estruturada por parte do bebê: o choro. Inicialmente utilizado para representar todo e qualquer desconforto, passa a se diferenciar para facilitar e proporcionar maiores e mais rápidos períodos de conforto e prazer.

A mãe (ou pessoa que cuida do bebê) é a que primeiro percebe essa diferenciação, ou como os linguistas preferem: primeira forma de estruturação vocal, visando a princípios ligados à linguagem e interação social.

Com 1 ou 2 meses, já é possível observar no bebê maior atenção e calma quando da presença de sons linguisticamente estruturados. Os bebês são extremamente sensíveis a padrões de entonação e melodia da fala (padrões suprassegmentares). Eles passam a ter prazer na produção vocal, prolongando e conhecendo suas possibilidades vocais. Esse período é conhecido como vocalização.

À medida que conhece as suas possibilidades vocais e começa a coordenação dos órgãos fonoarticulatórios, o bebê passa a provocar obstruções na passagem do fluxo de ar com os lábios e a língua e descobre a possibilidade de produção de consoantes (período do balbucio), facilitando e provocando respostas mais rápidas e na maioria das vezes mais afetivas com relação às pessoas ao seu redor.

O bebê começa, então, a selecionar os sons que mais se aproximam aos que ele ouve e assim, aos 9 ou 10 meses, já persiste e prolonga sílabas com intenção comunicativa e às vezes até mesmo significativa. Passa então a acrescentar gestos a essas produções, visando facilitar e melhorar ainda mais o processo comunicativo. O desenvolvimento pragmático já tem início com o reconhecimento de faces. A partir de então o bebê começa a testar diferentes padrões de entonação e melodia, além de comportamentos e atitudes motoras-corporais com as pessoas do seu entorno, construindo formas diferentes de interação com cada indivíduo com quem convive.

É importante destacar que a capacidade de compreensão do bebê é muito superior à sua capacidade de produção, por questões de coordenação dos órgãos fonoarticulatórios e estruturação linguística. Tem início a fase linguística, em que se principiam as produções das primeiras palavras (não necessariamente as mesmas sequências de sons que os adultos usam), mas a intenção e correlação significante-significado já se encontram facilmente observáveis no comportamento e na intenção comunicativa. O bebê nesse momento inicia seu processo de aquisição da língua, quando deve aprender regras bastante rígidas, simbólicas e elaboradas.

Quando essa relação significante-significado se encontra solidificada, ocorre um período conhecido como "explosão de nomes", em que o bebê é capaz de produzir, aprender e construir palavras e nomes para os objetos ao seu redor. Inicialmente ele aprende a nomear os substantivos, posteriormente os verbos e finalmente a utilizar os adjetivos (aprendizagem ainda mais simbólica e abstrata).

Com o início da produção linguística das palavras que representam ações (verbos), a criança passa a construir sua própria gramática e a reformular suas hipóteses através do que ouve, vê e observa. A criança começa a conjugar verbos e a construir suas primeiras frases. Inicialmente muito ligadas ao contexto físico e perceptual da criança, as palavras e frases passam a adquirir e representar pensamentos e desejos cada vez mais abstratos. As frases com estruturas inicialmente bastante simples vão se tornando cada vez mais complexas, até que atinjam um refinamento expressivo e compreensivo (por volta dos 10 a 11 anos, a compreensão de estruturas sintáticas frasais mais complexas encontra-se na fase final).

Após as construções e produções frasais, a criança passa a construir e desenvolver suas habilidades discursivas. Essas habilidades resgatam e integram as anteriormente citadas e fazem parte de um processo extremamente complexo, que relaciona mecanismos de planejamento, organização, expressão e compreensão, além de memórias de curto e longo prazo, como a autobiográfica, semântica e episódica.

Durante os anos pré-escolares e escolares, há outro de explosão do vocabulário, o que é ocasionado principalmente por maiores capacidades e coordenações dos processos atencionais e com a compreensão das relações de operatórias que permitem à criança nomear grupos e representar intersecções de classes e conjuntos de elementos.

Os desenvolvimentos pragmático e semântico/lexical ligados à língua materna continuam a ser construídos e aperfeiçoados durante toda a vida do indivíduo. Novas aprendizagens ajudam a aperfeiçoar e a refinar as produções verbais, como o aprendizado da linguagem escrita.

Com relação à linguagem, é importante citar aspectos como a funcionalidade e o uso não verbal que devem ser considerados de forma precisa na avaliação[11]. Muito da comunicação verbal pode ser omitida se forem utilizados de forma correta aspectos não verbais da comunicação, como gestos, expressões faciais e corporais, entonações e melodias apropriadas à intenção comunicativa.

Dentre as alterações e linguagem comumente observadas no TEA, temos nos primeiros anos de vida alterações como baixo contato visual, ausência ou diminuição do sorriso social e diminuição da intenção comunicativa. Essas alterações são responsáveis por muitas das atipias relacionadas a alterações comportamentais observadas na produção da linguagem do TEA, como as alterações faciais e entonacionais na expressão vocal e as gestuais e corporais associadas à mensagem produzida.

INSTRUMENTOS DE AVALIAÇÃO EM LINGUAGEM

Para a avaliação fonoaudiológica na área de fonética e fonologia, os testes não se diferenciam daqueles empregados em pacientes sem o diagnóstico. É importante que de forma complementar a essa avaliação e testagem sejam feitos testes relativos à sensação e percepção auditiva para sons (audiometria e impedanciometria para pacientes responsivos e verbais, assim como os testes de Bera e P300 em pacientes não verbais). A testagem de questões relativas à sensibilidade orofacial, alterações na sensibilidade e motricidade no sistema miofuncional oral e funções neurovegetativas pode ser a causa primária das alterações observadas e deve fazer parte do protocolo de testagem inicial.

Na avaliação, devem ser empregados testes que avaliam os diferentes níveis de processamento da fala, e devem ser consideradas questões relativas à idade, omissões e substituições dos sons da fala. A capacidade de produzir e compreender corretamente os sons de uma língua é a base para a interação social, alfabetização e desenvolvimento de habilidades de leitura e escrita.

No Brasil, o teste mais empregado para a avaliação do sistema fonológico de criança é o ABFW (Teste de Linguagem Infantil nas Áreas de Fonologia, Vocabulário, Fluência e Pragmática)[12]. No inventário fonético, uma série de figuras balanceadas com relação aos fonemas presentes no português deve ser identificada e produzida pelo paciente, e, dessa forma, devem ser identificados os fonemas presentes, ausentes e as trocas na fala.

A consciência dos sons produzidos oralmente é fundamental para observar a capacidade de manipulação dos sons da fala, em níveis silábico e fonêmico. Os testes mais utilizados para avaliar essas funções são o CONFIAS (Consciência Fonológica: Instrumento de Avaliação Sequencial)[13]; PROHMELE (Provas de Habilidades Metafonológicas e de Leitura)[14]; a Prova de Consciência Fonológica por Produção Oral[15].

Avaliar a capacidade de retenção da informação verbal é uma habilidade fundamental a ser avaliada em linguagem. Muitas das dificuldades de retenção e extensão da linguagem estão associadas à memória operacional fonológica reduzida. Os principais testes utilizados são: Memória de Curto-prazo Fonológica em Crianças Pré-escolares[16]; Teste de Repetição de Pseudopalavras[17]; Teste de Repetição de Pseudopalavras[18].

Como habilidade para verificar a velocidade e a capacidade de decodificação da informação visuoverbal, temos o Teste de Nomeação Rápida, que visa verificar a velocidade de rastreio e de nomeação de informações[19].

Para a avaliação do repertório de palavras, são utilizados testes de nomeação de figuras. As dificuldades na nomeação de figuras podem ocorrer em função de um processamento incompleto da imagem visual ou de falhas no reconhecimento das características do objeto, e o resultado da nomeação pode ser a produção de nomes cujos objetos são visualmente semelhantes ao objeto-alvo (laranja nomeada como bola). Falhas na nomeação também podem ocorrer durante o acesso ao significado ou ao nome, em diferentes etapas do desenvolvimento normal.

Por volta dos 3/4 anos, é normal que a nomeação contenha apenas traços dos sons da língua numa referência direta à fonologia. Por volta dos 5/6 anos, são as características semânticas que direcionam a nomeação por parte da criança, podendo haver substituição ente uma mesma categoria[20]. As provas mais utilizadas para observar essas habilidades são o ABFW, já citado[12], e a Prova de Consciência Sintática (PCS)[21]. Os níveis gerais de linguagem expressiva e compreensiva considerando aspectos morfológicos, sintáticos e semânticos podem ser acessados pela Avaliação do Desenvolvimento da Linguagem (ADL)[22].

Com relação aos aspectos pragmáticos, temos essas habilidades sendo desenvolvidas precocemente através da interação com a fala e aspectos da comunicação vocal, corporal e gestual, com relação aos aspectos expressivos e compreensivos. Ligi et al.[23] destacam que as regras pragmáticas dizem respeito à organização e coerência da conversação (iniciativa, manutenção do tópico, troca de turno, conclusão) e reparo de erros (dar e receber *feedbacks*). Dificuldades nesse nível levam a dificuldades para interpretar as ações dos outros e/ou expressar adequadamente seus desejos e intenções, caracterizando um prejuízo nas linguagens expressiva e compreensiva[24].

Com relação aos aspectos não verbais, o foco da avaliação em crianças sem oralidade, mas também importantes em crianças verbais, são avaliados quanto aos atos comunicativos, iniciativa para a comunicação, troca de turnos, manutenção e troca de tópicos, meios utilizados (verbal, vocal e gestual) e funções comunicativas (pedidos, protestos, comentários etc.). Tanto a compreensão quanto a imitação e produção oral espontâneas são caracterizadas no que tange à prosódia linguística (sentenças afirmativas, interrogativas e imperativas) e emocional (raiva, alegria e tristeza).

Esses aspectos também podem ser observados através do protocolo PROC[25], que pode ser usado de uma forma breve para acessar aspectos cognitivos, jogo simbólico, interação, produção e fala espontânea e aspectos pragmáticos da comunicação.

A avaliação da pragmática tende a ser realizada por meio da filmagem e análise da interação da criança em situações de brincadeiras, jogos e conversas (ABFW)[12]. As características comunicativas e os atos de fala produzidos são observados e analisados nos seus aspectos verbais, vocais e gestuais. A análise qualitativa também é realizada, sendo observados aspectos como o contato de olho, iniciativa para a comunicação, manutenção do tópico, trocas de turno, uso de expressões faciais adequadas, entonação da voz, meio (verbal, vocal gestual) e funções (pedidos de informação, pedidos de objeto, comentários, protestos).

As habilidades pragmáticas também podem ser observadas através da observação dos pais e/ou cuidadores por meio do Questionário de Habilidades Comunicativas. O único protocolo elaborado exclusivamente para crianças com TEA é o Protocolo de Avaliação de Habilidades Pragmáticas de Crianças com Transtornos do Espectro do Autismo (PAHPEA)[26].

PERFIL DE LINGUAGEM NO TEA

Dentre os subsistemas de linguagem que vimos neste capítulo (fonológico, semântico, sintático, morfológico e pragmático), o mais prejudicado em pessoas no TEA nível 1 de suporte é o pragmático, porém isso não exclui a possibilidade de alterações nos demais subsistemas, uma vez que todos os subsistemas estão interligados. Nos níveis 2 e 3 de suporte comumente vemos prejuízos importantes associados a elementos de aquisição cada vez mais precoce, como o semântico seguido pelo sintático, morfológico e fonológico.

Em 2020, Levinson et al.[27] publicaram um artigo longitudinal em que avaliaram 192 crianças com TEA em idade pré-escolar, seus cuidadores e professores. Uma das questões que o estudo investigou foi se as alterações de linguagem (semântica, sintaxe e pragmática) estavam associadas às competências sociais. Os autores chegaram à conclusão de que as alterações nos domínios de linguagem pragmática, semântica e sintática previram cada um, independentemente, as habilidades sociais com maior impacto no ambiente escolar do que domiciliar.

As características de linguagem de indivíduos no espectro podem envolver as seguintes alterações dos subsistemas de linguagem[28]:

- Semântico: vocabulário reduzido para a idade ou uso de vocabulário formal demais.
- Fonológico: prevalência de 15 a 20% de alteração dos sons da fala em indivíduos autistas, com alteração no processamento fonológico (consciência fonológica, memória fonológica e acesso ao léxico).
- Morfossintaxe: dificuldades com flexão verbal, na interpretação e no uso de pronomes.
- Pragmática: baixa intenção comunicativa, alteração das funções de comunicação (pedidos, expressão de protesto, narrativa, comentários etc.), dificuldade para iniciar, manter e encerrar diálogos, dificuldades com troca

de turnos, dificuldade de compreensão de metáforas, ironias, sarcasmo e expressões idiomáticas.

Além das dificuldades descritas de acordo com os subsistemas, os indivíduos com TEA podem apresentar dificuldades na linguagem expressiva caracterizadas pelo uso de ecolalias tardias ou imediatas. As ecolalias tardias são as repetições de falas ou sons, como diálogos de filmes e desenhos, até mesmo de pessoas do convívio social que foram ouvidas anteriormente. As ecolalias imediatas consistem na repetição da fala do interlocutor no mesmo momento em que ela ocorre. As ecolalias podem ter função comunicativa, e é importante analisar o contexto em que ocorrem. Quanto maior o nível de suporte, mais frequentes as ecolalias.

Ao contrário das crianças no desenvolvimento típico de linguagem, que aprendem a partir de unidades de palavras, as crianças autistas podem processar a linguagem a partir do todo, ou seja, unidades inteiras como frases, e não palavras isoladas, diferentemente do observado no desenvolvimento típico. As pesquisas relacionadas a essa forma de processar linguagem no autismo os nomearam como *gestalt language processors* – processadores *gestalts* de linguagem. A palavra *gestalt* significa "todo", essas crianças utilizam esse "todo" como frases, letras de músicas, as chamadas ecolalias tardias citadas anteriormente, como forma de comunicação[29]. Por exemplo, uma criança típica aprende que a combinação dos fonemas da palavra "água" corresponde ao líquido transparente que as pessoas bebem quando estão com sede. Após ouvir em variados contextos essas palavras, mesmo que dentro de frases e não de forma isolada, a criança entende que apenas a unidade de palavra "água" é correspondente àquele líquido; então, quando for pedir para um adulto, provavelmente falará "água". Já a criança com TEA que processa a linguagem em blocos, e não em unidades, exposta à mesma palavra nos mesmos contextos, não fará essa segmentação e, muito provavelmente, quando for pedir a água, repetirá da mesma forma que ouviu dos adultos – "Você quer água?" ou "Pega água para ele", fazendo uma ecolalia tardia, mas com função pedida. Ou seja, enquanto as crianças típicas aprendem adquirindo palavras únicas e depois formando frases, as crianças com TEA podem fazer o caminho inverso.

As dificuldades de linguagem expressiva também podem envolver aspectos suprassegmentais da comunicação, como alteração de prosódia, fala muito monótona ou muito exacerbada.

Independentemente do nível de suporte e das dificuldades e potencialidades de linguagem, toda pessoa com TEA deve ser avaliada por um fonoaudiólogo para que possa ter uma análise do seu perfil de linguagem, suas potencialidades e dificuldades, de quanto suporte de comunicação essa pessoa precisará em todos os ambientes que irá frequentar, como escola, faculdade e trabalho, a fim de promover autonomia e inserção social.

REFERÊNCIAS BIBLIOGRÁFICAS

1. Kandel ER, Schwartz JH, Jessell TM, Siegelbaum SA, Hudspeth AJ, eds. Princípios de neurociências, 6. ed. Porto Alegre: AMGH; 2021.
2. American Speech-Language-Hearing Association. Language. 1982. [acesso em março de 2025]. Disponível em: www.asha.org/policy
3. Perissinoto J, Isotani SM, Tamanaha AC. Desenvolvimento de linguagem. In: Takaoka L, Coutinho L, Weiler RM, organizadores. Odontopediatria: a transdisciplinaridade na saúde integral da criança. Barueri: Manole; 2006. p. 231-41.
4. Rocha J, Almeida J. Caracterização do perfil pragmático em crianças em idade pré-escolar e escolar. Cadernos de Comunicação e Linguagem. 2024.
5. Dewart H, Summers S. The PRAGMATICS PROFILE of Everyday Communication Skills in Children. 1995. [acesso em março de 2025]. Disponível em: http://www.complexneeds.org.uk/modules/Module-2.4-Assessment-monitoring-and-evaluation/All/downloads/m08p080c/the_pragmatics_profile.pdf
6. Williams DL, Cherkassky VL, Mason RA, Keller TA, Minshew NJ, Just MA. Brain function differences in language processing in children and adults with autism. Autism Res. 2013;6(4):288-302.
7. Mohammad-Rezazadeh I, Frohlich J, Loo SK, Jeste SS. Brain connectivity in autism spectrum disorder. Curr Opin Neurol. 2016;29(2):137-47.
8. Benkarim O, Paquola C, Park BY, Hong SJ, Royer J, de Wael RV, et al. Connectivity alterations in autism reflect functional idiosyncrasy. Commun Biol. 2021.
9. Lombardo MV, Pierce K, Eyler LT, Carter Barnes C, Ahrens-Barbeau C, Solso S, et al. Different functional neural substrates for good and poor language outcome in autism. Neuron. 2015;86(2):567-77.
10. Szatmari P, Georgiades S, Duku E, Bennett TA, Bryson S, Fombonne E. Developmental trajectories of symptom severity and adaptive functioning in an inception cohort of preschool children with autism spectrum disorder. JAMA Psychiatry. 2015;72(3):276-83.
11. Eigsti I-M, de Marchena AB, Schuh JM, Kelley E. Language acquisition in autism spectrum disorders: A developmental review. Res Autism Spectr Disord. 2011;5(2):681-91.
12. Andrade CRF, Béfi-Lopes DM, Fernandes FDM, Wertzner WH. ABFW: Teste de linguagem infantil nas áreas de Fonologia, Vocabulário, Fluência e Pragmática. Carapicuíba: Pró-Fono; 2000. 90 p.
13. Moojen SMP, Lamprecht RR, Santos RM, Freitas GM, Brodacz R, Siqueira M, et al. CONFIAS – Consciência Fonológica: instrumento de avaliação sequencial. São Paulo: Casa do Psicólogo: 2003.
14. Cunha VLO, Capellini SA. Desempenho de escolares de 1ª a 4ª série do ensino fundamental nas provas de habilidades metafonológicas e de leitura – PROHMELE. Rev Soc Bras Fonoaudiol. 2009;14(1):56-68.
15. Seabra AG, Capovilla FC. Prova de Consciência Fonológica por produção oral. In: Seabra AG, Dias NM. Avaliação neuropsicológica cognitiva: linguagem oral. v. 2. São Paulo: Memnon; 2012. p. 110-22.
16. Rodrigues A, Befi-Lopes DM. Memória de curto-prazo fonológica em crianças pré-escolares. CoDAS. 2013;25(5):422-8.
17. Santos FH, Bueno OF. Validation of the Brazilian Children's Test of Pseudoword Repetition in Portuguese speakers aged 4 to 10 years. Braz J Med Biol Res. 2003;36(11):1533-47.
18. Seabra AG. Teste de repetição de palavras e pseudopalavras. In: Seabra AG, Dias NM. Avaliação neuropsicológica cognitiva: linguagem oral. v. 2. São Paulo: Memnon; 2012. p. 110-22.

19. Silva PB, Mecca TP, Macedo EC. Teste de Nomeação Automática - TENA: manual. São Paulo: Hogrefe; 2018.
20. Scheuer CI, Stivanin L, Mangilli LD. Nomeação de figuras e a memória em crianças: efeitos fonológicos e semânticos. Pró-Fono. 2004;16(1):49-56.
21. Capovilla FC, Capovilla AG. Prova de Consciência Sintática (PCS) normatizada e validada para avaliar a habilidade metassintática de escolares de 1ª a 4ª séries do ensino fundamental. São Paulo: Memnon; 2006. p. 25-45.
22. Menezes MLN. Avaliação do Desenvolvimento da Linguagem (ADL). São Paulo: BookToy; 2004. 67 p.
23. Ligi A, Swathi A, Nazla P, Vinitha MG. Pragmatic Abilities in Juvenile Delinquents. Language in India. 2013;13(11):505-21.
24. Ben-Yizhak N, Yirmiya N, Seidman I, Alon R, Lord C, Sigman M. Pragmatic language and school related linguistic abilities in siblings of children with autism. J Autism Dev Disord. 2011;41(6): 750-60.
25. Zorzi JL, Hage SRV. Protocolo de observação comportamental: subsídios para intervenção fonoaudiológica. In: Anais. Bauru: FOB-USP; 2007.
26. Fernandes FDM. Protocolo de Avaliação de Habilidades Pragmáticas de Crianças com Transtornos do Espectro do Autismo (PAHPEA). Audiol Commun Res. 2021;26:11-29.
27. Levinson S, Eisenhower A, Bush HH, Carter AS, Blacher J. Brief report: Predicting social skills from semantic, syntactic, and pragmatic language among young children with autism spectrum disorder. J Autism Dev Disord. 2020;50(11):4165-75.
28. Vogindroukas I, Stankova M, Chelas EN, Proedrou A. Language and speech characteristics in autism. Neuropsychiatr Dis Treat. 2022;18:2367-77.
29. Peters AM. The units of language acquisition. Reprint edition. Cambridge University Press; 2021.

2

Transtorno do espectro autista e a avaliação na abordagem psicopedagógica

Alison Vanessa Morroni Amaral
Telma Pantano

A psicopedagogia no Brasil visa integrar o processo de aprendizagem ao ambiente e ao indivíduo. Na avaliação psicopedagógica, o principal objetivo é considerar os elementos do ambiente e do sujeito que podem ser fortalecidos e modificados para que a aprendizagem aconteça de forma integrada. É necessário compreender quais competências estão relacionadas a cada processo de aquisição e quais devem ser desenvolvidas para que a aprendizagem possa se completar não só na escola, mas também nos âmbitos social e familiar.

Relacionar a aprendizagem e o transtorno do espectro autista (TEA) não é um processo simples. As dificuldades vão além do contexto educacional, embora essa seja a principal demanda quando há a busca pelo profissional da psicopedagogia. O papel do psicopedagogo envolve não somente a atuação clínica, mas principalmente a atuação no contexto educacional. O psicopedagogo educacional tem um papel importante desde a pré-escola, uma vez que principalmente nos casos do TEA nível I de suporte o diagnóstico muitas vezes ainda não foi estabelecido, porém a aprendizagem no contexto educacional precisa ser estimulada e integrada ao grupo e às expectativas pedagógicas do contexto educacional. Já a busca pelo psicopedagogo clínico normalmente se dá quando as dificuldades já estão instaladas e o papel de atuação desse profissional se torna muito mais remediativo, porém orientar e oferecer suporte para os ajustes e adaptações é fundamental na sua atuação.

Cabe ao psicopedagogo conhecer as etapas do desenvolvimento que estão associadas a cada processo de estimulação na escola, sejam esses processos cognitivos ou socioemocionais. No contexto pré-escolar, a observação da estimulação sensorial e as respostas motoras são cruciais para que a aprendizagem aconteça. A estimulação sensorial é o primeiro passo para que a informação do ambiente possa ser significada pelo cérebro e, posteriormente, produza respostas motoras para o ambiente.

No TEA, comumente respostas motoras intensas estão bastante relacionadas aos estímulos sensoriais fornecidos pelo ambiente. A hipersensibilidade a esses estímulos muitas vezes é associada a diversas reações de isolamento, dificuldades de integração social, assim como produção de linguagem. A observação precoce dessa sensibilidade e a orientação ao professor do manejo adequado para que os estímulos sejam reorganizados e possam se tornar significativos para a aprendizagem é um dos pontos centrais no processo do suporte psicopedagógico na pré-escola.

Muitas vezes o diagnóstico ainda não está formulado, porém a observação e a estimulação corretas dessas funções devem acontecer independentemente do diagnóstico, uma vez que muitas crianças sem o diagnóstico de TEA podem se beneficiar das intervenções e dos ajustes a serem feitos pelo professor para desenvolver a aprendizagem. Quanto antes os estímulos sensoriais forem reconhecidos e significados corretamente pelo cérebro, mais chance teremos de que os processos cognitivos sejam integrados em um planejamento cognitivo mais funcional[1].

Posteriormente, nos primeiros anos do ensino fundamental, essa integração sensorial é a responsável por fornecer a base dos principais conceitos envolvidos na escolarização, como a alfabetização, o cálculo matemático básico e as habilidades socioemocionais. O psicopedagogo deve fornecer suporte à equipe pedagógica no desenvolvimento de estratégias que visem à inclusão dessas crianças mesmo sem o diagnóstico primário.

As estratégias desenvolvidas devem ser comunicadas e compartilhadas com a família e qualquer equipe multidisciplinar envolvida no atendimento clínico mesmo antes do diagnóstico. É fundamental que cada ajuste tenha como base o comportamento da criança e tenha um objetivo claro, assim como o tempo de suporte necessário para o desenvolvimento das habilidades. Essa estimulação e os ajustes pedagógicos envolvidos têm como prioridade evitar o distanciamento da aquisição de conhecimentos cognitivos e socioemocionais entre os alunos que compõem o grupo do ano escolar[2].

AVALIAÇÃO PSICOPEDAGÓGICA DA CRIANÇA COM DIAGNÓSTICO DE TRANSTORNO DO ESPECTRO AUTISTA

Tanto na atuação clínica quanto na educacional, cada criança deve passar por uma entrevista cuidadosa para conhecer as etapas do desenvolvimento e a dinâmica familiar, assim como a estrutura familiar e as possibilidades de suporte por parte da família. Vale aqui ressaltar que, no caso do psicopedagogo institucional, muitas vezes as dificuldades observadas ainda não são significativas ou relevantes aos olhos dos pais para haver uma preocupação e a busca por um diagnóstico. O cuidado do profissional deve ser o de vincular e mostrar à família a disposição e a parceria da instituição educacional.

O processo de avaliação no contexto institucional não deve se basear em protocolos e/ou instrumentos clínicos, mas na observação direta do comportamento e das interações da criança e adolescente e na relação entre esses comportamentos e as habilidades a serem desenvolvidas no pedagógico. A avaliação com protocolos clínicos deve se dar somente no contexto clínico.

Mesmo que a criança e/ou adolescente não sejam ainda considerados dentro de um sistema de inclusão escolar, cabe ao psicopedagogo fornecer as bases educacionais para a aquisição das habilidades acadêmicas e pedagógicas de cada ano escolar. Para isso, é fundamental um planejamento claro e o desenvolvimento de recursos precisos junto à equipe escolar. No caso de crianças e adolescentes com *gaps* pedagógicos e fragilidades cognitivas e socioemocionais, o psicopedagogo educacional auxilia o professor no desenvolvimento de estratégias que permitam a continuidade do processo de ensino e aprendizagem, enquanto, em parceria com o profissional clínico, são estabelecidas metas estruturadas para o preenchimento dos *gaps* pedagógicos com treinos cognitivos, organização de estudos, rotina de tarefas diárias e retomadas dos conteúdos para ensinar novas estratégias que facilitem a aprendizagem e estimulem a manutenção da motivação intrínseca e extrínseca.

Esse é um dos pontos centrais em crianças e adolescentes com TEA: o exercício de funções executivas que permitam o desenvolvimento e a integração de informações desde processos sensoriais básicos até processos cognitivos complexos, como a flexibilidade cognitiva e regulação emocional. A funcionalidade executiva deve ser o enfoque constante, porém adaptada ao ambiente nos anos iniciais e na pré-escola e voltada integralmente ao sujeito da aprendizagem nos anos finais e ensino médio. As funções executivas são fundamentais para desenvolver as habilidades acadêmicas e devem ser consideradas considerando as etapas de desenvolvimento cognitivo e socioemocional de cada criança e adolescente.

As intervenções psicopedagógicas em estudantes com TEA, tanto aquelas voltadas para o aluno quanto aquelas dirigidas para o professor, precisam ser flexíveis, adaptáveis e provocar uma reflexão, pois a proposta deve ser sempre questionada e reformulada, possibilitando oportunidades de novas estratégias e direções para que a aprendizagem aconteça.

Hus e Segal[3] observaram no desenvolvimento educacional as principais necessidades entre os estudantes com TEA. De acordo com as etapas desenvolvimentais, eles observaram a necessidade de um olhar apropriado com relação a questões sensoriomotoras, de autorregulação, linguagem receptiva, linguagem expressiva, produção de fala e alfabetização (leitura e ortografia e variáveis integrativas linguísticas cognitivas). Sendo a variável sensório-motora de preensão, ou seja, habilidade motora fina, está dentro da gravidade normal-leve e acompanha crianças e adolescentes com o diagnóstico de TEA.

A comorbidade entre o TEA e o transtorno de déficit de atenção e hiperatividade é uma das condições mais comuns em TEA e traz um grande desafio na instrução da alfabetização pelas dificuldades nos processos atencionais. Entende-se que o comportamento externalizante (raiva e agressividade) se sobrepõe aos déficits de atenção e ao controle do comportamento.

Durante a avaliação clínica por meio do uso de protocolos, assim como no suporte educacional em situações avaliativas, podem ser necessários ajustes para a aplicação. Pode ser necessário entregar uma folha de cada vez para diminuir a ansiedade e ampliar o *feedback* com relação ao desempenho. Muitas vezes a fragmentação na aplicação dos protocolos e provas deve ser muito mais intensa do que aqueles propostos nos contextos clínicos e/ou educacionais para crianças que não estejam no espectro do TEA. A fragmentação das atividades, provas e/ou protocolos deve ser considerada e antecipada em qualquer contexto avaliativo.

Como suporte para a realização das atividades avaliativas, também podem ser necessárias adaptações na linguagem utilizada – sempre mais simples, concisa e direta e no uso de materiais concretos que facilitem a compreensão e o desenvolvimento dos recursos cognitivos envolvidos na tarefa. Pode ser necessário o suporte com recursos como imagens, palitos, objetos, material dourado, ábaco e/ou fichas para a compreensão do significado das palavras envolvidas na consigna e, posteriormente, para a realização das atividades avaliativas. Todo esse suporte deve ser considerado pelos psicopedagogos clínico e educacional e possibilitados durante a escolarização.

No caso da avaliação em crianças não verbais e não ledoras, é muito importante que um profissional da área da fonoaudiologia seja consultado e oriente o contexto educacional com relação à melhor metodologia a ser aplicada em contextos de avaliação. Pode ser necessário o uso de recursos visuais como o PECS (*Picture Exchange Communication System*).

INTERVENÇÃO PSICOPEDAGÓGICA NO TEA

As alterações relacionadas à aprendizagem de crianças e adolescentes com TEA podem variar dentro de um espectro muito amplo e exigir ajustes, adaptações e intervenções extremamente específicas para cada aluno. Essa especificidade na apresentação dos sinais e sintomas do espectro tornam extremamente difícil a construção de um plano de intervenções e/ou um plano pedagógico único. De uma forma geral, sabemos que crianças e adolescentes com TEA possuem prejuízos importantes na interação social, no reconhecimento e na leitura ambiental em diversos níveis, impactando e tendo muita dificuldade na estrutura e aquisição das linguagens tanto formais quanto informais[4].

Nessa perspectiva, a intervenção do psicopedagogo deve focar a compreensão e produção de consignas e textos, a construção simbólica e abstrata de conceitos matemáticos, estratégias de estudo e planejamento educacional que permitam a realização e a integração de conceitos e disciplinas.

No contexto educacional, o suporte, a elaboração de estratégias e a adaptação de material pedagógico devem levar em conta as dificuldades e os prejuízos de modo muito individual e específico ao perfil observado. O trabalho com o grupo escolar com enfoque nas diferenças e aceitação das particularidades comportamentais de forma a favorecer o convívio do grupo e as habilidades socioemocionais também deve ser valorizado.

Conhecer o perfil de funcionamento das crianças e adolescentes com TEA para adaptar individualmente o material e a estrutura escolar é um ponto central no processo de escolarização. É nesse ponto que o psicopedagogo deve integrar os conceitos advindos das ciências da saúde e da educação e traduzi-los para a demanda educacional. Autores como Hus e Segal[3] relacionam de forma muito importante parâmetros avaliados clinicamente com o desempenho educacional dessa população. Um exemplo importante é a associação entre o QI (quociente da inteligência) e as habilidades de leitura no contexto educacional, mas o QI não foi estatisticamente relacionado às habilidades funcionais de linguagem. Dessa forma, os autores trazem a preocupação em considerar unicamente o QI como um marcador e prognóstico no desenvolvimento das habilidades socioemocionais e escolares de sujeitos com TEA.

Os mesmos autores citam a dispraxia na maioria dos estudantes com TEA. A dispraxia é uma condição que muitas vezes é desconsiderada e envolve dificuldades importantes na participação em atividades de vida diária, restringindo a prática de esportes e lazer, com sério impacto socioemocional em suas vidas imediatas e posteriores sobretudo na adolescência. Outro ponto muito importante são as dificuldades de autorregulação e atencionais que deveriam ser observadas e estimuladas de forma específica no contexto educacional desde a pré-escola. Muitos dos comportamentos disruptivos podem ser explicados por mudanças de rotina e falhas na compreensão de elementos que envolvem abstração e leitura ambiental que podem e devem ser antecipados e estimulados e servir como roteiro inicial para pensar as intervenções no TEA.

No nível I de suporte, à criança sugere-se que sejam desenvolvidos planejamentos no contexto educacional que proporcionem ajustes com relação às habilidades motoras amplas e finas, controle postural, esquema corporal, segurança emocional, competências sociais como trabalho em grupos e interação com os pares, aprendizagem escolar e percepção e integração sensorial, sempre em conjunto com a equipe multidisciplinar e com o conteúdo curricular correspondente ao plano pedagógico desenvolvido pela escola. Outro ponto essencial é estabelecer a rotina diária de tarefas e estudos considerando o que está sendo ensinado, como será ensinado e de que forma, de acordo com o modelo do Quadro 1.

Quadro 1 Modelo de planejamento de ensino baseado nos estudos de Gomes RTM et al., 2023[2]

Conteúdo: "o que"	Pedagogia: "como"	Implementação: "a logística"
Está sendo ensinado. Envolve o conhecimento, as atitudes, valores, normas, competências e habilidades abordados nas atividades adaptadas.	O conteúdo é ensinado. Envolve os procedimentos, os métodos de ensino, as estratégias e interações usados para fornecer as informações, como discussão em classe, dramatizações, modelagem, entre outros.	Um ambiente propício para a aprendizagem, que envolve o estabelecimento de proporções quanto à dosagem, sequência, frequência e intensidade de atividades adaptadas, bem como inclui a "capacidade de resposta do aluno" ou até que ponto ele está engajado e envolvido nas atividades e no conteúdo proposto.

Um modelo bastante empregado para a estimulação é o modelo conhecido como RTI – modelo de resposta à intervenção. Nesse modelo são definidas camadas e níveis de intervenção após uma avaliação inicial para ajustar o aluno e suas dificuldades e habilidades aos conteúdos curriculares. No modelo RTI[2], sugere-se um modelo de rubrica que orienta o professor na observação da criança em seu desenvolvimento, no processo de aprendizagem e na interação com os pares (Quadro 2).

Na observação direta do material pedagógico no contexto educacional, temos estudos como os elaborados por Escolano-Pérez e Acero-Ferrero[5], que observaram os erros cometidos pelos sujeitos com TEA em atividades avaliativas. Os autores concluem que muitas das falhas poderiam ter sido eliminadas se fossem feitos ajustes que permitissem a compreensão do aluno conforme o seu nível de compreensão de linguagem. Esses ajustes, se observados os alunos individualmente, permitiriam aumentar o nível de dificuldade em algumas questões e reduzir em outras, possibilitando a aprendizagem contínua mesmo em situações avaliativas.

Quadro 2 Rubrica para observação da oralidade/comunicação

Parâmetro	Atingiu	Atingiu parcialmente	Não atingiu
Pronúncia e oralidade	Fala claramente e pronuncia bem as palavras, e todos as entendem.	Fala baixo, não articula muito as ideias, faltam artigos e conjunções, e utiliza sempre as mesmas palavras.	Fala pouco, usa palavras isoladas, realiza trocas nas pronúncias ou não na fala. Geralmente apenas responde e repete as palavras da pergunta.
Relacionamento com os colegas	Conversa e brinca com todos, mesmo tendo algumas preferências.	Relaciona-se apenas com um ou dois colegas.	Prefere ficar sozinho. Quando chamado pelos colegas, fica próximo a eles, mas tem dificuldade para interagir.
Utilização de vocabulário adequado	Tem repertório pertinente à idade, gosta de usar palavras novas.	Tem repertório limitado, usa com frequência as mesmas palavras, mas já começa a se apropriar de novas expressões que os colegas utilizam.	Repertório bem limitado, não utiliza expressões.

O psicopedagogo deve trabalhar sempre em conjunto com a equipe escolar e a equipe de saúde, buscando integrar as informações e desenvolver recursos para aprimorar as habilidades no contexto da aprendizagem (em especial a escolar). No contexto clínico, o principal objetivo é ensinar a criança a utilizar de maneira funcional o material e aprender a identificar quando deve buscar no ambiente escolar ajuda do professor para esclarecer as suas dúvidas ou até mesmo pedir apoio para resolver os exercícios e tarefas. Essa perspectiva de atuação afasta cada vez mais o psicopedagogo de um professor particular. O psicopedagogo não ensina a matéria; ele ensina como deve ser formulada a pergunta para as dúvidas e dificuldades que o aluno traz e, assim, redireciona a aprendizagem para o contexto educacional.

O plano educacional individualizado (PEI), ou plano de desenvolvimento individual (PDI), é um instrumento que traz um planejamento com objetivos estruturados para propiciar ao estudante uma aprendizagem contínua e que seja observada no contexto educacional. Esse trabalho requer total atenção para que seja possível atingir os objetivos propostos na série de acordo com o currículo educacional, respeitando as normas da Base Nacional Comum Curricular (BNCC).

A Lei Brasileira de Inclusão (LBI), n. 13.146/2015[6], regulamenta o plano educacional individualizado (PEI), e crianças e adolescentes que recebem o diagnóstico de TEA têm direito garantido à sua produção pela equipe escolar em conjunto com a equipe que atende o paciente em concordância com a família (Lei n. 22.887, de 30 de julho de 2024)[7].

O PEI precisa apresentar os elementos curriculares que serão considerados para o aluno, assim como a metodologia que será adotada para essa aquisição. A avaliação deve ser constante, por meio de rubricas que permitam ao professor corrigir falhas na aquisição continuamente e não só em situações específicas de avaliação. Devem contar as metodologias de ensino que serão utilizadas, como será feita a adaptação dos materiais e as estratégias de linguagem utilizadas com o aluno.

Quadro 3 Etapas descritivas dos conteúdos pedagógicos de um plano educacional individualizado

Modelo do plano educacional individualizado	
Conteúdo a ser desenvolvido	
Instrumento de avaliação contínua da aprendizagem	Quais instrumentos serão utilizados para avaliar o desempenho da criança durante o processo de aprendizagem? Esses instrumentos devem ser descritos com relação a tempo de exposição do aluno, ambiente em que será realizado, suporte individualizado ou coletivo durante a aplicação.
Objetivos	Quais objetivos? Os objetivos precisam ser claros, concisos e devem descrever quais habilidades serão planejadas, sendo mensuráveis e viáveis, dentro de um contexto natural. Poderão ser criados quantos objetivos forem necessários, com metas possíveis de serem alcançadas para cada programa de ensino e resposta esperada.
Programa de ensino	A aprendizagem cuja aquisição esperamos por parte da criança.
	Procedimento de ensino Qual metodologia será empregada pelo professor
	Manutenção das habilidades Como estabelecer a fixação da aprendizagem – quais atividades devem ser reforçadas em contextos escolares e extraclasse, de que forma e frequência
	Passos de ensino Entre o compreender e acertar uma resposta e o errar completamente, o aluno pode ter ganhos que levem a mudanças de pensamento e ao raciocínio envolvido na aprendizagem. Como esses elementos serão observados – nesses casos, sugere-se a aplicação de rubricas avaliativas (vide Quadro 2).

No Quadro 4 consta um modelo de como a instituição de ensino poderá fazer o planejamento, estabelecendo as metas para que a criança e/ou adolescente aprenda o conteúdo pedagógico. É importante que, durante a execução do PEI, o professor escreva suas observações na folha de registro, descrevendo como a criança se comportou e executou cada tarefa.

Quadro 4 Folha de registro de um plano educacional individualizado

Folha de registro		
Aluno:	Ano escolar:	Data:
Professor:	Matéria:	
Suporte necessário:	Respostas apresentadas:	

A utilização de materiais já estruturados que componham o plano de ensino, assim como de recursos visuais e/ou tecnológicos, facilita o acompanhamento do processo de aprendizagem e a intervenção direta com o aluno. Um dos pontos centrais da intervenção de crianças e adolescentes com TEA é o registro contínuo do comportamento e dos elementos adquiridos pelo aluno, com os objetivos, procedimentos e comportamentos durante as tarefas, assim como o tempo de execução, adequando as necessidades da criança à aprendizagem curricular.

O nível III de TEA exige um controle e uma organização e controle intensos do ambiente e pode requerer o suporte de um fonoaudiólogo para a implementação por meio de recursos como o PECS. O uso desses recursos visuais no TEA níveis de suporte II e III deve ser iniciado no contexto clínico e expandido ao contexto escolar para a integração com o contexto educacional. Ainda no nível III, atividade de emparelhamento em níveis de comparação como foto/foto, foto/nome, nome/nome ou desenho/desenho, desenho/imagem real, imagem real/imagem real podem ser recursos empregados durante a explicação do professor para promover a atenção do aluno ao contexto educacional. Nomeação de figuras como categorias de frutas, de animais, de meios de transporte, números, quantidade, atividades estruturadas no papel com recursos como tintas, colagens, cola, letras móveis, entre outros, também são materiais adaptáveis ao conteúdo pedagógico da série e construídos para o processo de aprendizagem[8].

A construção das palavras com letras móveis é uma das propostas que proporcionam avanços no aprendizado. Reproduzir palavras e conteúdos expressos pelo professor permite a ampliação do vocabulário e a organização mental do conteúdo, proporcionando ao aluno a reconstrução posterior do que foi explicado e/ou ensinado. A todo momento o desempenho do aluno deve trazer uma resposta imediata de reforço pelo professor. Esses reforços podem ser palavras motivadoras para que a criança interiorize e se motive. As atividades devem envolver recursos cognitivos e socioemocionais factíveis de resposta por parte da criança.

CONSIDERAÇÕES FINAIS

O psicopedagogo é um profissional fundamental tanto no contexto clínico quanto no educacional para auxiliar na individuação do processo de inclusão, sempre visando à aprendizagem. É um profissional que apresenta possibilidades de intervenções que vão permitir a aquisição de conteúdos pedagógicos, assim como a orientação e a parceria com a escola para realizar os ajustes necessários, mantendo a criança engajada nas tarefas escolares e no empenho do processo ensino-aprendizagem.

Para a criança obter progresso na aprendizagem, o psicopedagogo, em conjunto com a equipe da escola, assim como com a família e a equipe multidisciplinar associada, tem de conhecer a criança quanto às suas habilidades e dificuldades para cada conteúdo pedagógico, e, se preciso, devem ser feitas adaptações curriculares e pedagógicas correspondentes. A inclusão e o suporte do TEA variam muito em função do perfil individual da criança/adolescente, e não é possível um processo único para todo o espectro.

REFERÊNCIAS BIBLIOGRÁFICAS

1. Pantano T. Cérebro, emoção e aprendizagem. In: Soares AM, Relvas M, Capellini AS, Baum S, Capovillla FS, Pantano T, orgs. Contribuições da neurociência para uma educação integrada. Rio de Janeiro: Wak; 2022. p. 149-58.
2. Gomes RTM, Chechetto CHY, Burmester WE. Psicopedagogia e a adaptação curricular para alunos com necessidades educacionais especiais: Teoria à prática. In: Pizza CT, Campos TML, Macedo EC, orgs. Intervenção em psicopedagogia, V. 1: etapas do processo psicopedagógico e sua articulação em rede. 1. ed. São Paulo: Hogrefe, 2023. p. 121-42.
3. Hus Y, Segal O. Functional communication profiles of children and youth with autism: a roadmap to therapeutic and educational interventions. Folia Phoniatr Logop. 2021;73(3):205-221.
4. Moraes LR, Bueno HPV. Dificuldades de aprendizagem e o transtorno do espectro autista: considerações históricas e conceituais. Diálogos Interdisciplinares. 2023;2(12).
5. Escolano-Pérez E, Acero-Ferrero M. Evaluating in the real-world educational intervention to improve interference control in children with autism spectrum disorder. Children (Basel). 2022;9(9):1294.
6. Brasil. Lei n. 13.146, de 6 de julho de 2015. [acesso em abril de 2025]. Disponível em: http://legislacao.planalto.gov.br/legisla/legislacao.nsf/Viw_Identificacao/lei%2013.146-2015?OpenDocument
7. Estado de Goiás. Lei n. 22.887, de 30 de julho de 2024. [acesso em abril de 2025]. Disponível em: https://legisla.casacivil.go.gov.br/api/v2/pesquisa/legislacoes/109247/pdf
8. Gomes CGS, Silveira AD. Ensino de habilidades básicas para pessoas com autismo: manual para intervenção comportamental intensiva, 1. ed. Curitiba: Appris; 2016.

3

Avaliação neuropsicológica: as especificidades relacionadas ao transtorno do espectro autista

Joana Portolese
Cristiana Castanho de Almeida Rocca

NEUROPSICOLOGIA

Aspectos instrumentais e clínicos

A neuropsicologia é uma área de conhecimento e prática clínica que tem como pressuposto básico estabelecer a relação entre o comportamento e o funcionamento cerebral. A avaliação neuropsicológica é uma especificidade dessa ciência, que possibilita entender perfis comportamentais desajustados para atender às demandas da vida prática[1].

Uma avaliação neuropsicológica pode ser feita com bebês a partir de 2 meses de idade, sendo esta (até os 2 anos de idade da criança) realizada por meio de escalas que avaliam o desenvolvimento neuropsicomotor em sua totalidade (aspectos cognitivos, linguísticos, motores e comportamentais).

Para estruturar a avaliação neuropsicológica de crianças com transtorno do espectro autista (TEA), é importante considerar a existência de dois grupos de crianças e adolescentes em termos de responsividade.

Crianças e adolescentes que não respondem a provas formais

A impossibilidade de uma função da linguagem expressiva e compreensiva adaptativa requer o uso de entrevistas estruturadas com os pais, em conjunto à aplicação de escalas de comportamento. Os dados obtidos por essa forma de "mapeamento" funcional do comportamento podem descrever de forma bastante apropriada aspectos de desenvolvimento em vários domínios.

O atraso no desenvolvimento verbal pode ser resultado completo ou parcial da deficiência comunicativa, mas pode exercer pouca influência em outros aspectos comunicativos[2]. Quando se faz a escolha de instrumentos para avaliação cognitiva do paciente, deve ser levada em consideração a sua capacidade de se expressar por meio da fala, nos casos em que aspectos verbais estão prejudicados.

A escolha de instrumentos adequados minimiza algumas variáveis que podem prejudicar a obtenção de resultados mais precisos. Algumas crianças não verbais ou com dificuldades expressivas leves ou moderadas podem apresentar um adequado funcionamento cognitivo e, se fossem realizadas baterias com testes verbais, provavelmente os escores seriam impactados por esse fato.

Crianças e adolescentes que respondem a provas formais

Neste grupo, se a responsividade verbal, no que tange à linguagem expressiva, não for boa, mas a linguagem compreensiva estiver preservada, as provas não verbais serão parte do protocolo de investigação cognitiva. Quando o domínio da comunicação não é suficiente, são as provas não verbais, aliadas ao uso de escalas de avaliação do comportamento, que poderão fornecer dados sobre raciocínio lógico, compreensão, atenção e memória via imagens. Em crianças verbais, além da aplicação de instrumentos que exijam uma elaboração via palavras e frases, as provas de leitura e escrita podem ser utilizadas tanto para descrever problemas na decodificação como na compreensão.

NEUROPSICOLOGIA NO TEA

Principais considerações

A literatura científica é robusta em estudos neuropsicológicos sobre pacientes com TEA, sendo descritas alterações relacionadas a várias áreas do funcionamento cognitivo, social e comportamental. Pessoas com TEA (independentemente do ciclo vital) tendem a ter dificuldades em inibir respostas, comportamentos e emoções (falha no controle inibitório) e são excessivamente rígidas, com dificuldades em alterar rotinas e gostos (falha na flexibilidade cognitiva). Assim, destaca-se o papel das funções executivas (FE) no perfil cognitivo desta patologia.

As FE são comumente descritas como um termo genérico, mas que abrangem processos cognitivos de ordem superior e competências comportamentais, como planejamento, flexibilidade cognitiva, cognição social (por exemplo, empatia e teoria da mente [ToM]) e regulação emocional. Essas funções cognitivas de ordem superior são mediadas pelo córtex pré-frontal e fornecem controle e direção às funções cerebrais de ordem inferior. Na literatura, é comumente feita uma distinção entre FE "frias" e "quentes"[3-5].

As FE frias estão associadas às regiões corticais pré-frontais dorsolaterais e incluem planejamento, flexibilidade cognitiva, memória de trabalho, monitoramento comportamental e inibição[4]. As FE quentes são mediadas pelos córtices ventromedial e orbitofrontal, que suportam comportamentos que requerem consciência e regulação emocional, empatia e ToM [4,5].

Conceitualizada como um componente de FE quentes, a cognição social é um termo amplo que abrange vários domínios, incluindo reconhecimento de emoções, ToM, coerência central e empatia[6,7]. A cognição social quente refere-se aos processos responsáveis pela percepção e identificação das emoções, como a empatia com o estado afetivo de outra pessoa (por exemplo, empatia emocional). A cognição social fria envolve uma perspectiva mais objetiva, como pensar nas coisas do ponto de vista de outra pessoa (por exemplo, ToM e empatia cognitiva).

Essencialmente, a cognição social é um conjunto complexo de processos que servem às interações sociais adaptativas, permitindo a um indivíduo partilhar experiências cognitivas e afetivas de outras pessoas, prever o seu comportamento e comunicar de forma eficaz[5]. Como tal, a cognição social é reconhecida como um domínio central de deficiência para indivíduos com TEA, principalmente no que tange à importância do desenvolvimento da ToM[8,9].

A ToM é a capacidade de inferir o que o outro está pensando, ou seja, compreender, explicar e predizer o comportamento humano no que se refere a estados mentais. Sendo assim, é a capacidade de a criança predizer o seu comportamento bem como antecipar o comportamento do outro. Em crianças típicas, essa habilidade é desenvolvida entre os 3 e os 6 anos de idade (embora inicie desde o nascimento, bebês entre 12 e 21 dias de idade podem imitar gestos faciais e manuais podendo – mostrar a língua, por exemplo), como apresentada na Figura 1.

Nas crianças com TEA, ocorre uma falha na identificação dos estados mentais alheios, dificultando a compreensão dos sentimentos, desejos e pensamentos dos outros e o seu significado. Esses aspectos acarretam dificuldades na compreensão do ponto de vista do outro, em modificar o discurso/comportamento de acordo com as regras sociais.

As pessoas com TEA têm dificuldade em entender que pessoas têm interesses diferentes. Assim, acabam por apresentar dificuldades em se colocar no lugar dos outros e não percebem o interesse das pessoas, considerando que são os mesmos interesses dela.

De acordo com Khoury et al.[11], as principais dificuldades das crianças com TEA relacionadas à ToM são: apontar coisas para outros; estabelecer contato visual; seguir o olhar de outro indivíduo quando ele fala sobre algum objeto que estão olhando; usar gestos de maneira social; entender emoções em rostos

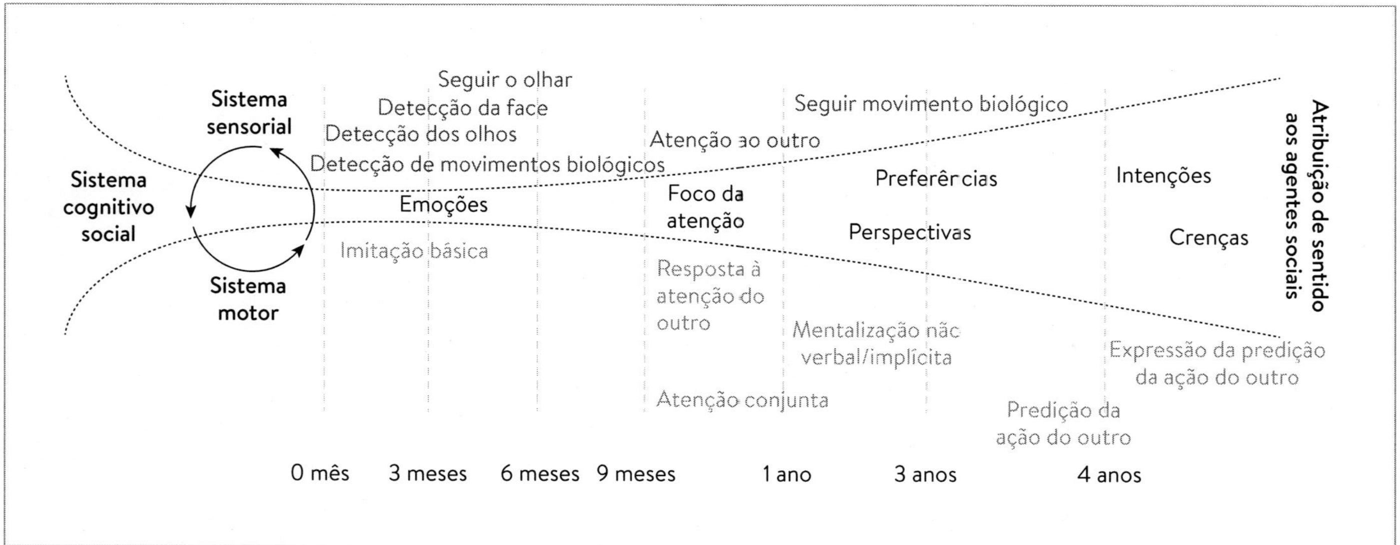

Figura 1 Principais marcos do comportamento social durante a infância.

Fonte: adaptada de Soto-Icaza et al., 2015[10].

alheios; usar variação normal de expressões emocionais no próprio rosto; mostrar interesses em outras crianças; saber como se envolver com outras crianças; manter-se calmas quando se sentem frustradas; entender que alguém pode ajudá-las; e entender como os outros se sentem em algumas situações.

Assim como todas as funções cognitivas e suas relações com o TEA, as dificuldades de linguagem podem variar de forma significativa. No entanto, alguns aspectos podem ser marcantes na linguagem no TEA. Pessoas com TEA têm dificuldades em habilidades sociais, pois em parte são impactadas pelas habilidades linguísticas limitadas. Compreender ironias, pistas, dificuldades de entender em que momento devem falar e responder e quando o outro pode estar entediado com o assunto são algumas dificuldades observadas em pacientes com TEA.

PRINCIPAIS INSTRUMENTOS DE AVALIAÇÃO NEUROPSICOLÓGICA UTILIZADOS NA AVALIAÇÃO DE PACIENTES COM SUSPEITA DE TEA

O TEA é caracterizado como um transtorno heterogêneo, com início na infância, cuja heterogeneidade é parcialmente determinada por diferenças no quociente de inteligência (QI)[12], entre outros aspectos, como:

- Nível intelectual: presença de deficiência intelectual.
- Linguagem: presença de comprometimento de linguagem.
- Outras condições relacionadas: comorbidades com outro transtorno do neurodesenvolvimento (TDAH, deficiência intelectual, transtorno de aprendizagem).
- Associação com outras condições médicas. Ex.: epilepsia.

Pelo TEA abranger uma ampla variedade de sintomas distintos, os quais fazem parte de um espectro, é importante avaliar a severidade dos sintomas como parte do diagnóstico[13]. Estudos antigos referiam alta taxa de deficiência intelectual (DI) em indivíduos com TEA, mas essa imagem vem mudando ao longo do tempo, com a ampliação da visão do espectro, nos quais indivíduos em nível I (autismo leve) não apresentam comprometimento intelectual.

Em relação ao uso de instrumentos psicológicos para avaliação dos aspectos cognitivos, a neuropsicologia se utiliza de métodos e técnicas padronizadas, que podem avaliar a inteligência, atenção, memória, orientação, FE, linguagem, habilidades visuoconstrutivas de forma minuciosa, assim como descrito no Quadro 1.

Quadro 1 Funções cognitivas e domínios avaliados

Inteligência	Inteligência verbal, inteligência fluida, raciocínio lógico
Atenção	Atenção concentrada, atenção alternada, atenção dividida
Memória	Memória episódica, memória visual, memória verbal, memória procedural, memória semântica
Orientação	Orientação temporal, orientação espacial
Funções executivas	Controle inibitório, resolução de problemas, flexibilidade cognitiva, memória operacional, planejamento
Habilidades visuoconstrutivas	Praxias construtivas, praxias ideomotoras, praxias reflexivas
Linguagem	Linguagem pragmática, prosódia, sintaxe, semântica
Motricidade	Motricidade fina, motricidade grosseira

Alguns dos instrumentos disponíveis no arsenal de avaliação englobam a descrição de várias dessas funções cognitivas, sendo necessário que o profissional entenda e domine muito bem os testes e escalas que escolhe para compor seu trabalho. A seguir, serão citados e descritos materiais que auxiliam nessa investigação cognitiva e comportamental.

Escala Bayley de desenvolvimento do bebê e da criança pequena[14]

É reconhecida como uma das melhores existentes na área de avaliação do desenvolvimento infantil. A criação dos itens para o teste foi baseada em pesquisas e teoria do desenvolvimento que caracterizam o desenvolvimento normal em crianças pequenas. O Brasil dispõe da terceira edição (Bayley-III), mas em alguns países, desde 2023, está disponível em sua quarta edição (Bayley-4).

A escala fornece resultados confiáveis, válidos e precisos do desenvolvimento da criança em testagem. O instrumento fornece uma avaliação individual do funcionamento desenvolvimental de bebês e crianças pequenas entre 1 e 42 meses, sendo uma das poucas medidas criadas especificamente para uso com essa população. Está subdividida: 1. cognição, linguagem (comunicação expressiva e receptiva), 2. motor (grosso e fino), 3. social-emocional e 4. componente adaptativo.

A escala cognitiva determina como a criança pensa, reage e aprende sobre o mundo ao seu redor.

A escala de linguagem está dividida em comunicação receptiva, parte que determina como a criança reorganiza sons e como entende, fala e direciona palavras, e a comunicação expressiva, parte que determina como a criança se comunica usando sons, gestos e palavras.

A escala motora está subdividida em: 1. escala motora grossa, que determina como a criança movimenta seu corpo em relação à gravidade; 2. escala motora fina, que determina como a criança usa suas mãos e dedos para fazer algo. Ou seja, trata-se de uma escala completa, que pode ser usada desde o nascimento, permitindo, assim, uma avaliação extremamente precoce, com intervenção e reabilitação em fases iniciais da vida.

Teste de triagem do desenvolvimento - Denver II[15]

Instrumento de rastreamento de risco de desenvolvimento infantil mais utilizado no Brasil, empregado também em diversos países. Por ser um teste de triagem, se destina apenas a alertar o examinador para a presença de um problema de desenvolvimento que necessite de uma avaliação mais aprofundada.

O instrumento inclui avaliação de comportamento social e pessoal, linguagem e habilidades motoras preconizadas como típicas de desenvolvimento. O desenvolvimento cognitivo da criança é avaliado pela capacidade de compreensão de instruções, conceituação de palavras, nomeação de figuras e habilidades pessoais-sociais. Os itens são apresentados em forma de gráficos, com um marco dos limites para cada idade, que engloba a faixa etária dos 0 aos 6 anos de idade.

A partir dos resultados da escala, é possível verificar se a criança tem desenvolvimento normal, de risco ou não testável. A conduta motora está associada à maturação do sistema nervoso, correspondendo ao controle das aquisições motoras. A conduta de linguagem abrange as percepções de sons, imagens e suas respostas, enquanto a conduta adaptativa compreende a reação da criança frente a objetos e situações[16].

De acordo com os resultados obtidos, a resposta para o teste pode ser: "passou", "falhou", "não observa- do" e "recusa", referindo-se respectivamente a quando a criança faz o item com êxito, quando não conseguiu fazer o item com êxito, quando não teve oportunidade de fazer o item ou quando não quis fazer o item[17].

Escala de comportamento adaptativo Vineland-3[18]

É um instrumento utilizado mundialmente para avaliar o comportamento adaptativo de pessoas do nascimento até a vida adulta. Consiste em entrevistas semiestruturadas, em formato de questionário. Por meio de sua aplicação, é possível avaliar o nível de desenvolvimento da criança, nas áreas da comunicação, autonomia, socialização, motricidade e comportamentos desadaptativos.

Os conteúdos e escalas da Vineland-3 estão organizados em quatro grandes domínios, que se subdividem em 11 subdomínios: 1. comunicação (receptiva, expressiva e escrita); 2. autonomia (pessoal, doméstica e comunitária); 3. socialização (relações interpessoais, lazer e regras sociais); 4. função motora (fina e global). Associada a testes de inteligência, a Vineland-3 fornece dados críticos que ajudam no diagnóstico de deficiências intelectuais e de desenvolvimento, possibilitando informações valiosas à elaboração de planos de intervenção.

Inventário dimensional de avaliação do desenvolvimento infantil[19]

Foi elaborado para avaliar o desenvolvimento infantil de 0 a 72 meses de idade por meio do relato parental, abrangendo os domínios cognitivo, motricidade (ampla e fina), comunicação e linguagem (receptiva e expressiva), socioemocional e comportamento adaptativo.

Sistema de avaliação do transtorno do espectro autista – PROTEA-R[20]

É destinado à avaliação de crianças não verbais entre 24 e 60 meses de idade com suspeita de TEA ou outros transtornos do neurodesenvolvimento. O instrumento fornece informações importantes relacionadas à qualidade dos comportamentos sociocomunicativos e de brincadeira, além de aspectos referentes a padrões comportamentais atípicos. Os resultados dessas escalas e testes refletem os principais marcos ao longo do desenvolvimento infantil e têm o objetivo de determinar o nível evolutivo específico da criança.

Escalas Wechsler de inteligência[21-23]

Adicionalmente, no processo de avaliação neuropsicológica de pacientes com suspeita de TEA, além dos instrumentos já citados, é possível utilizar baterias de maior elaboração para verificar as diferentes funções cognitivas de forma minuciosa e detalhada[24]. Em crianças responsivas e que estão frequentando escola regular, pode-se utilizar a escala de inteligência Wechsler para crianças (WISC-IV) e a escala de inteligência Wechsler para adultos (WAIS-III). Tanto para crianças como para adultos, é possível fazer uso de uma escala abreviada para avaliação do nível intelectual, como a escala Wechsler de inteligência abreviada (WASI).

Teste não verbal de inteligência - SON-R 21/2-7 [a][25]

Ou as matrizes progressivas de Raven, usadas para indivíduos pouco responsivos verbalmente.

Escala Wechsler não verbal de inteligência - WNV[26]

É outro instrumento comumente utilizado na avaliação neuropsicológica de pacientes não verbais. Considerado padrão-ouro no contexto internacional para avaliação cognitiva, a WNV é um instrumento que avalia de modo não verbal a capacidade intelectual de pacientes de 4 anos a 21 anos e 11 meses.

Neupsilin

Instrumento de avaliação neuropsicológica breve[27] que possibilita traçar um perfil neuropsicológico que abarca a capacidade de orientação temporoespacial, atenção concentrada, percepção visual, raciocínio aritmético, linguagem, fluência verbal, memória verbal, memória visual, praxias e FE. Pode ser aplicado dos 12 aos 90 anos, inclusive por profissionais da área da fonoaudiologia.

Além dos instrumentos citados, há outros disponíveis na literatura científica no contexto de investigação neuropsicológica, assim como o uso de tarefas ecológicas, as quais simulam situações práticas da vida e possibilitam entender a *performance* da criança nas atividades cotidianas e acadêmicas.

Os instrumentos ecológicos são caracterizados pela forma padronizada de aplicação associada a tarefas que simulam situações diárias de demanda cognitiva, nas quais as FE são amplamente requeridas nas tarefas cotidianas complexas[28]. O uso de ferramentas ecológicas para estabelecer um diagnóstico neuropsicológico permite que os clínicos compreendam melhor o funcionamento do paciente em situações da vida real. Na avaliação neuropsicológica, visando ao diagnóstico de TEA, são exemplos de tarefas ecológicas a prosódia emocional, ditados populares e teste do *marshmallow*.

O conjunto dos instrumentos que serão utilizados na investigação dessas crianças irá possibilitar uma avaliação global de suas capacidades e incapacidades[24]. Essas informações poderão facilitar a compreensão, por parte dos profissionais, acerca do funcionamento da criança, permitindo estabelecer o melhor programa de reabilitação e as melhores estratégias a serem adotadas.

Por fim, para a realização de uma boa avaliação neuropsicológica e de um planejamento interventivo adequado, é indispensável que os profissionais envolvidos tenham conhecimentos acerca do desenvolvimento infantil típico, que servirá de base para comparação com alterações e doenças relacionadas, bem como acerca dos indicadores de risco que possam aumentar a probabilidade de transtornos no desenvolvimento da criança[29].

REFERÊNCIAS BIBLIOGRÁFICAS

1. Lezak MD, Howieson DB, Bigler ED, Tranel D. Neuropsychological assessment, 5. ed. Oxford University Press; 2012.
2. Laros JA, Tellegen PJ, Jesus GR, Karino CA. SON-R 2½-7[a] Teste nãoverbal de inteligência: Manual com normatização e validação brasileira. Brasília: Hogrefe; 2016.
3. Stuss DT, Levine B. Adult clinical neuropsychology: lessons from studies of the frontal lobes. Ann Rev Psychol. 2002;53:401-33.
4. Chan RC, Shum D, Toulopoulou T, Chen EY. Assessment of executive functions: review of instruments and identification of critical issues. Arch. Clin. Neuropsychol. 2008;23:201-16.
5. McDonald S. Impairments in social cognition following severe traumatic brain injury. J. Intern. Neuropsychol Soc. 2013;19:231-46.
6. Baez S, Rattazzi A, Gonzalez-Gades ML, Torralva T, Vigliecca NS, Decety J, et al. Integrating intention and context: assessing social cognition in adults with Asperger syndrome. Front Hum Neurosci. 2012;6:302.
7. Baez S, Ibanez A. The effects of context processing on social cognition impairments in adults with Asperger's syndrome. Front Neurosci. 2014;8:270.
8. Happé F, Ronald A, Plomin R. Time to give up on a single explanation for autism. Nat Neurosci. 2006;9(10):1218-20.
9. Rajendran G, Mitchell P. Cognitive theories of autism. Developmental Rev. 2007;27(2):224-60.
10. Soto-Icaza P, Aboitiz F, Billeke P. Development of social skills in children: neural and behavioral evidence for the elaboration of cognitive models. Front Neurosci. 2015;9:333.
11. Khoury LP, Teixeira MCTV, Carreiro LRR, Schwartzman JS, Ribeiro AF, Cantieri CN. Manejo comportamental de crianças com transtornos do espectro do autismo em condição de inclusão escolar: guia de orientação a professores. São Paulo: Memnon; 2014.
12. Wolff N, Stroth S, Kamp-Becker I, Roepke S, Roessner V. Autism spectrum disorder and IQ: a complex interplay. Front Psychiatry. 2022:13:856084.
13. Macedo EC., Mecca TP, Valentini F, Laros JA, Lima RMF, Schwartzman JS. Using the Nonverbal Test SON-R 2½-7[a] to Assess Children with Autism Spectrum Disorders. Revista Educação Especial. 2013;26:603-18.
14. Weiss LG, Oakland T, Ayland GP. BAYLEY-III: uso clínico e interpretação. Pearson Clinical Brasil; 2018.
15. Frankenburg WK, Dodds JB, Archer P, Bresnick B, Maschka P, Edelman N, et al. DENVER II: Teste de Triagem do Desenvolvimento – Manual Técnico. São Paulo: Hogrefe; 2018.
16. Moraes MWD, Weber APR, Santos MDC, Almeida FDA. Teste de Denver II: avaliação do desenvolvimento de crianças atendidas no ambulatório do Projeto Einstein na Comunidade de Paraisópolis. Einstein. 2010;8:149-53.
17. Barros RS, De Souza KM, Santos Paiva G, Silva EG, Silva DC, Silva Mello CM, et al. Principais instrumentos para avaliação do desenvolvimento neuropsicomotor em crianças no Brasil. Braz J Dev. 2020;6(8):60393-406.
18. Sparrow SS, Cicchetti DV, Saulnier CA. VINELAND-3: Escalas de Comportamento Adaptativo Vineland. Pearson Clinical Brasil; 2019.
19. Silva MA, Mendonça Filho EJ, Bandeira DR. IDADI: Inventário dimensional de avaliação do desenvolvimento infantil. São Paulo: Vetor; 2020.

20. Bosa CA, Salles JF. Sistema PROTEA-R de avaliação da suspeita de transtorno do espectro autista. São Paulo: Vetor; 2018.
21. Wechsler D. Escala de inteligência Wechsler para adultos (WAIS-III): manual David Wechsler. São Paulo: Casa do Psicólogo; 1997.
22. Wechsler D. Escala Wechsler de inteligência para crianças (WISC IV): manual de instruções para aplicação e avaliação. 4 ed. São Paulo: Casa do Psicólogo; 2013.
23. Wechsler D. Escala Wechsler abreviada de inteligência (WASI). São Paulo: Casa do Psicólogo; 2014.
24. Costa DI, Azambuja LS, Portuguez MW, Costa JC. Avaliação neuropsicológica da criança. J Pediatr. 2004;80(2).
25. Laros JA, de Jesus GR, Karino CA. Validação brasileira do teste não-verbal de inteligência SON-R 21⁄2-7 [a]. Aval Psicol. 2013;12(2):233-42.
26. Wechsler D, Naglieri JA, Rueda FJM. Escala Wechsler não verbal de inteligência: WNV. São Paulo: Casa do Psicólogo; 2011.
27. Fonseca RP. Instrumento de Avaliação Neuropsicológica Breve Neupsilin. Porto Alegre: Vetor; 2008.
28. Zimmermann N, Cardoso CO, Kochhann R, Jacobsen G, Fonseca RP. Contributions of the ecological approach to the neuropsychology of executive functions. Temas Psicol. 2014;22(3):639-54.
29. Brasil. Ministério da Saúde (MS). Secretaria de Atenção à Saúde. Diretrizes de estimulação precoce: crianças de zero a 3 anos com atraso no desenvolvimento neuropsicomotor. Brasília: MS; 2016.

4
Avaliação psicomotora

Margareth Ramos Mari Dreyer
Teresa Cristina Serra Damiano Borghi

INTRODUÇÃO

Este capítulo se destina a dar uma visão sobre a coordenação motora no transtorno do espectro autista (TEA), chamando a atenção para a falta de identificação dos distúrbios na vida dessas pessoas. Adicionalmente, tem por objetivo descrever o processo de avaliação e intervenção nos diferentes níveis de suporte (NS), de acordo com o *Manual Diagnóstico e Estatístico de Transtornos Mentais* (DSM-5-TR)[1].

Os déficits na comunicação e interação social e os comportamentos restritos e/ou repetitivos mobilizam os esforços de suporte para auxiliar as pessoas com TEA. Menor atenção tem sido dispensada aos transtornos causados pelas habilidades motoras deficitárias, e o impacto negativo associado à vida escolar, social, na saúde mental, tanto na infância como na vida adulta das pessoas autistas, é pouco descrito.

Historicamente, diferenças no padrão da coordenação motora do TEA foram observadas tanto nos primeiros relatos do quadro quanto nas descrições posteriores, denominado *clumsy movement* por Hans Asperger em 1944 e Lorna Wing[2]: "A coordenação motora grossa deficiente, mais perceptível ao tentar jogar jogos em equipe, é particularmente comum."[2]

Apesar disso, apenas a quinta versão do DSM-5 incluiu as habilidades motoras prejudicadas como características associadas ao TEA.

CARACTERÍSTICAS ASSOCIADAS QUE APOIAM O DIAGNÓSTICO

"Déficits motores estão frequentemente presentes, incluindo marcha atípica, falta de coordenação e outros sinais motores anormais (p. ex., caminhar na ponta dos pés)"[1].

Conforme revisão sistemática recente, entre 50 e 88% das crianças com TEA têm problemas motores significativos[3]. Para Miller et al., esse número chega a 90%[4]. Além do reconhecimento da comorbidade dos déficits de coordenação motora com a condição do autismo, o DSM-5 possibilitou igualmente a inclusão de um diagnóstico adicional, que é o do transtorno do desenvolvimento da coordenação (TDC)[1].

COMORBIDADE

"Quando critérios tanto para transtorno do déficit de atenção e/ou hiperatividade quanto para TEA são preenchidos, ambos os diagnósticos devem ser dados. O mesmo princípio aplica-se a diagnósticos concomitantes de TEA e TDC."[1]

O diagnóstico do TDC permite o delineamento das características do comprometimento motor do desenvolvimento e, por conseguinte, o planejamento das intervenções. Adicionalmente, permite dar ênfase aos muitos impactos e prejuízos na qualidade de vida gerados pela coordenação motora.

Vale ressaltar que esse diagnóstico é pouco utilizado tanto na população geral como comórbido ao TEA[3]. Segundo a base de dados americana do TEA (SPARK), 87% das crianças com o quadro apresentam, ou estão em risco de apresentar, problemas nas habilidades motoras compatíveis com quadro de TDC[5]. Nessa população, apenas 15% receberam um diagnóstico de TDC associado.

"O TDC continua sendo um distúrbio subdiagnosticado6. De acordo com Wilson et al., poucos médicos diagnosticam o TDC, e menos de um terço acredita que é fácil fazer o diagnóstico. Além disso, menos de 30% dos clínicos estão cientes das consequências secundárias."[7]

CARACTERÍSTICAS DA COORDENAÇÃO MOTORA NO TRANSTORNO DO ESPECTRO AUTISTA

Na avaliação da coordenação motora no TEA, é fundamental determinar de que maneira e em que grau os déficits na execução de tarefas motoras são influenciados pelas características nucleares do TEA.

No início da vida, mais do que outros fatores, o desenvolvimento da coordenação motora é muito importante, uma vez que os primeiros marcos a serem atingidos pela criança são indicadores da normalidade ou não em seu desenvolvimento. É bem estabelecido que existem atrasos no desenvolvimento motor precoce no TEA. Visando à familiarização do leitor com sinais de distúrbios nos quadros de TEA, é fundamental identificar certos comportamentos motores característicos, pois, na prática clínica, pode-se receber uma criança ou adolescente que necessita de suporte por apresentar sinais de distúrbios na motricidade. Por vezes, essa criança pode não ter sido identificada precocemente com TEA. Nesses casos, o profissional deve fazer o encaminhamento da família para um neurologista ou psiquiatra infantil para esclarecimento diagnóstico.

De acordo com revisão da literatura de Posar e Visconti[8], podem ser observados sinais de transtornos motores nos primeiros anos de vida. Eles podem existir separadamente ou coexistir em várias combinações possíveis (Quadro 1).

Quadro 1 Exemplos de possíveis atrasos e distúrbios motores nos primeiros anos de vida no TEA

Atrasos	Sentar-se, ficar em pé, andar independentemente, dificuldades com a coordenação motora fina, não levar as mãos à linha média do corpo entre 4 e 6 meses.
Distúrbios	Assimetrias estáticas e dinâmicas do corpo nos primeiros 5 meses de vida; girar sobre o abdômen movendo o corpo em bloco; padrões anormais para engatinhar ou andar, andar na ponta dos pés. Posição incomum dos braços ao andar; baixo tônus muscular e presença de reflexos indesejáveis. De maneira mais frequente que crianças típicas, crianças com TEA levam as mãos às orelhas, abanam com os braços, entre 12 e 18 meses. Exibem uma gama de comportamentos repetitivos e estereotipados com e sem objetos (dedos e mãos). Posturas incomuns. Perturbações no desenvolvimento ou ausência da imitação de gestos: ex: dar tchau, mandar beijo, apontar para comunicar interesse.

Fonte: Posar e Visconti, 2022[8].

Em decorrência da heterogeneidade das apresentações no TEA, é difícil determinar quais sintomas se apresentam nos diferentes níveis de suporte. Entretanto, estudos mostram que os atrasos motores se correlacionam com a severidade dos sintomas. Sabe-se que a aquisição da marcha autônoma é um destes fatores, uma vez que maior o seu atraso maior o nível de suporte requerido[9].

Na literatura científica do TEA, existem relatos igualmente sobre problemas nas habilidades motoras em adolescentes e crianças em idade escolar ou pré-escolar. Em revisão sistemática da literatura[9], tamanhos de efeito significativamente grandes foram encontrados ao comparar as habilidades motoras no TEA e em controles com desenvolvimento típico.

Quadro 2 Exemplos de déficits de coordenação motora em crianças e adolescentes autistas

Movimentos de braços
Estabilidade postural
Planejamento motor
Função motora dos membros superiores
Maneira de andar (passo/marcha)
Equilíbrio
Controle motor
Comportamentos comunicativos não verbais/imitação de gestos
Dificuldades nas atividades da vida diária
Dificuldades na grafomotricidade
Dexteridade manual
Função visuomotora

Fonte: Reindal et al., 2020[9].

Nas pessoas autistas com necessidades mais elevadas de suporte, os atrasos motores são mais evidentes, assim como os distúrbios e as anomalias do movimento. Muitas vezes, nesses quadros, estão associadas condições médicas ou genéticas conhecidas ou fatores ambientais[1]. Podem estar acompanhados de deficiências intelectuais (DI) severas e prejuízos substanciais na comunicação social, assim como a presença de muitos comportamentos repetitivos.

O diagnóstico do TDC não se aplica na presença de distúrbios neurológicos ou quando há DI. Pressupõe-se que as dificuldades motoras correspondam à idade mental no caso da DI, ou seja, o atraso intelectual é acompanhado pelo atraso motor[1].

Nos casos mais severos, os déficits motores geram prejuízos mais significativos na vida da pessoa, uma vez que afetam o seu funcionamento adaptativo em graus muito elevados. Para além das características citadas, observam-se dificuldades na coordenação motora grossa e fina que impactam, por exemplo, a capacidade de alimentar-se ou vestir-se de maneira independente.

Nos NS III, o domínio de habilidades motoras essenciais na adaptação do indivíduo que são aprendidas nos primeiros anos de vida no curso do desenvolvimento típico pode acontecer mais tarde na vida da pessoa. Atividades motoras simples como alcançar, apontar, tocar, agarrar, soltar, colocar, puxar, empurrar, sacudir, apertar, bater, girar, pular, rastejar, chutar ou agarrar uma bola podem ser extremamente difíceis para autistas com necessidade de suporte de nível III.

O domínio dessas habilidades motoras é crucial para o desenvolvimento e para a participação efetiva em atividades diárias básicas. Bhat et al. encontraram uma associação entre o funcionamento adaptativo e os déficits de coordenação motora em crianças e adolescentes com TEA, principalmente no que concerne à coordenação motora grossa[5]. Já os achados de Fears et al. mostram associação do funcionamento adaptativo com as habilidades motoras manuais (coordenação motora fina), independentemente do nível da inteligência[10]. Ambos os estudos confirmam que, quanto maiores os déficits na coordenação motora, menor o funcionamento adaptativo.

Quanto maior o comprometimento da coordenacão motora no TEA, menor é o funcionamento adaptativo.

AVALIAÇÃO

Uma avaliação da competência motora se constitui tanto num estudo observacional como na análise dos dados qualitativos e quantitativos coletados. Observa-se uma heterogeneidade nos problemas motores dentro do espectro autista, incluindo a possibilidade de regressão em habilidades já adquiridas. Em nível individual, tais características se apresentam diferentemente, e, portanto, é muito importante a avaliação quantitativa e qualitativa. Essa análise trará uma descrição dos aspectos investigados, que podem servir para diversos fins, como identificar, classificar por meio das comparações normativas, especificar as dificuldades, assim como os pontos fortes apresentados, e determinar os objetivos da intervenção. Adicionalmente, uma reavaliação permite monitorar as aquisições e os progressos.

O profissional avaliador pode ter diferentes formações ou especializações, como psicomotricidade, psicologia do desenvolvimento, educação física, terapia ocupacional e fisiologia.

PROCESSO

Inicia-se pela entrevista de anamnese com pais ou cuidadores ou em entrevista com o indivíduo adulto (com menor NS) para o levantamento do seu histórico. São feitas entrevistas com profissionais da escola e os envolvidos no acompanhamento médico e terapêutico, assim como se procede ao levantamento de informações por meio de questionários ou autorrelato no caso do adulto. Esses dados são fundamentais para estimar o prejuízo causado pelos déficits no funcionamento adaptativo da pessoa.

Avaliar o impacto dos déficits motores na adaptação da pessoa

Nem sempre o problema identificado num teste é um problema na vida diária daquele indivíduo. O foco dos objetivos para a intervenção deve estar naqueles aspectos que impactam mais a vida do sujeito. O NS exigido e a análise dos comportamentos motores que geram impacto negativo na vida de cada indivíduo variam muito e são determinantes para traçar os objetivos interventivos.

Em seguida, são feitas a observação livre e a aplicação da bateria de testes normatizados e provas ecológicas. Como resultado, espera-se um relatório com medidas qualitativas e quantitativas contendo as informações coletadas, indicações terapêuticas e orientações para o ambiente.

INSTRUMENTOS

Há vários instrumentos padronizados e normativos para a análise das competências de coordenação motora. Entretanto, a grande maioria não foi concebida para a população autista, o que representa uma deficiência nessa área.

É desejada certa flexibilidade na utilização das ferramentas pelo profissional devido a maior inflexibilidade comportamental do TEA. É comum que barreiras comportamentais estejam presentes na avaliação. Para se obter uma medida quantitativa na avaliação da coordenação motora, podem ser necessárias algumas adaptações e flexibilizações sem as quais se corre o risco de ver o indivíduo fracassar em múltiplos subtestes. Os dados das dificuldades comportamentais vão informar as intervenções e serão compartilhados com a equipe multidisciplinar, visando dar subsídios para o planejamento terapêutico geral.

Seguem os principais e mais utilizados instrumentos na identificação de problemas motores, de acordo com os NS.

Nível de suporte I

Nos casos de TEA com necessidades de suporte I, atrasos motores podem estar mais aparentes, mas também podem ser mais sutis, como quando a criança atinge os marcos ainda dentro da faixa normalidade, mas em sua extremidade, dificultando a sua identificação.

Questionários

Little Developmental Coordination Questionnaire – Little DCD-Q (3-4 anos)[11] – e *Developmental Coordination Questionnaire* – DCD-Q (5-15 anos)[12]

Os instrumentos DCD-Q e Little DCD-Q são questionários parentais desenvolvidos para auxiliar na identificação do TDC em crianças. Os pais são instruídos a comparar o desempenho motor do seu filho com o de pares da mesma idade usando uma escala de 5 pontos. O questionário fornece um método padronizado para medir a coordenação da criança em atividades cotidianas e funcionais.

O questionário DCD-Q consiste em 15 itens, que se agrupam em três fatores distintos: controle durante o movimento, motor fino, escrita e coordenação geral. O Little DCD-Q consiste em 15 itens, também agrupados em três fatores: controle durante o movimento, habilidades motoras finas e coordenação geral.

Movement Assessment Battery for Children-3 – MABC-3 (3 a 25:11)[13]

A MABC-3 tem dois componentes: lista de checagem e bateria de testes. A lista de checagem da MABC-3 fornece uma avaliação do movimento da criança, adolescente ou jovem adulto em situações cotidianas por meio da opinião parental ou dos professores. Os questionários estão separados por faixa etária, sendo que, para a última faixa etária, existe uma autoavaliação visando determinar o impacto das dificuldades motoras na participação de um indivíduo em atividades cotidianas e se existem fatores não motores associados especificamente às dificuldades ou não.

Escala de comportamento adaptativa

Escala Adaptativa Vineland-3 (0-90 anos)[14]

É um instrumento utilizado mundialmente para avaliar o comportamento adaptativo das pessoas. Consiste em uma entrevista semiestruturada em formato de questionário. Dentre os seis domínios mensurados pela escala, o domínio das habilidades motoras pode informar a elaboração de planos de intervenção, de acordo com o comprometimento na vida diária.

Baterias de testes

Movement Assessment Battery for Children-3 - MABC-3 (3 a 25:11)[13]

A bateria de testes da MABC-3 fornece uma medida objetiva de dificuldades de coordenação motora grossa e fina em crianças e jovens adultos. As atualizações incluem uma faixa etária ampliada. É uma medida de grande utilização e aceitação no uso em pesquisas relacionadas ao desenvolvimento motor, sendo uma referência internacional. Possui três domínios - destreza manual, mirar e pegar (habilidades com bolas) e equilíbrio e locomoção - e consiste em dez tarefas para cada uma das três faixas etárias: 3 a 6 anos (crianças de 3 anos completam 7 tarefas); 7 a 11 anos; 12 a 25 anos. São fornecidas pontuações de tarefa, domínio e motor total. A avaliação é complementada por uma abordagem observacional de aspectos perceptomotores e dificuldades emocionais e motivacionais que o indivíduo pode ter em relação às tarefas motoras.

Beery-Buktenica Developmental Test of Visual-Motor Integration, sixth edition[15]

O teste avalia a integração visuomotora em crianças e adultos e apresenta desenhos de 24 formas geométricas, organizadas em sequência de desenvolvimento, de menos a mais complexas. O examinado simplesmente copia essas formas no livro de testes. Existe uma forma abreviada do teste composto por 15 desenhos para crianças de 2 a 8 anos. São oferecidos dois testes suplementares: o teste de percepção visual e o teste de coordenação motora.

Escala de desenvolvimento

Escalas Bayley de desenvolvimento do bebê e da criança pequena, 3ª edição - Bayley III (1-42 meses)[16]

As escalas são referência mundial na identificação de problemas e atrasos no desenvolvimento motor de crianças pequenas, assim como nos demais quatro domínios: cognitivo; linguístico; socioemocional e de comportamento adaptativo. A escala motora possui duas partes: motricidade fina e motricidade grossa.

Checklist Curriculum do Modelo Denver de Intervenção Precoce (1-5)[17]

Parte integrante do Modelo Denver de Intervenção Precoce em Crianças com Autismo (ESDM), essa ferramenta de avaliação é destinada à implementação desse modelo de intervenção. O instrumento é diferenciado na medida em que foi concebido de acordo com as características da população de crianças autistas. Dessa forma, reflete o perfil típico de desenvolvimento do TEA em seu sistema de avaliação. A escala contempla todas as áreas do desenvolvimento, incluindo a coordenação motora grossa e fina.

Nível de suporte II

Os instrumentos citados para o NS I para avaliação da motricidade em autistas podem ser igualmente adotados nos casos de NS II. Deve-se manter o uso das escalas de funcionamento adaptativo, observação livre e as etapas das entrevistas com os pais e cuidadores. A seguir, sugere-se uma outra opção adaptada para fins de avaliações e planos interventivos.

PEP-R – Perfil Psicoeducacional Revisado Método TEACCH *(Treatment and Education of Autistic and related Communication-Handicapped Children)*[18]

Os itens da escala de desenvolvimento do PEP-R são divididos em sete áreas de desenvolvimento. A coordenação motora fina e a ampla, assim como a coordenação mão-olho, são de interesse nessa avaliação. Identificam-se os pontos fortes e interesses, assim como as dificuldades diárias. Em posse desses dados, os profissionais conseguem elaborar um programa individualizado para desenvolver as habilidades necessárias.

Observação ecológica da criança

Outro instrumento valioso na avaliação é a observação da criança em seu ambiente. Por exemplo, uma sessão de observação conduzida na escola permite ao avaliador identificar prejuízos na socialização inerentes à condição autista, assim como observar as dificuldades motoras nas interações e seu impacto na participação.

Nível de suporte III

A avaliação deve se basear em escalas de desenvolvimento e funcionamento adaptativo motor já descritos para o NS I. A entrevista com os cuidadores é fundamental para mapear os impactos no ambiente específico em que a pessoa está inserida. Além disso, a observação livre do indivíduo no ambiente é um instrumento importante nessa etapa para traçar os objetos e as metas no panejamento terapêutico.

Bateria de testes

Considerando a inclinação das pessoas com TEA para a aprendizagem visual, dois instrumentos foram adaptados com imagens e se mostraram eficazes na melhora do desempenho quando comparados à apresentação original, por instruções verbais. Incorporar protocolos de avaliação com imagens na avaliação no NS III é bem indicado. Apesar disso, esse meio adaptado de avaliação pode beneficiar os NS I e II.

Movement Assessment Battery for Children – 2nd edition, com programa visual de atividades

Os resultados indicaram que o protocolo de atividade com imagens pode melhorar o desempenho motor no MABC-2 em crianças e adolescentes com TEA. No componente de testes da MABC-2, são avaliadas a coordenação motora grossa e a fina através da dexteridade manual, do equilíbrio e das habilidades com bolas[19].

Teste de Desenvolvimento Motor Grosso-3 (TGMD-3), com uso de suportes visuais[20]

Nesse instrumento, que serve para medir a habilidade de coordenação motora grossa, as pontuações brutas das crianças com TEA melhoraram significativamente ao usar o protocolo de suporte visual do TGMD-3, demonstrando que o suporte visual é um método de avaliação válido e confiável do desempenho motor grosso para crianças com TEA.

REFERÊNCIAS BIBLIOGRÁFICAS

1. American Psychiatric Association (APA). Manual diagnóstico e estatístico de transtornos mentais: DSM-5-TR, 5. ed. texto revisado. Porto Alegre: Artmed; 2023.
2. Wing L. The autistic spectrum. Lancet. 1997;350(9093):1761-6.
3. Kangarani-Farahani M, Malik MA, Zwicker JG. Motor Impairments in Children with Autism Spectrum Disorder: A Systematic Review and Meta-analysis. J Autism Dev Disord. 2023;1-21.
4. Miller HL, Sherrod GM, Mauk JE, Fears NE, Hynan LS, Tamplain PM. Shared features or co-occurrence? Evaluating symptoms of developmental coordination disorder in children and adolescents with autism Spectrum disorder. J Autism Dev Disord. 2021;51(10):3443-55.
5. Bhat AN. Motor impairment increases in children with autism spectrum disorder as a function of social communication, cognitive and functional impairment, repetitive behavior severity, and comorbid diagnoses: a SPARK study report. Autism Res. 2021;14(1):202-19.
6. Missiuna C, Pollock N, Egan M, DeLaat D, Gaines R, Soucie H. Enabling occupation through facilitating the diagnosis of developmental coordination disorder. Can J Occup Ther. 2008;75(1):26-34.
7. Wilson BN, Neil K, Kamps PH, Babcock S. Awareness and knowledge of developmental co-ordination disorder among physicians, teachers and parents. Child Care Health Dev. 2013;39(2):296-300.
8. Posar A, Visconti P. Early motor signs in autism spectrum disorder. Children. 2022;9(2):294.

9. Reindal L, Nærland T, Weidle B, Lydersen S, Andreassen OA, Sund AM. Age of first walking and associations with symptom severity in children with suspected or diagnosed autism spectrum disorder. J Autism Dev Disord. 2020;50:3216-32.
10. Fears NE, Palmer SA, Miller HL. Motor skills predict adaptive behavior in autistic children and adolescents. Autism Res. 2022;15(6):1083-9.
11. Wilson BN, Creighton D, Crawford SG, Heath JA, Semple L, Tan B, et al. Psychometric properties of the Canadian Little Developmental Coordination Disorder Questionnaire for Preschool Children. Phys Occup Ther Pediatr. 2015;35(2):116-31.
12. Prado MSS, Magalhães LC, Wilson BN. Cross-cultural adaptation of the DCDQ for Brazilian children. Braz J Phys Ther. 2009;13(3):236-43.
13. Henderson SE, Barnett AL. Movement Assessment Battery for Children, 3. ed. London: The Psychological Corporation; 2023.
14. Sparrow SS, Saulnier CA, Cicchetti DV, Doll EA. Vineland-3: Vineland Adaptive Behavior Scales Manual. 3. ed. Minneapolis: Pearson Assessments; 2016.
15. Beery KE, Beery NA. The Beery-Buktenica Developmental Test of Visual-Motor Integration (Beery VMI): With supplemental developmental tests of visual perception and motor coordination and stepping stones age norms from birth to age six: administration, scoring, and teaching manual. Pearson; 2010.
16. Bayley N. Bayley Scales of Infant and Toddler Development. 3. ed. San Antonio: Harcourt Assessment; 2006.
17. Rogers S. Checklist curriculum do Modelo Denver Intervenção Precoce para Crianças Pequenas com Autismo. 1. ed. Lisboa: Lidel; 2014.
18. Mesibov G. Formal and informal measures on the effectiveness of the TEACCH Programme. Autism Int J Res Prac. 2007,1(1).25-35.
19. Liu T, Breslin CM. The effect of a picture activity schedule on performance of the MABC–2 for children with autism spectrum disorder. Res Q Exerc Sport. 2013;84(2):206-12.
20. Allen K, Bredero B, Van Damme T, Ulrich D, Simons J. Test of Gross Motor Development-3 (TGMD-3) with the use of visual supports for children with autism spectrum disorder: validity and reliability. J Autism Dev Disord. 2017;47(3):813-33.

5

Avaliações de terapia ocupacional para o transtorno do espectro autista

Natalia Silveira Tullii
Adriana Dias Barbosa Vizzotto
Dinara Souza

INTRODUÇÃO

O transtorno do espectro autista (TEA) é um constructo usado para descrever indivíduos com uma combinação específica de deficiências na comunicação social e comportamentos repetitivos, interesses altamente restritos e/ou comportamentos sensoriais que começam cedo na vida[1]. A população com TEA apresenta atrasos em aquisições neuropsicomotoras ou diferenças em funções perceptomotoras, bem como déficit no processamento multissensorial, sendo a integração multissensorial constituinte de processos comportamentais e perceptuais típicos, bem como o funcionamento social, comunicativo e sensorial[1,2]. As pessoas com TEA também enfrentam desafios na compreensão e expressão das emoções, reatividade emocional, déficit na regulação de estados emocionais, padrões irregulares de sono, seletividade alimentar, sendo que em todos esses fatores há correlação direta com déficits envolvendo o processamento sensorial[3,4].

Uma variedade de questionários e avaliações sensoriais tem historicamente comparado crianças com diagnóstico de TEA a crianças típicas. Constitui um primeiro nível de análise, que tem causado confusão no diagnóstico de problemas sensoriais no TEA. O segundo aspecto é uma comparação dentro da mesma estrutura diagnóstica, oferecendo um nível mais profundo de análise e melhor raciocínio clínico de nossos achados. A comparação e escalas provenientes de populações com crianças que têm um diagnóstico confirmado de TEA nos desafiam a explorar os problemas sensoriais por uma nova perspectiva[5].

Desde que o TEA foi inicialmente documentado, tem havido uma conexão com sintomas sensoriais. No entanto, somente em 2013 esses sintomas foram considerados parte central do TEA[6]. Estudos mostram que entre 45% e 95% dos indivíduos com TEA apresentam sintomas sensoriais, os quais geram profundo impacto e prejuízos ao funcionamento adaptativo dessas pessoas[7]. Um estudo de revisão e metanálise atualizou as evidências sobre os padrões de disfunção sensoriais em TEA e evidenciou que o predomínio maior é para o padrão de hiper-resposta sensorial[8].

Em estudo comparativo entre populações com TEA e distúrbio de modulação sensorial (DMS), foram vistas diferenças no funcionamento do sistema nervoso simpático entre crianças com TEA em comparação com crianças com DMS[9]. Como hipótese, as crianças com TEA tinham excitação fisiológica atípica, enquanto as crianças com DMS apresentaram reatividade fisiológica atípica. Isso poderia indicar um biomarcador nas crianças com TEA, ajudando no diagnóstico diferencial, sobretudo em crianças com TEA de nível de suporte 2 e 3, em que esses comprometimentos do processamento sensorial ficam mais evidentes, o que pode dificultar a aplicação de instrumentos padronizados de avaliação.

Sintomas comportamentais em crianças com TEA incluem principalmente o comprometimento na filtração de estímulos auditivos e sensibilidade tátil, gustativa/olfativa, com poucos sintomas de sensibilidade ao movimento[9]. Além disso, o grupo TEA demonstra maior hiporresponsividade sensorial nos sistemas vestibular e proprioceptivo e menor frequência de comportamentos de busca sensorial.

O que já é explorado na literatura é que esses indivíduos têm o processamento de informações prejudicado, resultando em má interpretação de estímulos e uma redução na capacidade de discriminação entre informações relevantes e irrelevantes; portanto, esses indivíduos podem ter uma capacidade diminuída de alocar recursos de atenção para processar estímulos ambientais.

Esses sintomas foram correlacionados a comportamentos desafiadores associados ao diagnóstico, incluindo comportamento restritivo e repetitivo, comportamentos autolesivos, alta tolerância à dor, exploração oral de objetos persistente, aparente falta de sensibilidade ao calor ou frio, ansiedade, problemas de atenção, distúrbios do sono, alterações alimentares e queixas gastrointestinais[10-12].

Em um estudo realizado com adolescentes, foi encontrado que os comportamentos adaptativos eram menores na população com TEA e deficiência intelectual quando comparados à amostra neurotípica. No grupo de jovens com TEA devido aos problemas de comportamento mais externalizantes, também se encontrou correlação com a maior variação na aquisição de independência e autonomia nas atividades de vida diária (AVD)[13].

A comparação de escalas provenientes de populações com crianças que têm um diagnóstico confirmado de autismo nos desafia a explorar os problemas sensoriais por uma nova perspectiva. Além de problemas na entrada e organização da informação sensorial (modulação sensorial), distúrbios de percepção/discriminação são amplamente encontrados em crianças autistas e envolvem uma distorção da hierarquia normal de preferências do receptor e capacidade prejudicada de usar a entrada sensorial para fazer discriminações na ausência de *feedback* das respostas motoras[14].

As dificuldades na discriminação sensorial encontradas em indivíduos com TEA têm impacto na produção de respostas motoras adaptativas tanto para uma manutenção e estabilidade postural quanto para habilidades relacionadas à práxis (dificuldades evidentes em praxia de imitação, integração vestibular bilateral, percepção somatossensorial e reatividade sensorial, que parecem afetar muito a participação) e ao desenvolvimento da motricidade fina[9,14-16].

Indivíduos com TEA apresentam tendência a mobilizar o sistema de controle postural primário, manifestando preferência pelo uso de modalidades sensoriais inferiores para o controle postural[17].

Todas essas particularidades e condições das crianças/adolescentes com TEA contribuem para um desempenho ocupacional insatisfatório, englobando as atividades básicas de vida diária (ABVD) e atividades instrumentais de vida diária (AIVD) e habilidades como o brincar, habilidades sociais, habilidades de lazer e atividades produtivas da vida adulta[18].

Para que a terapia ocupacional (TO) possa identificar todas as condições e prejuízos mencionados anteriormente, é necessária uma investigação aprofundada em cada aspecto e domínio da vida do indivíduo com TEA, e para isso ela conta com instrumentos de avaliação estruturados e semiestruturados que contemplam a análise de cada domínio específico. O processo de avaliação da TO é projetado para obter uma compreensão das habilidades do indivíduo e suas limitações; também se utilizam ferramentas e instrumentos informais como brincadeiras e observações do sujeito em diferentes contextos, bem como a análise de vídeos e materiais trazidos por familiares e cuidadores. Devem-se considerar, durante a avaliação, os seguintes aspectos: o desempenho ocupacional nas atividades do cotidiano, o brincar, a práxis, o processamento sensorial, a percepção visual e a função manual.

O processo de avaliação de crianças e adolescentes com TEA deve permitir o maior nível possível de adaptação física, psicológica e social. Uma avaliação funcional deve abranger as áreas de desempenho, componentes e contexto de desempenho, sendo as primeiras as ABVD, AIVD, as atividades escolares e de lazer[19]. Já os componentes de desempenho são compreendidos como as capacidades fundamentais para o engajamento bem-sucedido nas áreas do desempenho, sendo estes sensoriomotores, cognitivos, psicossociais e emocionais[20]. Os contextos de desempenho, por sua vez, são compreendidos como situações ou fatores que influenciam o engajamento da pessoa nas áreas de desempenho desejadas e/ou necessárias, as quais dependem de aspectos temporais (idade, estado de saúde) e ambientais. A resultante da interação de desempenho, componentes e contexto determinará a funcionalidade do indivíduo[20].

Além da relevância dos instrumentos de avaliação, outro sistema classificatório que contribui na avaliação diagnóstica e no planejamento terapêutico adequado ao TEA é a Classificação Internacional de Funcionalidade, Incapacidade e Saúde (CIF)[21]. A CIF é um sistema de classificação funcional que traz as dimensões das atividades (execução de tarefas ou ações por um indivíduo) e da participação (ato de se envolver em uma situação vital) de cada pessoa, bem como os qualificadores de desempenho (aquilo que o indivíduo faz no seu ambiente atual/real) e de capacidade (potencialidade ou dificuldade de realização de atividades[21]. A CIF permite a identificação de facilitadores e barreiras entre os fatores ambientais (físico, social e de atitude) peculiares a cada pessoa em diferentes momentos da vida[21]. Ela ocupa um importante papel na classificação dos déficits cognitivos, com base na manifestação e severidade do TEA no desempenho funcional da criança e do adolescente. Além disso, pode contribuir por meio do uso de *core-set* e da análise do desempenho ocupacional, em tempo real, isto é, habilidades do desempenho, padrões do desempenho, contexto ou ambiente, fatores pessoais e demandas de atividades corroborando com a aplicação de um protocolo de avaliações cognitivas e funcionais[22].

Dentro da classificação do autismo na 5ª edição do *Manual Diagnóstico e Estatístico de Transtornos Mentais* (DSM-5), da American Psychiatric Association, o TEA é dividido em níveis de suporte que vão de 1 a 3[23]. Pessoas diagnosticadas como TEA nível 1 de suporte são aquelas do espectro autista que precisam de menos suporte em relação aos quadros mais moderados e graves. São aquelas que conseguem realizar as AVD facilmente e muitas vezes de forma independente, sendo as áreas mais acometidas a comunicação, a socialização e o comportamento[23].

O autismo nível 2, que na versão anterior era denominado como autismo moderado, apresenta dificuldades mais significativas em comparação com os de nível I de suporte e precisam de mais apoio, ou seja, mais auxílio no dia a dia e mais terapias. Diferentemente do nível 1, o autismo nesse nível já é evidente.

Ainda segundo o DSM-5, autistas com nível 2 de suporte demandam mais apoio para se socializar, mesmo na presença de apoio, têm menor iniciativa para iniciar e manter-se nas interações sociais e apresentam resposta reduzida ou anormal a aberturas sociais que partem de outros[23]. Apresentam maior frequência de comportamentos restritos e repetitivos, manifestos por meio de inflexibilidade do comportamento e dificuldade em lidar com a mudança. Outros comportamentos restritos e repetitivos aparecem com frequência suficiente para serem evidentes ao observador casual e interferem no funcionamento em uma variedade de contextos.

O nível 3 de suporte, em sua descrição, menciona que essa população requer apoio substancial, com graves déficits nas habilidades de comunicação social verbal e não verbal que causam prejuízos graves em seu funcionamento. Possuem iniciação bastante limitada de interações sociais e resposta mínima às propostas sociais de outros (exemplo: uma pessoa com poucas palavras de discurso inteligível que raramente inicia a interação e, quando o faz, faz abordagens incomuns só para atender às necessidades e responde apenas a abordagens sociais muito diretas). Também apresentam inflexibilidade de comportamento, extrema dificuldade em lidar com mudança ou outros comportamentos repetitivos/restritos que interferem significativamente em seu desempenho em todas as esferas da vida. Demonstram, ainda, grande dificuldade em mudar seu foco ou sua ação[23].

É importante reforçar que essa nova classificação tem como foco principal entender o nível de necessidade de suporte que o indivíduo precisa para realizar as AVD e se relacionar com o mundo e as pessoas, sendo relevante para a TO aplicar métodos de avaliação que tenham como foco a autonomia, o brincar e a participação em atividades relevantes para o indivíduo e sua família.

As taxas de prejuízos no processamento sensorial são mais prevalentes em indivíduos com diagnóstico de TEA de níveis de suporte 2 e 3 em relação a uma manifestação mais leve do transtorno (nível de suporte 1). Uma melhor compreensão das similaridades e diferenças no funcionamento sensorial entre crianças com TEA e outros quadros clínicos se faz crucial para o diagnóstico diferencial e pode exercer um profundo impacto no planejamento do tratamento.

Apesar de todos os comprometimentos referidos anteriormente no TEA, a literatura não evidenciou nenhuma objeção quanto à utilização de nenhum dos instrumentos de avaliação da TO nos diferentes níveis de suporte do TEA, porém, conforme mencionado na descrição do TEA nível 2 e 3 de suporte, essa população apresenta graves déficits, com notável influência em seu funcionamento e desempenho em uma série de habilidades em seu cotidiano, podendo por vezes influenciar a forma como esses indivíduos respondem aos processos de avaliações estruturados ou aos questionários de autodescrição. Nesses casos se faz de extrema importância a *expertise* do profissional de TO no momento de conduzir o processo de avaliação, seja na escolha de instrumentos, muitas vezes optando por questionários de aplicação parental, sendo possível uma melhor descrição do caso vinda do relato dos cuidadores, seja na adaptação de instrumentos estruturados e semiestruturados. Com base nessas informações, focaremos neste capítulo em explanar sobre algumas avaliações e observações semiestruturadas que podem ser adaptadas em suas aplicações, o que facilita a coleta de dados durante a avaliação dessa população.

Este capítulo tem como objetivo apresentar os principais protocolos de avaliação que os terapeutas ocupacionais utilizam no processo de avaliação de crianças e adolescentes com TEA.

PROTOCOLOS DE AVALIAÇÃO

As avaliações apresentadas no Quadro 1 são referências na área da TO, visto que avaliam aspectos fundamentais da especificidade da profissão. São instrumentos pautados em modelos de intervenção terapêutica.

Quadro 1 Protocolos de avaliação utilizados pela terapia ocupacional no transtorno do espectro autista

Instrumentos	
Domínio – desempenho ocupacional e habilidades adaptativas	
Bayley III – Escalas de desenvolvimento do bebê e da criança pequena	Avalia a identificação de déficits no desenvolvimento, assim como o planejamento de intervenções em cinco domínios: cognitivo, linguístico, motor, socioemocional e comportamento adaptativo. Faixa etária: 12 a 42 meses[16].
CHORES – *Children Helping Out: Responsibilities, Expectations and Supports*	Entrevista semiestruturada de 31 itens, em 2 escalas: autocuidado e cuidado familiar. Avalia se a criança/adolescente executa determinada atividade e o nível de assistência que precisa. Faixa etária: 6 a 14 anos[18].
COPM – Medida Canadense de Desempenho Ocupacional	Entrevista semiestruturada, que aborda três grandes áreas: autocuidado, produtividade e lazer. É aplicada em 4 etapas: a primeira consiste em identificar os problemas funcionais no dia a dia, numa escala de 1 a 10, quanto à sua ordem de importância para a pessoa; a segunda consiste em realizar outra classificação, pontuada pela pessoa quanto ao seu desempenho e a sua satisfação com relação às habilidades funcionais elencadas como problemas; na terceira e quarta, o profissional faz os escores da avaliação e, após determinado tempo de intervenção, realiza-se a reavaliação[19]. Faixa etária: recomenda-se o uso em crianças acima de 8 anos devido ao nível de abstração.

(continua)

Quadro 1 Protocolos de avaliação utilizados pela terapia ocupacional no transtorno do espectro autista (*continuação*)

Instrumentos	
DENVER II - Teste de Triagem do Desenvolvimento	Avalia as habilidades em quatro áreas: pessoal-social (socialização, autocuidado e atividades de vida diária); motor fino adaptativo (coordenação visuomanual e manipulação de pequenos objetos e solução de problemas); motor-grosso (controle motor corporal) e linguagem (produzir sons, ouvir, reconhecer, compreender e usar a linguagem. Faixa etária: 0 a 6 anos[17].
D LOTCA-CH - *Dynamic Occupational Therapy. Cognitive Assessment for Children*	Identifica os pontos fortes e déficits da criança nas diferentes áreas cognitivas; medida do potencial de aprendizagem, bem como reconhecimento de estratégias de pensamento da criança, utilizando procedimentos dinâmicos. Faixa etária: 6 a 12 anos[20].
PEDI-CAT - Inventário de Avaliação Pediátrica de Incapacidade (versão computadorizada)	Tem como objetivo fornecer uma descrição detalhada da função do indivíduo e documentar as mudanças individuais e o progresso das habilidades funcionais adquiridas após uma intervenção. É composto por quatro domínios: atividades diárias, mobilidade social/cognitiva e responsabilidade da idade adulta. Faixa etária: 0 a 21 anos[21].
Vineland-3 - Escalas de Comportamento Adaptativo	A Escala Adaptativa Vineland-3 é um instrumento utilizado mundialmente para avaliar o comportamento adaptativo das pessoas desde o nascimento até a idade adulta (90 anos). O instrumento consiste em uma entrevista semiestruturada em formato de questionário. A importância de sua avaliação está em fornecer a compreensão das necessidades individuais de cada pessoa, considerando os aspectos de toda a vida.
Domínio - brincar	
ACL - Avaliação do Comportamento Lúdico	Avaliação do brincar: interesse lúdico, capacidade lúdica e atitude lúdica (observação do brincar espontâneo no *setting* terapêutico).
EIP - Entrevista Inicial com os Pais	Entrevistas estruturadas e semiestruturadas para coleta de informações do desempenho lúdico da criança em casa. Faixa etária: 2 a 6 anos[22].

(*continua*)

Quadro 1 Protocolos de avaliação utilizados pela terapia ocupacional no transtorno do espectro autista (*continuação*)

Instrumentos	
ChiPPA - Avaliação do faz de conta iniciado pela criança	Avalia a habilidade da criança em autoiniciar o brincar de faz de conta. O *kit* de avaliação inclui objetos estruturados para avaliar o brincar imaginativo-convencional (caminhãozinho, bonecos, animais e ferramenta) e não estruturados para avaliar o brincar simbólico (caixas de papelão, pedaços de madeira cilíndrico, lata, toalhas, pedras e bonecos de pano). Nota de corte para crianças com TEA - 7 anos). Faixa etária: 3 a 7 anos e 11 meses[23].
ELPKr - Escala Lúdica Pré-escolar de Knox revisada	Avaliação que fornece uma descrição evolutiva do comportamento lúdico, através da observação do brincar. São quatro dimensões avaliadas: domínio espacial, domínio material, faz de conta e participação. O ELPKr fornece a idade lúdica da criança. Faixa etária: 0 a 6 anos[24].
Test of Playfulness (ToP) - Modelo de Ludicidade de Bundy	Mede o conceito de ludicidade avaliando quatro elementos considerados contribuintes para a construção da ludicidade: motivação intrínseca, controle interno, liberdade para suspender a realidade e enquadramento. População-alvo: crianças de 6 meses a 18 anos.
Domínio - processamento sensorial e práxis	
CMRS - Questionário de Medida de Responsividade Sensorial	Questionário parental para medir a responsividade sensorial em crianças em relação a dois grupos diferentes: crianças de desenvolvimento típico e crianças com um diagnóstico confirmado de autismo. Possui itens de: pontuação total, escala PHTP (itens relacionados a práxis, hiporresponsividade tátil e proprioceptiva), escala GOA (itens relacionados a gosto-olfato e seu impacto na alimentação), escala HIP (itens relacionados a hiper-responsividade sensorial), escala HT (itens relacionados a hiper-responsividade sensorial particularmente ligada ao sistema tátil e a um interesse e compromisso intenso em experiências musculares e de movimento), escala PA (itens relacionados a modulação e percepção auditiva), escala HV (itens relacionados a modulação e hiper-responsividade sensorial visual). População-alvo: crianças dos 4 aos 10 anos e 11 meses.

(*continua*)

Quadro 1 Protocolos de avaliação utilizados pela terapia ocupacional no transtorno do espectro autista (*continuação*)

Instrumentos	
COP-R – *Comprehensive Observation of Proprioception – Revised*	Em conjunto com o SOSI-M, o COP-R é uma ferramenta de observação comportamental desenvolvida para fornecer informações essenciais sobre o processamento proprioceptivo da criança. É uma das primeiras ferramentas a fornecer uma forma sistemática de medir a propriocepção em um ambiente clínico. São 18 itens agrupados em subescalas, e os terapeutas podem deduzir pontuações diferenciais em quatro áreas afetadas pela propriocepção: tónus e alinhamento articular, tónus postural, planeamento motor e manifestações comportamentais. Faixa etária: 5 a 14 anos[25].
EASI® – *Evaluation Ayres Sensory Integration*	O objetivo é fornecer um conjunto válido e confiável de testes para avaliar as principais funções de integração sensorial que fundamentam a aprendizagem, o comportamento e a participação. Mede a percepção sensorial, a integração postural/ocular/motora bilateral, a práxis e a reatividade sensorial, de maneira que minimiza as influências da cultura, compreensão da linguagem e experiência anterior. A aplicação é feita por terapeutas ocupacionais treinados em Integração Sensorial. Faixa etária: 3 a 12 anos[26].
Perfil Sensorial 2®	Avaliação dos padrões de processamento sensorial e perfil sensorial da criança. As informações determinam como o processamento sensorial pode estar contribuindo ou interferindo com relação à participação. Conjunto de cinco questionários: Perfil sensorial 2 do bebê: 25 itens sobre seus bebês. Questionário aplicado nos cuidadores. Faixa etária: nascimento até 6 meses de idade. Perfil sensorial 2 da criança pequena: 54 itens sobre as crianças pequenas. Questionário aplicado nos cuidadores. Faixa etária: 7 meses até 35 meses de idade. Perfil sensorial 2 da criança: questionário de 86 itens preenchidos pelos cuidadores. Faixa etária: 3 anos e 14 anos e 11 meses. Perfil sensorial 2 abreviado: possui 34 itens e é aplicado nos cuidadores. Faixa etária: 3 anos e 14 anos e 11 meses. Perfil sensorial 2 de acompanhamento escolar: os professores preenchem um questionário com 44 itens sobre o estudante. Faixa etária: 3 a 14 anos e 11 meses[27].

(continua)

Quadro 1 Protocolos de avaliação utilizados pela terapia ocupacional no transtorno do espectro autista (*continuação*)

Instrumentos	
SIPT® - *Sensory Integration and Praxis Tests*	Avaliação padrão-ouro da abordagem de Integração Sensorial de Ayres, que reúne 17 testes em quatro categorias: percepção visual motora livre, somatossensorial, práxis e sensoriomotora. Avalia os sistemas tátil, vestibular e proprioceptivo, os quais apresentam relações significativas na aprendizagem e no comportamento. Faixa etária: 4 a 8 anos e 11 meses[28].
SOSI-M - *Structured Observations of Sensory Integration - Motor*	Avaliação baseada nas Observações Clínicas de Ayres e desenvolvida por especialistas em integração sensorial. Inclui 14 conjuntos de itens que avaliam propriocepção, processamento vestibular, planejamento motor e controle postural. Faixa etária: 5 a 14 anos[29].
SPM-P - Medida de Processamento Sensorial Pré-escolar	Conjunto de três questionários integrados que avaliam processamento sensorial, práxis e participação social em casa, na escola e na comunidade. O SPM apresenta-se em três formas: 1. Forma casa: 65 itens que são completados pelos cuidadores da criança; 2. Forma sala de aula: 62 itens que são completados pelo professor da criança. 3. Forma contextos escolares: 10 a 15 itens por contexto, completado por outro *staff* escolar e agentes educativos que trabalha com a criança e a observam no dia a dia. Faixa etária: 6 a 12 anos[30].
Domínio – percepção visual e função manual	
Beery-VMI® - *Test of Visual-Motor Integration*	Avalia a habilidade de integração visuomotora. Consiste na reprodução de 24 figuras geométricas, dispostas em ordem crescente de dificuldade. É composto de dois testes suplementares, o de percepção e o de coordenação motora. Faixa etária: não há padronização da pontuação por faixa etária para crianças brasileiras[31].
TVPS-4 - *Test of Visual Perceptual Skills*	Avalia os pontos fortes e fracos da percepção visual. O TVPS-4 utiliza desenhos em preto e branco. Os itens são apresentados em formato de múltipla escolha, exigindo apenas respostas verbais ou motoras mínimas (apontar). Inclui 18 itens em cada uma das sete áreas perceptivas: discriminação visual; memória visual; relações espaciais; constância de forma: memória sequencial; figura-fundo visual; fechamento visual. Faixa etária: 5 a 21 anos[32].

(continua)

Quadro 1 Protocolos de avaliação utilizados pela terapia ocupacional no transtorno do espectro autista (*continuação*)

Instrumentos	
Domínio – alimentação	
Feeding Matters Infant and Child Feeding Questionnaire	Ferramenta baseada em evidências usada para a identificação precoce de distúrbios alimentares. Questionário desenvolvido por especialistas em alimentação que fornece informações sobre o desenvolvimento alimentar típico e identifica se há alguma área de preocupação em relação à alimentação.
Escala Brasileira de Avaliação Infantil (EBAI)	Primeiro questionário validado (2019) no Brasil para a identificação de dificuldades alimentares na infância (crianças de 6 meses a 6 anos e 11 meses). A escala permite classificar o comportamento alimentar da criança como: dificuldades leves, moderadas ou graves.
BAMBI-C	Breve inventário de comportamento nas refeições do autismo, aplicado aos cuidadores.
PASSOS	Ferramenta de triagem de problemas alimentares.
ÁLGEBRA	Inventário de comportamento alimentar infantil revisado.
BPFAS	Escala de Avaliação Alimentar Pediátrica Comportamental.
Domínio – indicador e monitoramento de eficácia de intervenção	
Goal Attainment Scaling (GAS)	Uma ferramenta para dimensionar o cumprimento de metas em programas de reabilitação. É uma técnica de medição para quantificar os progressos quanto ao alcance de metas previamente definidas em um programa de intervenção complexo que envolve etapas sistematizadas para a obtenção de resultados personalizados.

Fonte: próprio autor.

CONSIDERAÇÕES FINAIS

É importante ressaltar que o processo de avaliação é fundamental para o desenvolvimento do raciocínio clínico em TO. Em se tratando de crianças/adolescentes com TEA, é imprescindível avaliar o quão de independência e recursos essa população tem para desempenhar suas AVD, além de melhorar sua capacidade de socializar-se e desempenhar suas atividades acadêmicas e outras demandas funcionais. A seleção de instrumentos deve estar de acordo com as necessidades e prioridades da criança/adolescente, facilitando o raciocínio clínico do terapeuta ocupacional e facilitando o planejamento terapêutico.

Os padrões de comportamentos, atividades ou interesses incomuns em aspectos sensoriais do ambiente (por exemplo, aparente indiferença à dor/temperatura, resposta adversiva a sons ou texturas específicas, cheiro ou toque excessivo de objetos, fascínio visual por luzes ou movimento) observados com maior incidência no autismo (sobretudo nos níveis 2 e 3 de suporte) podem ser devidos à hiper ou hiporresponsividade a estímulos sensoriais. Assim, é importante incluir observações de comportamentos estereotipados, particularmente rigidez comportamental, em conjunto com avaliações de integração sensorial, avaliações funcionais, questionários parentais e uma entrevista com os pais que investigam o padrão de sono e alimentação dessa população.

Entendemos que a escolha dos instrumentos de avaliação para essa população pode ser uma tarefa difícil, em decorrência da complexidade com que se apresenta o TEA, principalmente nos níveis 2 e 3 de suporte, mas acreditamos que investir na investigação junto a seus familiares e cuidadores pode ser uma boa opção, assim como elaborar uma anamnese com perguntas bem estruturadas e completas, visando traçar com detalhes todo o histórico de problemas sobre sono, comportamentos alimentares (principalmente durante as transições), comportamentos de autorregulação e autonomia e independência nas AVD, assim como preferências no brincar. Identificamos que os instrumentos que focam em medidas de desempenho ocupacional se mostraram com pouca ou nenhuma necessidade de adaptação para essa clientela, isso porque em sua grande maioria pode ser aplicada em seus cuidadores. Como essa população possui um maior prejuízo funcional, sugerimos que o processo de investigação seja pautado nas dificuldades ocupacionais, e não apenas em classificações funcionais ou na intensidade de sintomas.

Faz-se necessária a *expertise* de um profissional com grande conhecimento na área de desenvolvimento neurotípico, alterações de processamento sensorial e as possíveis correlações entre esses constructos. Muitas vezes também é preciso dedicar momentos de observações livres desse sujeito em diferentes ambientes e contextos, como casa, escola, trabalho, lazer e consultório clínico do profissional. A forma como esse sujeito se comporta nos diversos espaços de forma livre e sem direcionamento pode nos fornecer informações preciosas e nos direcionar em nossa atuação de forma mais efetiva, proporcionando maior funcionalidade e melhor desempenho nas atividades do cotidiano dessa população.

REFERÊNCIAS BIBLIOGRÁFICAS

1. Russo N, Foxe JJ, Brandwein AB, Altschuler T, Gomes H, Molholm S. Multisensory processing in children with autism: high-density electrical mapping of auditory: somatosensory integration. Autism Res. 2010;3(5):253-67.
2. Foxe JJ, Molholm S, Del Bene VA, Frey HP, Russo NN, Blanco D, et al. Severe multisensory speech integration deficits in high functioning school-aged children with autism spectrum disorder (ASD) and their resolution during early adolescence. Cerebral Cortex. 2015;25(2):298-312.

3. Chandler S, Howlin P, Simonoff E, O'Sullivan T, Tseng E, Kennedy J, et al. Emotional and behavioral problems in young children with autism spectrum disorder. Dev Med Child Neurol. 2015;58(2):202-8.
4. Guy L, Souders M, Bradstreet L, DeLussey C, Herrington JD. Brief report: emotion regulation and respiratory sinus arrhythmia in autism spectrum disorder. J Autism Dev Disord. 2014;44(10): 2614-20.
5. Hermelin B, O'Connor N. Psychological experiments with autistic children (Pp. v + 142; 60s.) Oxford Pergamon Press; 1970.
6. American Psychiatric Association (APA). Diagnostic and statistical manual of mental disorders, 5th ed. Washington: APA; 2013.
7. Tomchek SD, Little LM, Dunn W. Sensory pattern contributions to developmental performance in children with autism spectrum disorder. Am J Occup Ther. 2015;69(5):p1-10.
8. Ben-Sasson A, Gal E, Fluss R, Katz-Zetler N, Cermak SA. Update of a meta-analysis of sensory symptoms in ASD: a new decade of research. J Autism Dev Disord. 2019;49(12):4974-96.
9. Reinoso G. Questionário para a medição de responsividade sensorial em crianças com diagnóstico de autismo (CMRS/QMSR). V1.0. p. 6.
10. Nimbley E, Golds L, Sharpe H, Gillespie-Smith K, Duffy F. Sensory processing and eating behaviours in autism: a systematic review. Eur Eat Disord Rev. 2022;30(5):538-59.
11. Appleyard K, Schaughency E, Taylor B, Sayers R, Haszard J, Lawrence J, et al. Sleep and sensory processing in infants and toddlers: A cross-sectional and longitudinal study. Am J Occup Ther. 2020;74(6).
12. Schütz J, Koglin U. A systematic review and meta-analysis of associations between self-regulation and morality in preschool and elementary school children. Curr Psychol. 2023;42(26):22664-96.
13. Baker E, Stavropoulos KKM, Baker BL, Blacher J. Daily living skills in adolescents with autism spectrum disorder: Implications for intervention and independence. Res Autism Spectr Disord. 2021;83.
14. Leekam SR, Nieto C, Libby SJ, Wing L, Gould J. Describing the sensory abnormalities of children and adults with autism. J Autism Dev Disord. 2007;37(5):894-910.
15. Roley SS, Mailloux Z, Parham LD, Schaaf RC, Lane CJ, Cermak S. Sensory integration and praxis patterns in children with autism. Am J Occup Ther. 2015;69(1):6901220010.
16. Schoen SA, Miller LJ, Brett-Green BA, Nielsen DM. Physiological and behavioral differences in sensory processing: a comparison of children with autism spectrum disorder and sensory modulation disorder. Front Integr Neurosci. 2009.
17. Kohen-Raz R, Volkman FR, Cohen DJ. Postural control in children with autism. J Autism Dev Disord. 1992;22(3):419-32.
18. Souza D. Transtorno do espectro do autismo e a história do seu cuidado. In: Souza D, organizadora. Terapia ocupacional e sua representatividade no transtorno do espectro do autismo: teoria e prática. Ribeirão Preto: Booktoy; 2022. p. 398.
19. American Occupational Therapy Association. Occupational therapy practice framework: Domain and process. 4. ed. Am J Occupational Ther. 2020.
20. Loschiavo-Alvares FQ. O status funcional: a Classificação Internacional de Funcionalidade. In: Loschiavo-Alvares FQ, Wilson B, orgs. Reabilitação neuropsicológica nos transtornos psiquiátricos. Belo Horizonte: Artesã; 2020. p. 77-121.
21. Organização Mundial da Saúde. CIF: Classificação Internacional de Funcionalidade, Incapacidade e Saúde. São Paulo: Editora da Universidade de São Paulo; 2020.
22. Vizzotto ADB. Avaliação de Terapia Ocupacional. In: Boarati MA, Pantano T, Scivoletto S, eds. Psiquiatria da infância e adolescência: cuidado multidisciplinar, 2. ed. Barueri: Manole; 2023. p. 247-64.
23. Sena T. Manual Diagnóstico e Estatístico de Transtornos Mentais – DSM-5, estatísticas e ciências humanas: inflexões sobre normalizações e normatizações. INTERthesis. 2014;11(2):96-117.

24. Madaschi V, Mecca TP, Macedo EC, Paula CS. Bayley-III scales of infant and toddler development: transcultural adaptation and psychometric properties. Paidéia (Ribeirão Preto). 2016;26(64): 189-97.
25. Magalhães LC, Magalhães LV, Cardoso AA. Apresentação. In: Law M, Baptiste S, Carswell A, Mccoll MA, Polatajko H, Pollock N. Medida Canadense de Desempenho Ocupacional (COPM). Belo Horizonte: Editora Universidade Federal de Minas Gerais; 2009. p. 11.
26. Sant'Anna MMM, organizadora. Instrumentos de avaliação do modelo lúdico para crianças com deficiência física (EIP – ACL): manual da versão brasileira adaptada. São Carlos: ABPEE, M&M; 2015.
27. Amaral M, Paula RL, Drummond A, Dunn L, Mancini MC. Tradução do questionário Children Helping Out – Responsibilities, Expectations and Supports (CHORES) para o português – Brasil: equivalências semântica, idiomática, conceitual, experiencial e administração em crianças e adolescentes normais e com paralisia cerebral. Braz J Phys Ther. 2012;16(6):515-22.
28. Uchôa-Figueiredo LR, Lima FF, Mendes RS, Marques NCF, Matteuci M, Almada H, et al. Adaptação transcultural para a língua portuguesa da avaliação cognitiva dinâmica de terapia ocupacional para crianças (DOTCA-ch). Cad Bras Ter Ocup. 2017.
29. Mancini MC, Coster WJ, Amaral MF, Avelar BS, Freitas R, Sampaio RF. New version of the Pediatric Evaluation of Disability Inventory (PEDI-CAT): translation, cultural adaptation to Brazil and analyses of psychometric properties. Braz J Phys Ther. 2016;20(6):561-70.
30. Frankenburg WK, Dodds J, Archer P, Bresnick B, Maschka P, Edelman N, et al. Denver II: Teste de Triagem do Desenvolvimento: manual técnico. São Paulo: Hogrefe; 2018.
31. Lucisano RV, Pfeifer, LI, Stagnitti K. O uso da Avaliação do Brincar de Faz de Conta Iniciado pela Criança – ChIPPA: uma revisão de escopo. Cad Bras Ter Ocup. 2022.
32. Pacciulio Am, Pfeifer LI, Santos JLF. Preliminary reliability and repeatability of Brazilian version of the Revided Knox Preschool Play Scale. Occup Ther Int. 2010;17(2):74-80.
33. Reis HIS, Neves, MD, Dixie MA. A portuguese version of the sensory processing measure for preschool: analysis of the internal consistency and homogeneity of the items of school form. Rev Bras Educ Espec. 2020;26(4):657-72.
34. Dunn W. Sensory Profile 2. Pearson; 2014.
35. Blanche EI, Bodison S, Chang MC, Reinoso G. Development of the comprehensive observations of proprioception (COP): validity, reliability, and factor analysis. Am J Occup Ther. 2012;66(6):691-8.
36. Ayres AJ. The sensory integration and praxis tests. Los Angeles: Western Psychological Service; 1989.
37. Massoqueto R. Tradução e Adaptação transcultural do Evaluation in Ayres Sensory Integration (EASI) em português brasileiro. Dissertação (Mestrado) – Universidade de São Paulo, 2023.
38. Pinelli Júnior B. Adaptação do Teste do Desenvolvimento da Integração Viso-Motora (VMI) para uso no Brasil. 184 f. Dissertação (Mestrado) – Instituto de Psicologia da Universidade de Brasília, 1990.
39. Brown T, Peres L. An overview and critique of the Test of Visual Perception Skills – fourth edition (TVPS-4). Hong Kong J Occup Ther. 2018;31(2):59-68.
40. Sparrow SS, Cicchetti DV, Saulnier CA. Víneland-3: escala de comportamento adaptativo Víneland. São Paulo: Pearson Clinical; 2019.
41. Lukens CT, Linscheid TR. Development and validation of an inventory to assess mealtime behavior problems in children with autism. J Autism Dev Disord. 2008;38(2):342-52.
42. Archer LA, Rosenbaum PL, Streiner DL. The children's eating behavior inventory: reliability and validity results. J Pediatr Psychol. 1991;16(5):629-42.
43. Tennant A. Goal attainment scaling: Current methodological challenges. Disabil Rehabil. 2007;29(20-21):1583-8.

6

Avaliação em treino parental

Giovana Del Prette
Rodolfo Ribeiro Dib
Milene da Silva Franco

INTRODUÇÃO

Para subsidiar de forma eficaz as intervenções em programas de treino parental, é fundamental compreender o quadro clínico do transtorno do espectro autista (TEA), dada sua ampla variabilidade de manifestações e necessidades de suporte. Como já enfatizado neste livro, o TEA é caracterizado por déficits na comunicação social e pela presença de comportamentos restritos e repetitivos, com níveis distintos de gravidade (níveis 1, 2 e 3), que determinam o grau de apoio necessário. Essa classificação orienta o planejamento de estratégias parentais individualizadas, uma vez que cada nível implica diferentes desafios para a criança – desde dificuldades sutis de interação social (nível 1), passando por déficits acentuados de comunicação e inflexibilidade comportamental (nível 2), até limitações severas na funcionalidade e necessidade de suporte intensivo (nível 3). Assim, o conhecimento detalhado do nível de TEA é essencial para adaptar o treino parental às demandas específicas da criança e otimizar o impacto das práticas familiares.

Uma consideração importante sobre os níveis de gravidade descritos pelo DSM-5[1] é que não devem ser encarados como uma caracterização rígida do indivíduo, já que é comum observar variações do repertório comportamental decorrentes da história de aprendizagem única de cada indivíduo e do acesso a serviços de apoio e intervenções eficazes. Embora o DSM-5 atribua a cada nível de suporte comportamentos específicos e níveis de suporte resultantes, a descrição dos níveis tende a gerar, muitas vezes, problemas de interpretação e especificação, não sendo suficiente para mapear o funcionamento completo do indivíduo no dia a dia, incluindo suas potencialidades e barreiras[3]. Diferentes aspectos do repertório comportamental de um indivíduo diagnosticado com TEA podem ser afetados em diferentes níveis, quando comparados caso a caso, e o comprometimento nas diversas áreas do desenvolvimento humano e o nível de ajuda necessário deverão guiar a elucidação do caso. Neste capítulo, exemplos relacionados aos níveis de suporte serão usado como um guia didático para a apresentação de estratégias específicas de avaliação para o treino parental que contemplam alguns repertórios específicos comumente observados numa parcela das pessoas diagnosticadas com TEA, mas com a ressalva de que a seleção das estratégias de avaliação e intervenção devem estar sob controle, principalmente, de uma análise clínica cuidadosa que leve em considere uma investigação detalhada do repertório comportamental e do contexto das pessoas envolvidas.

A Análise do Comportamento Aplicada (ABA) tem contribuído fortemente para o desenvolvimento de intervenções efetivas para casos de pessoas com TEA[4]. Intervenções baseadas em ABA para pessoas com TEA tendem a ser precoces, intensivas, duradouras e abrangentes, caracterizando-se como uma intervenção que inclui como alvo uma variedade de repertórios comportamentais (e.g., habilidades de comunicação, sociais, acadêmicas, comportamentos interferentes/desafiadores, habilidades de autocuidado) e é direcionada para uma variedade de ambientes nos quais o indivíduo está inserido[5,6]. Os pais podem ser incluídos em diversas funções e em diferentes momentos no decorrer de uma intervenção baseada em ABA. Pais são, geralmente, os responsáveis pelos principais cuidados diários, manejando possíveis comportamentos interferentes/desafiadores e contribuindo para a transferência dos ganhos das intervenções realizadas para ambientes como casa e comunidade. Dessa forma, o treino de pais torna-se um componente importante nas intervenções baseadas em ABA para a ampliação e manutenção das habilidades de pessoas com TEA e para a gestão de comportamentos interferentes/desafiadores. Além disso, no Brasil, o acesso à intervenção baseada em ABA é bastante restrito e, uma possível alternativa, é a intensificação da implementação da intervenção pelos pais[7].

O Treino Parental é uma abordagem fundamental que capacita os pais a implementar estratégias de intervenção eficazes no cotidiano para o manejo de comportamentos de seus filhos. Um componente essencial desse processo é a avaliação inicial, que serve para identificar as necessidades da criança e as competências dos pais, permitindo a personalização das intervenções[8,9]. Este capítulo abordará como os treinos parentais para TEA realizam a avaliação tanto das crianças quanto dos pais, com o objetivo de estruturar uma intervenção personalizada e eficaz. Além disso, serão apresentados exemplos de protocolos de treino parental com melhores resultados segundo metanálises e ensaios clínicos randomizados[9-12].

A estrutura do capítulo abordará aspectos importantes da avaliação da criança e dos pais como etapas fundamentais para o planejamento do treino parental. Um processo de avaliação pode ocorrer por diversos caminhos, mas algumas etapas fundamentais devem ser consideradas, como o levantamento de dados com descrição dos comportamentos-alvo e o levantamento de hipóteses sobre as variáveis de controle que favorecem ou dificultam a ocorrência dos comportamentos-alvo[13]. Para o treino parental, será importante identificar tanto o repertório comportamental da criança como dos pais.

AVALIAÇÃO DA CRIANÇA

A avaliação da criança com TEA deve contemplar, no geral, por um levantamento abrangente do seu repertório comportamental a partir de entrevistas com os pais, cuidadores, professores e profissionais de diversas áreas que atuam com a criança, observação direta em ambientes variados e uso de diversas possibilidades de ferramentas de avaliação que contemplem demandas dos familiares, da criança e do contexto social. Avaliar a criança é um passo importante para o planejamento das sessões de treino parental, pois as habilidades que serão alvo do treino necessariamente devem estar conectadas com o conhecimento das necessidades e do repertório comportamental atual da criança. A seguir serão apresentadas algumas possibilidades de métodos, ferramentas e estratégias de avaliação do repertório da criança divididas de acordo com comportamentos-alvo de interesse específico em casos de crianças com TEA:

- Avaliação do desenvolvimento e comportamento: entrevistas com pais, observação direta, testes padronizados de desenvolvimento e escalas de avaliação comportamental;
- Avaliação de habilidades sociais e comunicativas: testes de habilidades sociais, entrevistas e questionários, análise funcional do comportamento;
- Avaliação de comportamentos restritos e repetitivos: registro de frequência e observação em ambientes naturais.

Avaliação do desenvolvimento e comportamento

Destaca-se que, para a efetividade da avaliação no contexto do treino parental, é imprescindível que o profissional realize uma análise abrangente das habilidades, dos comportamentos e das necessidades específicas da criança com TEA, considerando a complexidade e a variabilidade do transtorno, devendo incluir:

Entrevistas com pais

Os pais fornecem informações detalhadas sobre o comportamento e o desenvolvimento da criança por meio de entrevistas e questionários estruturados. Ferramentas comuns incluem o *Autism Diagnostic Interview-Revised* (ADI-R)[14], que coleta dados sobre o histórico de desenvolvimento da criança, comportamento social, comunicação e padrões de comportamento repetitivos[2]. No caso do TEA nível 1, por exemplo, as entrevistas podem focar mais em dificuldades sociais sutis, como a dificuldade de entender sarcasmos ou metáforas, e menos em déficits comunicativos severos. Durante uma entrevista, por exemplo, os pais podem relatar que seu filho de 8 anos tem dificuldade em fazer amigos na escola porque não entende bem as piadas dos colegas, o que leva a interações sociais frustrantes. Já para crianças com TEA com maior nível de suporte, as entrevistas focam mais em déficits moderados e severos na comunicação e comportamentos críticos e repetitivos marcantes, como a presença de comportamentos autolesivos, por exemplo. Os pais podem relatar que seu filho de 10 anos não consegue comunicar suas necessidades básicas verbalmente e frequentemente se agride quando está frustrado.

Observação direta

As crianças com TEA, na maior parte das vezes, receberão a indicação de uma intervenção baseada em Análise do Comportamento Aplicada (ABA) para lidar com suas necessidades. As intervenções baseadas em ABA para esse público tendem a incluir como alvo uma variedade de repertórios comportamentais (e.g., habilidades de comunicação, sociais, acadêmicas, comportamentos interferentes/desafiadores, habilidades de autocuidado) e são direcionadas para uma maior variedade de ambientes nos quais o indivíduo está inserido[5,6]. Sendo assim, é muito provável que antes da indicação do treino parental, a criança tenha passado por uma avaliação comportamental bastante detalhada, realizada a partir de observação direta do comportamento, capaz de levantar uma amostra significativa e fidedigna de habilidades importantes para sua autonomia e de comportamentos que, quando em excesso, prejudicam o estabelecimento dessas habilidades. Esses dados da avaliação são usados para planejar as intervenções baseadas em ABA e são essenciais para nortear o treino parental. A observação direta permite aos profissionais avaliar o comportamento da criança em diferentes contextos, como em casa ou na escola. Essa forma de avaliação, amplamente utilizada na Análise do Comportamento, é fundamental para identificar objetivamente comportamentos específicos que precisam ser ensinados e desenvolvidos[10].

Para crianças com TEA nível 1, as observações geralmente abrangem comportamentos sociais durante brincadeiras ou atividades em grupo. Um profissional pode observar a criança, por exemplo, em um parque, notando que ela tende a brincar sozinha ou se envolver em brincadeiras paralelas em vez de interagir diretamente com outras crianças. Para crianças com maior nível de suporte, as observações podem incluir como alvos comportamentos de autoestimulação intensos, bem como crises comportamentais compostas por comportamentos agressivos e autolesivos de alta intensidade e frequência. Por exemplo, um profissional pode observar que a criança bate repetidamente a cabeça contra a parede em situações de estresse.

Alguns manuais de avaliação de repertório comportamental, com caráter mais ou menos abrangente em relação a tipos de repertórios avaliados, podem ser úteis para essa etapa inicial, como *The Assessment of Basic Language and Learning Skills - Revised* (ABBLLS-R)[15]; *Verbal Behavior Milestones Assessment and Placement Program* (VB-MAPP)[16]; *Socially Savvy: An Assessment and Curriculum Guide for Young Children*[17]; *Social Skills Solutions: a Hands-on Manual for Teaching Social Skills to Children with Autism*[18]; *Assessment of Functional Living Skills* (AFLS)[19] e Passo a Passo, seu caminho: Guia Curricular para o Ensino de Habilidades Básicas[20].

Os manuais citados anteriormente não são específicos para a avaliação de indivíduos com TEA com um nível de suporte específico, no entanto, como são manuais que avaliam desde habilidades básicas até habilidades mais complexas, podem auxiliar no planejamento da avaliação inicial e da observação direta deste público. Habilidades de falante (e.g., realizar pedidos, nomear itens, responder perguntas), habilidades de responder como ouvinte (e.g., seguimento de instruções simples e complexas, identificação de itens variados do dia a dia como objetos, ações e pessoas), habilidades de gerenciar o próprio corpo e espaço pessoal, interagir com outras pessoas em contextos sociais e tolerar atraso de reforçamento são apenas algumas que costumam ser alvos em pessoas com TEA e estão presentes nos manuais em questão. Além destas habilidades, um dos manuais citados, o *Verbal Behavior Milestones Assessment and Placement Program (VB-MAPP)*[16], oferece uma descrição bastante detalhada de condições que podem prejudicar a aprendizagem de novos comportamentos – as barreiras para a aprendizagem – como a presença de comportamentos de auto e heteroagressão, falha na generalização, dependência de dicas, defensividade sensorial, entre outros, que podem fornecer informações importantes para o direcionamento das intervenções de treino de parental.

Indivíduos com TEA podem apresentar dificuldades que exigem apoio substancial e que poderão interferir no funcionamento do indivíduo em diversos ambientes. Assim, a observação do comportamento desse público-alvo não deve ficar restrita ao *setting* clínico, mas deve ocorrer também nos ambientes naturais do indivíduo. A observação em ambiente natural complementa os dados obtidos na entrevista e na observação direta realizada no setting clínico. Por meio desse tipo de observação é possível acessar diretamente comportamentos-alvo e suas características, visualizar relações entre os comportamentos e as variáveis ambientais, e avaliar os recursos disponíveis no ambiente para que eventuais mudanças sejam implementadas.

O resultado da avaliação comportamental, realizada com foco em diversas áreas do desenvolvimento e em diferentes ambientes, é utilizado para o treino parental como um guia dos principais comportamentos que os pais devem estimular e manejar no dia a dia em cada contexto no qual a criança/adolescente estiver inserida. Também é útil para identificar os tipos de ajudas que os pais devem fornecer para que a criança consiga emitir as respostas que estão sendo ensinadas e os objetivos de intervenção sejam contemplados.

Testes padronizados de desenvolvimento

Testes padronizados como o *Autism Diagnostic Observation Schedule* (ADOS)[21] são usados para avaliar as habilidades sociais, comunicativas e comportamentais da criança. Esses testes fornecem uma base objetiva para medir o progresso ao longo do tempo e identificar áreas específicas que requerem intervenção[22]. Os testes podem incluir tarefas que avaliam a habilidade da criança em participar de conversas, usar gestos sociais apropriados e responder a perguntas abertas. Durante a aplicação do ADOS, a criança pode ser avaliada, por exemplo, em sua capacidade de contar uma história a partir de figuras sequenciais, destacando a coesão narrativa e o uso de expressões faciais. Esses testes podem mapear déficits graves na comunicação não verbal e na interação social presentes em crianças com maior necessidade de suporte. A criança, durante a testagem, pode não responder a tentativas de interação e não mostrar interesse por atividades compartilhadas, por exemplo.

Escalas de avaliação comportamental

Escalas como o *Social Responsiveness Scale* (SRS-2)[23] e o *Vineland Adaptive Behavior Scales*[24] avaliam a frequência e a intensidade de comportamentos associados ao TEA, fornecendo uma medida quantitativa que pode ser usada para monitorar o progresso da intervenção[11]. Essas escalas são consistentes com a abordagem analítico-comportamental, pois fornecem dados mensuráveis e objetivos sobre o comportamento da criança. Em TEA nível 1, por exemplo, essas escalas geralmente capturam desafios sociais menos intensos e comportamentos repetitivos que tendem a ser menos disruptivos. Ao usar a SRS, uma mãe pode relatar por exemplo que seu filho frequentemente repete frases de filmes (ecolalia) em situações sociais, o que pode parecer estranho para outras crianças. Em TEA níveis 2 e 3, essas escalas ajudam a medir a gravidade dos comportamentos desafiadores/interferentes e o déficit de habilidades adaptativas. Por exemplo, os pais podem relatar altos níveis de comportamentos com função de autoestimulação e dificuldades extremas em seguir rotinas simples sem ajuda.

Avaliação de habilidades sociais e comunicativas

Testes de habilidades sociais

Ferramentas como a *Vineland Adaptive Behavior Scales*[24] são utilizadas para avaliar as habilidades sociais da criança, incluindo a capacidade de iniciar e manter interações, reconhecer emoções e seguir normas sociais. Estes testes ajudam a identificar déficits específicos que podem ser alvo de intervenção[2]. A abordagem analítico-comportamental enfatiza a medição precisa das habilidades sociais em contextos específicos. Os testes podem se concentrar em habilidades como fazer contato visual durante uma conversa ou entender pistas sociais sutis. Um teste pode avaliar, por exemplo, se a criança consegue identificar corretamente emoções em imagens de rostos, um indicador importante de suas habilidades de empatia. Para crianças com maior necessidade de suporte, esses testes investigam habilidades sociais mais básicas, como responder a cumprimentos e expressar necessidades de maneira não verbal. Por exemplo, uma avaliação pode revelar que a criança não faz contato visual e não usa gestos para se comunicar.

Entrevistas e questionários

Os pais respondem a questionários como o *Social Communication Questionnaire* (SCQ)[25], que fornece uma avaliação das habilidades sociais e de comunicação da criança. Esses questionários ajudam a identificar padrões de comportamento e áreas onde a criança pode precisar de apoio adicional[26]. Para TEA nível 1, os questionários podem focar em habilidades sociais que não são imediatamente evidentes, como a capacidade de compreender a perspectiva dos outros ou de iniciar interações de maneira adequada. Um questionário pode revelar, por exemplo, que uma criança frequentemente interrompe conversas ou não espera sua vez de falar, o que pode dificultar a construção de amizades. Diferentemente, em TEA nível 3, os questionários podem destacar a ausência de reciprocidade social e dificuldades extremas em iniciar ou responder a interações sociais. Por exemplo, os pais podem indicar que a criança não responde quando chamada pelo nome e não demonstra interesse por outras pessoas.

Análise funcional do comportamento

A análise funcional é usada para identificar as funções dos comportamentos da criança e como esses comportamentos são reforçados por eventos do ambiente, considerando quatro funções principais das consequências: reforçamento positivo social, reforçamento positivo tangível, fuga/esquiva e autoestimulação. Essa análise ajuda a desenvolver estratégias de intervenção que abordem as causas subjacentes dos comportamentos e promovam comportamentos alternativos mais apropriados[27]. Em TEA nível 1, a análise pode focar em comportamentos como insistência em rotinas ou dificuldade em lidar com mudanças. Um analista pode descobrir, por exemplo, que uma criança se recusa a participar de atividades escolares não estruturadas porque situações novas têm função aversiva, e desenvolver estratégias para ajudar a criança a se sentir mais confortável. Para crianças com maior necessidade de apoio, a análise funcional pode, por exemplo, revelar que a criança se agride com função de evitar tarefas difíceis ou interações sociais.

Avaliação de comportamentos restritos e repetitivos

Registro de frequência e duração

Os pais mantêm registros detalhados da frequência e duração de comportamentos restritos e repetitivos da criança, como balanços ou repetição de palavras. Esses dados ajudam a monitorar mudanças ao longo do tempo e avaliar a eficácia das intervenções[28]. O registro de frequência é uma técnica amplamente utilizada na análise do comportamento para monitorar a ocorrência de comportamentos específicos. Esses registros podem se concentrar em comportamentos que, embora menos severos, ainda impactam a interação social, como a tendência de falar incessantemente sobre um tópico de interesse. Uma mãe pode registrar, por exemplo, que seu filho passa várias horas por dia organizando brinquedos de uma maneira específica, uma atividade que interfere nas oportunidades de interação social. Os registros podem incluir comportamentos intensos e frequentes que interferem significativamente nas atividades diárias. Por exemplo, os pais podem registrar qual o tempo que a criança passa se balançando para frente e para trás ou repetindo frases sem um sentido de comunicação social.

Observação em ambientes naturais

Os profissionais observam a criança em ambientes naturais para identificar gatilhos e contextos específicos que promovem comportamentos repetitivos. Esta informação é crucial para desenvolver estratégias de intervenção que possam ser aplicadas em diferentes contextos[11]. A observação em ambientes naturais é fundamental na abordagem analítico-comportamental, pois fornece dados contextuais importantes sobre os comportamentos. A observação pode focar em situações sociais comuns, como recreios escolares ou festas de aniversário, onde a criança pode se sentir sobrecarregada. Um profissional pode observar, por exemplo, que a criança fica ansiosa e começa a repetir movimentos com as mãos em ambientes barulhentos, e investir em estratégias de manejo de ansiedade para esses contextos.

AVALIAÇÃO DOS PAIS

A avaliação dos pais é essencial para garantir que eles tenham as habilidades e o conhecimento necessários para implementar intervenções eficazes. A seguir serão apresentadas algumas possibilidades de alvos de avaliação que contribuirão para o planejamento das intervenções do treino parental:

- Avaliação da competência parental: entrevistas estruturadas, autoavaliação de competências;
- Avaliação de estresse e resiliência: escalas de estresse parental, entrevistas de qualidade de vida;
- Avaliação de conhecimento e práticas parentais: questionários de conhecimento, observação de interações parentais;
- Avaliação da capacidade dos pais na implementação de intervenções: autoeficácia parental, monitoramento de adesão.

Antes de avançar para a descrição mais detalhada de cada alvo, vale uma observação adicional. É comum, na intervenção de indivíduos com TEA a inserção de intervenções de diversas áreas, como fonoaudiologia, terapia ocupacional, nutrição, psiquiatria etc., em função dos déficits significativos, por exemplo, na comunicação e habilidades de autocuidado, e problemas relacionados a seletividade alimentar e excessos de comportamentos interferentes/desafiadores. As informações decorrentes da avaliação de outros profissionais com a criança e com os pais podem fornecer elementos importantes para o levantamento de alvos para o treino parental. O psiquiatra, por exemplo, pode fornecer informações importantes sobre dificuldades de a família gerenciar o uso de uma medicação específica e estas dificuldades podem se tornar alvo e intervenção no treino parental. Além do contato com os profissionais da equipe de saúde, no geral, questões escolares costumar ser alvos importantes na intervenção de pessoas com TEA. A busca por escolas que possam atender as necessidades desse perfil tende a ser um desafio para os pais, assim como lidar com as demandas que surgem relacionadas aos desafios acadêmicos e sociais. O treino parental pode ter como função auxiliar os pais, por exemplo, com orientações sobre perfis de escola e gestão da inclusão escolar da criança em parceria com a escola. Dessa forma, o contato com os profissionais que já acompanham a criança e a família torna-se fundamental para a elaboração de intervenções mais adequadas e completas de treino parental.

Avaliação da competência parental

Entrevistas estruturadas

A entrevista com os pais é um momento crucial na avaliação para o treino parental, pois será útil para investigar a queixa principal e os contextos nos quais ela se manifesta. O levantamento de variáveis antecedentes e consequentes dos comportamentos de interesse é fundamental para que o terapeuta formule hipóteses funcionais do comportamento dos pais e da criança. As perguntas podem investigar tanto as variáveis antecedentes e consequentes do comportamento, como avaliar técnicas disciplinares e reação da criança às práticas dos pais, clareza dos pais quanto aos determinantes do comportamento do filho e do próprio comportamento nas práticas parentais utilizadas, convergência entre os pais, forma como dão instruções, consequenciam e monitoram o comportamento do filho, presença de punição, disciplina relaxada e negligência na interação. Além desses alvos, é importante avaliar a motivação e disponibilidade dos pais para se implicarem no processo de ensino de comportamentos alvos para a criança[29].

Entrevistas estruturadas com os pais ajudam a identificar suas percepções sobre o comportamento da criança, suas estratégias atuais de manejo e suas necessidades de apoio. As entrevistas podem explorar estratégias específicas que os pais usam para ajudar a criança a interpretar interações sociais e lidar com mudanças. Durante a entrevista, os pais podem compartilhar, por exemplo, que usam histórias sociais para preparar seu filho para eventos novos, ajudando a reduzir a ansiedade e a melhorar a adaptação.

Autoavaliação de competências

Os pais completam autoavaliações que medem suas habilidades em áreas específicas, como uso de consequências que funcionem como reforço positivo, manejo de comportamento e comunicação com a criança. Essas avaliações ajudam a identificar áreas onde os pais podem precisar de treinamento adicional[10]. A autoavaliação de competências é importante para identificar pontos fortes e áreas de melhoria, alinhando-se à análise do comportamento ao focar no desenvolvimento de habilidades específicas. A autoavaliação pode incluir habilidades de promoção da independência e de encorajamento de interações sociais apropriadas. As respostas a um questionário podem revelar, por exemplo, que os pais sentem dificuldade em aplicar consistentemente técnicas de reforço positivo para comportamentos sociais desejáveis, indicando uma área para treinamento adicional. Essas autoavaliações podem destacar também a necessidade de treinamento intensivo para lidar com comportamentos desafiadores e desenvolver habilidades de comunicação adequadas[10]. Por exemplo, os pais podem relatar dificuldades em aplicar técnicas de reforço positivo de forma consistente devido à intensidade dos comportamentos desafiadores.

Avaliação de estresse e resiliência

Escalas de estresse parental

Instrumentos como o *Parenting Stress Index* (PSI)[31] são usados para medir os níveis de estresse dos pais, que podem influenciar sua capacidade de implementar intervenções de forma eficaz. O PSI avalia o estresse relacionado a características da criança e dos pais, bem como o ambiente familiar geral. Para TEA nível 1, as escalas podem focar no estresse causado por desafios sociais sutis e comportamentos repetitivos menos disruptivos. Os pais podem relatar altos níveis de estresse, por exemplo, porque seu filho frequentemente se isola em festas de família, o que gera preocupações sobre sua integração social futura. Em crianças com maior nível de suporte, esses níveis de estresse tendem a ser extremamente altos devido às demandas intensivas de cuidado. Por exemplo, os pais podem relatar sentimentos de exaustão constante e sobrecarga emocional por lidar com comportamentos desafiadores contínuos.

Entrevistas de qualidade de vida

Entrevistas focadas na qualidade de vida ajudam a identificar os impactos do TEA na vida diária da família e a necessidade de suporte adicional. Estas entrevistas fornecem uma visão mais ampla das dificuldades enfrentadas pelos pais e ajudam a planejar intervenções que abordem essas questões[26]. As entrevistas podem explorar como os desafios sociais da criança afetam a dinâmica familiar e identificar recursos de apoio adequados. Durante a entrevista, uma mãe pode por exemplo expressar que a dificuldade de seu filho – uma criança com TEA com suporte nível 1 – de fazer amigos impacta negativamente o clima emocional em casa, aumentando a necessidade de estratégias de suporte social. Essas entrevistas podem revelar que a vida social e o bem-estar emocional dos pais são significativamente afetados pelos cuidados intensivos necessários para uma criança com necessidade de suporte compatível aos níveis 2 e 3 de suporte[26]. Por exemplo, os pais podem responder que raramente têm tempo para atividades sociais ou de lazer devido às constantes exigências de cuidado.

Avaliação de conhecimento e práticas parentais

Questionários de conhecimento

Os pais completam questionários que avaliam seu conhecimento sobre o TEA e as estratégias de intervenção eficazes. Esses questionários ajudam a identificar lacunas de conhecimento que podem ser abordadas no treinamento[9]. Esses questionários podem identificar lacunas significativas no conhecimento dos pais sobre como manejar comportamentos severos e como desenvolver habilidades adaptativas na criança.[9] Por exemplo, os pais podem mostrar desconhecimento sobre técnicas específicas de comunicação funcional ou de manejo de crises.

Observação de interações parentais

No momento de avaliação da interação da criança com os pais, é possível observar tanto a capacidade de observação e descrição de eventos que os pais trouxeram como conteúdo verbal durante a entrevista, como criar condições, baseadas nas primeiras hipóteses levantadas na entrevista inicial, para observar contextos específicos da interação. A observação da interação pode ocorrer em ambiente mais controlado ou em ambientes naturais, como a casa da família[31]. É possível que o terapeuta observe, por exemplo, como a criança comunica suas necessidades e desejos e como os pais respondem ao pedido. Em crianças com perfil de suporte níveis 2 e 3, é esperado que a comunicação apresente déficits importantes e o terapeuta pode observar se os pais, por exemplo, pedem por comunicações mais elaborados, estimulando o filho a ampliar suas respostas verbais ou se fornecem algum tipo de ajuda para ocorra a comunicação.

Os profissionais observam as interações entre os pais e a criança para avaliar o uso de estratégias de manejo comportamental e a eficácia dessas estratégias na promoção de comportamentos desejados. Essas observações ajudam a personalizar o treinamento para abordar as necessidades específicas de cada família[10]. A observação pode focar em como os pais respondem a comportamentos desafiadores e como aplicam estratégias de intervenção. Por exemplo, um profissional pode observar que os pais têm dificuldade em manter a calma durante uma crise de agressividade da criança.

Avaliação da capacidade dos pais na implementação de intervenções

Autoeficácia parental

Questionários de autoeficácia, como o *Parenting Sense of Competence Scale*[32], medem a confiança dos pais em sua capacidade de implementar intervenções de forma eficaz. Altos níveis de autoeficácia estão associados a melhores resultados na implementação de estratégias de manejo comportamental[8].

Monitoramento de adesão

Os pais são avaliados quanto à consistência e precisão na implementação das intervenções recomendadas, usando diários de atividades ou relatórios de progresso. Isso ajuda a garantir que as estratégias sejam aplicadas corretamente e de forma consistente.[10] O monitoramento de adesão é uma prática essencial na análise do comportamento, garantindo que as intervenções sejam aplicadas conforme planejado.

PRINCIPAIS PROTOCOLOS DE TREINO PARENTAL

De acordo com pesquisas de metanálises e ensaios clínicos randomizados[9,10-12,22] alguns protocolos de treino parental se destacam por seus resultados na intervenção para crianças com TEA.

Treinamento Comportamental de Pais (*Behavioral Parent Training* – BPT)

Este treinamento é fundamentado nos princípios da análise do comportamento aplicada (ABA). Ele ensina técnicas para reforçar comportamentos positivos e reduzir comportamentos problemáticos[10]. O principal manual para este treino é o "*Parent Training for Disruptive Behavior*"[3].

Treinamento de Comunicação Social Mediado pelos Pais (*Parent-Mediated Social Communication Training* – PMSCT)

Focado no desenvolvimento das habilidades sociais e de comunicação da criança, este treinamento utiliza os pais como mediadores para ensinar habilidades de interação social.[9] O principal manual para este treino é o "*Early Start Denver Model for Young Children with Autism*"[34].

Treinamento de *Coping* e Suporte Parental (*Coping and Support Training* – CAST)

Projetado para ajudar os pais a lidar com o estresse e desenvolver estratégias eficazes de *coping*, este treinamento combina técnicas de manejo comportamental com suporte emocional[22]. O principal manual para este treino é o "*Coping Cat Workbook*" de Kendall[35].

Intervenções Comportamentais Desenvolvimentais Naturalísticas (*Naturalistic Developmental Behavioral Interventions* – NDBI)

Integra princípios de desenvolvimento e comportamento, promovendo a aprendizagem em contextos naturais[27]. O principal manual para este treino é o "*Naturalistic Developmental Behavioral Interventions for Autism Spectrum Disorder*"[36].

Treinamento Parental Baseado em Videomodelação (*Video-Modeling Parent Training* – VMPT)

Utiliza vídeos para ensinar aos pais técnicas de manejo comportamental e habilidades sociais, permitindo que revisitem o material conforme necessário[26]. O principal manual para este treino é o "*Teaching Individuals with Developmental Delays: Basic Intervention Techniques*"[37].

Treinamento de Comunicação Funcional (*Functional Communication Training* – FCT)

No Treinamento de Comunicação Funcional (FCT), a avaliação envolve vários aspectos centrados na interação entre pais e filhos. As entrevistas com pais são fundamentais para coletar informações sobre os comportamentos de comunicação da criança e a eficácia das estratégias atuais de manejo. A observação direta permite avaliar como os pais e a criança interagem em diferentes contextos, identificando as funções dos comportamentos desafiadores e como os pais podem ajudar a substituí-los por formas de comunicação mais adequadas. Além disso, a análise funcional é utilizada para compreender as funções dos comportamentos desafiadores e desenvolver estratégias de comunicação alternativa que atendam às mesmas funções, com os pais desempenhando um papel ativo na implementação dessas estratégias[27].

Intervenções Baseadas no Modelo TEACCH (*Treatment and Education of Autistic and Communication-Handicapped Children*)

As Intervenções Baseadas no Modelo TEACCH utilizam várias formas de avaliação para adaptar o ambiente educacional e comportamental da criança, com um foco significativo na participação dos pais. As entrevistas estruturadas com pais são usadas para avaliar as necessidades e expectativas em relação à educação e comportamento da criança. A observação direta é realizada para avaliar o uso de estratégias visuais e estruturadas no ambiente natural da criança e como os pais implementam essas estratégias e interagem com a criança. Testes padronizados de desenvolvimento são empregados para avaliar as habilidades adaptativas da criança e identificar como elas podem ser melhoradas com suporte visual e estruturado, com os pais sendo orientados a aplicar essas técnicas em casa[2].

Intervenção Comportamental Intensiva Precoce (*Early Intensive Behavioral Intervention* – EIBI)

No EIBI, a avaliação inclui entrevistas com os pais para coletar informações sobre o desenvolvimento da criança e comportamentos desafiadores, com enfoque nas práticas parentais. A observação direta do comportamento da criança em diferentes contextos ajuda a definir comportamentos-alvo e monitorar o progresso da intervenção, observando também como os pais interagem e respondem a esses comportamentos. Testes padronizados de desenvolvimento, como o ABLLS-R (*Assessment of Basic Language and Learning Skills-Revised*), são utilizados para avaliar habilidades de linguagem e aprendizado, e escalas de avaliação comportamental, como o *Vineland Adaptive Behavior Scales*, são empregadas para medir o progresso nas habilidades adaptativas. Com os pais sendo treinados para aplicar técnicas de reforço positivo e manejo comportamental, a consistência e precisão dessas técnicas são monitoradas por meio de diários e relatórios de progresso[10].

Treinamento de Resiliência Parental (*Parent Resilience Training* – PRT)

No Treinamento de Resiliência Parental (PRT), a avaliação é focada no bem-estar dos pais e em como eles lidam com o estresse e seu grau de resiliência. Escalas de estresse parental, como o *Parenting Stress Index* (PSI), são utilizadas para medir os níveis de estresse dos pais, enquanto entrevistas de qualidade de vida ajudam a identificar os impactos do TEA na vida diária da família e as necessidades de suporte adicional. A autoavaliação de competências permite avaliar as habilidades dos pais em implementar estratégias de resiliência e de manejo do estresse. A observação das interações parentais também é fundamental, avaliando como os pais aplicam estratégias de *coping* e sua resiliência para situações desafiadoras com a criança[22].

Intervenções Naturalísticas de Desenvolvimento Comportamental (*Naturalistic Developmental Behavioral Interventions* – NDBI)

As Intervenções Naturalísticas de Desenvolvimento Comportamental (NDBI) utilizam várias formas de avaliação para integrar estratégias de desenvolvimento em contextos naturais, com um enfoque significativo nas interações entre pais e filhos. Entrevistas com pais são realizadas para coletar informações sobre as interações diárias e comportamentos da criança, e a observação em ambientes naturais é crucial para avaliar esses comportamentos e identificar oportunidades de intervenção. Testes padronizados de desenvolvimento são usados para avaliar as habilidades sociais, comunicativas e comportamentais da criança em contextos naturais. Diários comportamentais são mantidos para monitorar a frequência e intensidade de comportamentos específicos ao longo do tempo, permitindo avaliar o impacto das intervenções. Os pais são treinados para aplicar técnicas de intervenção de forma consistente em casa, com monitoramento regular para garantir sua eficácia[36].

CONCLUSÃO

A avaliação detalhada, tanto da criança quanto dos pais, é um componente essencial para a eficácia do treino parental nas intervenções baseadas em treino parental para crianças com TEA. Este capítulo abordou os diversos métodos empregados para realizar essas avaliações, incluindo entrevistas com os pais, observações diretas, testes padronizados de desenvolvimento, escalas de avaliação comportamental e registros de frequência de comportamentos. Também discutimos como essas avaliações podem ser aplicadas especificamente aos diferentes níveis de TEA, destacando a importância de captar nuances sutis dos déficits e excessos comportamentais das crianças.

Além disso, apresentamos alguns programas de treino parental, que têm demonstrado melhores resultados segundo metanálises e ensaios clínicos randomizados. A escolha do programa de treino parental mais adequado deve considerar as necessidades específicas de cada criança e família e as avaliações iniciais desempenham um papel crucial na personalização das intervenções. A abordagem analítico-comportamental oferece um arcabouço robusto para essas avaliações, garantindo que as intervenções sejam baseadas em dados objetivos e mensuráveis, facilitando assim um suporte efetivo e direcionado para crianças com TEA.

REFERÊNCIAS BIBLIOGRÁFICAS

1. American Psychiatric Association. Manual diagnóstico e estatístico de transtornos mentais (DSM-5-TR). 5. ed. Vieira D, Cardoso MV, Rosa SMM, tradutores. Porto Alegre: Artmed; 2023.
2. Lord C, Elsabbagh M, Baird G, Veenstra-Vanderweele J. Autism spectrum disorder. Lancet. 2018;392(10146):508-520.
3. Waizbard-Bartov E, Fein D, Lord C, Amaral DG. Autism severity and its relationship to disability. Autism Research. 2023;16(4):685-696.
4. National Autism Center. The National Standards Project, Phase 2: Addressing the need for evidence-based practice guidelines for autism spectrum disorders. National Autism Center; 2015.
5. Hirota T, King BH. Autism spectrum disorder: a review. JAMA. 2023;329(2):157-168.
6. Sallows GO, Graupner TD. Intensive behavioral treatment for children with autism: four-year outcome and predictors. Am J Mental Retardation. 2005;110:417-428.
7. Barros M, Barbosa MRM. Intervenção baseada em ABA no Brasil: Pperspectivas e desafios. Rev Bras Terapias Cognitivas. 2018;14(1):21-32.
8. Matson JL, Wilkins J. The effectiveness of parent training for autism spectrum disorders: a critical review. Research in Autism Spectrum Disorders. 2007;1(3):172-187.
9. Oono IP, Honey EJ, McConachie H. Parent-mediated early intervention for young children with autism spectrum disorders (ASD). Cochrane Database of Systematic Reviews. 2013;(4):CD009774.
10. Bearss K, Johnson C, Handen B, Smith T, Scahill L. Parent training in autism spectrum disorder: what's in a name? Clinical Child and Family Psychology Review. 2015;18(2):170-182.
11. Tarver J, Palmer M, Webb S, Scott S, Slonims V, Green J. The parenting role in supporting social communication development in young children with autism spectrum disorder. J Child Psychology and Psychiatry. 2019;60(9):936-944.
12. Zwaigenbaum L, Bauman ML, Choueiri R, Kasari C, Carter A, Granpeesheh D, et al. Early intervention for children with autism spectrum disorder under 3 years of age: Recommendations for practice and research. Pediatrics. 2015;136(1):S60-S81.
13. Regra JAG. As entrevistas iniciais na clínica analítico-comportamental infantil. In: Borges NB, Cassas FA, organizadores. Clínica analítico-comportamental: aspectos teóricos e práticos. Porto Alegre: Artmed; 2012. p. 223-232.
14. Rutter M, Le Couteur A, Lord C. ADI-R. Autism Diagnostic Interview Revised. Los Angeles: Western Psychological Services; 2003.
15. Partington JW. The Assessment of Basic Language and Learning Skills – revised (ABLLS-R). Walnut Hill: Behavior Analysts; 2006.
16. Sundberg ML. Verbal Behavior Milestones Assessment and Placement Program: The VB-MAPP. Concord: AVB Press; 2008.
17. Ellis JT, Almeida C. Socially Savvy: an assessment and curriculum guide for young children. New York: Different Roads to Learning; 2014.
18. McKinnon K, Krempa J. Social Skills Solutions: a hands-on manual for teaching social skills to children with autism. New York: DRL Books; 2002.
19. Partington JW, Mueller MM. The assessment of functional living skills. San Francisco: Behavior Analysts/Stimulus; 2013.
20. Windholz MH. Passo a passo, seu caminho: guia-curricular para o ensino de habilidades básicas. 2. ed. São Paulo: Edicon; 2016.
21. Lord C, Rutter M, DiLavore PC, Risi S, Gotham K, Bishop S. Autism Diagnostic Observation Schedule, Second Edition (ADOS-2). Torrance: Western Psychological Services; 2012.
22. Estes A, Munson J, Dawson G, Koehler E, Zhou XH, Abbott R. Parenting intervention for autism: a randomized controlled trial of the "Helping Our Toddlers, Developing Our Children's Skills" (HOT DOCS) parent education program. J Autism and Developmental Disorders. 2009;44(8):1769-1780.

23. Borges L, Hauck-Filho N. Escala de Responsividade Social (SRS-2). São Paulo: Hogrefe; 2020.
24. Sparrow SS, Cicchetti DV, Saulnier CA. Vineland Adaptive Behavior Scales. 3rd ed. San Antonio: Pearson; 2016.
25. Rutter M, Bailey A, Lord C. The social communication questionnaire: manual. Western Psychological Services; 2003.
26. McConachie H, Diggle T. Parent implemented early intervention for young children with autism spectrum disorder: a systematic review. J Autism and Developmental Disorders. 2007;37(3):227-236.
27. Schreibman L, Ingersoll B. Intervention for children with autism: an overview of evidence-based approaches. Em: Matson JL, Sturmey P, editores. International handbook of autism and pervasive developmental disorders. New York: Springer; 2005. p. 41-60.
28. Yoder P, Stone WL, Walden T, Malesa E. Predicting social impairment and ASD diagnosis in younger siblings of children with autism spectrum disorder. J Autism and Developmental Disorders. 2009;39(10):1381.
29. Shaffer R, Minshawi N. Training and supporting caregivers in evidence-based practices. In: Tarbox J, Dixon D, Sturmey P, Matson J, editores. Handbook of early intervention for autism spectrum disorders. Autism and Child Psychopathology Series. New York: Springer; 2014.
30. Abidin R. Parenting Stress Index. Charlottesville: Pediatric Psychology Press; 1983.
31. Linares IMP, Rossi ASU, Toscano MP, Hermann VL. Avaliação clínica na TACI e definição de objetivos terapêuticos. In: Rossi, Linares, Brandão, organizadores. Terapia analítico-comportamental infantil. São Paulo: Paradigma; 2020. p. 89-114.
32. Moura D, Possidônio de Sousa EM, Silva dos Santos W, Lóren de Holanda Sousa S. Escala de Senso de Competência Parental (PSOC): evidências de validade e precisão em contexto brasileiro / Parenting sense of competence scale (PSOC): validity and accuracy evidence in Brazilian context. Rev Psicologia. 2020;11(2):94-109.
33. Bearss K, Johnson CR, Handen BL, Butter E, Lecavalier L, Smith T, et al. Parent Training for disruptive behavior – The RUBI Autism Network. Oxford University Press; 2018.
34. Rogers SJ, Dawson G. Early Start Denver Model for Young Children with Autism: promoting language, learning, and engagement. New York: Guilford Press; 2010.
35. Kendall PC. Coping Cat Workbook. 2nd ed. Ardmore: Workbook Publishing; 2006.
36. Schreibman L, Stahmer AC, Cunningham AB, Dufek S, Stahmer A. Naturalistic Developmental Behavioral Interventions for Autism Spectrum Disorder. Baltimore: Paul H. Brookes; 2015.
37. Charlop-Christy MH, Le L, Freeman KA. Teaching Individuals with Developmental Delays: Basic Intervention Techniques. New York: Oxford University Press; 2000.

7

Avaliação forense

Antonio de Pádua Serafim
Laís Maria Cavalcante Vieira

INTRODUÇÃO

As interações humanas desempenham um papel crucial no intricado tecido do desenvolvimento individual e social, proporcionando uma base fundamental desde os estágios iniciais da vida. Desde o momento do nascimento, os seres humanos têm uma inclinação natural para a busca de conexões e interações significativas com seus semelhantes. Essa dinâmica social é um elemento vital que contribui para a formação das habilidades e competências necessárias para enfrentar as demandas e desafios em um ambiente em constante evolução[1].

A adaptação a um ambiente em constante evolução requer, além das habilidades sociais, um conjunto diversificado de competências cognitivas[2]. Assim, as capacidades de resolver problemas, tomar decisões e pensar de forma crítica e criativa são aspectos cruciais para o desenvolvimento humano. Essas competências permitem que um indivíduo se adapte às mudanças, encontre soluções inovadoras para os desafios e mantenha flexibilidade cognitiva diante das transformações no ambiente. A aprendizagem contínua também é uma competência vital. A habilidade de adquirir novos conhecimentos, atualizar habilidades e se ajustar a novas circunstâncias é essencial em um mundo em rápida transformação.

No cerne desse processo evolutivo, as habilidades sociais e emocionais também emergem como protagonistas, exercendo influência central na maneira como os indivíduos se relacionam consigo mesmos e com o mundo ao seu redor. A capacidade de compreender as próprias emoções e as dos outros se revela como um alicerce essencial. Esse entendimento emocional possibilita uma navegação mais consciente e adaptativa no contexto social, permitindo a construção de relações interpessoais mais significativas e enriquecedoras[3]. Além disso, as habilidades sociais e emocionais não se limitam ao âmbito das relações interpessoais; também desempenham um papel fundamental em contextos mais amplos, como ambiente de trabalho e comunidade.

Por outro lado, várias condições podem afetar a condição geral de uma pessoa quanto ao seu processo, tanto evolutivo quanto adaptativo e funcional. Dentre elas, têm-se as alterações relativas à saúde mental. Por exemplo, o impacto global dos transtornos mentais é cada vez mais evidente, destacando-se como desafio significativo para a saúde pública em nível mundial. A complexidade e a abrangência dessas questões as tornam uma preocupação premente, especialmente quando se considera o impacto desproporcional em países de baixa renda[4].

Nesse escopo, os transtornos mentais emergem como protagonistas na contribuição para o aumento de incapacidades globalmente. É notável que cinco das dez principais causas de deficiência em escala mundial derivam desses problemas de saúde mental. Essa constatação sublinha não apenas a prevalência desses transtornos, mas também sua influência marcante na capacidade funcional das pessoas e, por conseguinte, na qualidade de vida em diversas comunidades[5].

Um dado anterior, mas igualmente alarmante, evidenciou que três dos dez principais fatores de incapacidade em indivíduos entre 15 e 44 anos estão associados diretamente à presença de transtornos mentais. Isso não só evidencia o impacto desproporcional dessas condições em faixas etárias significativas, como também destaca a necessidade urgente de estratégias de prevenção, intervenção e tratamento eficazes. A amplitude desses dados tanto reflete o ônus individual enfrentado por aqueles que vivenciam transtornos mentais quanto ressalta as implicações socioeconômicas substanciais. A incapacidade decorrente desses transtornos não afeta o bem-estar pessoal e se traduz em custos elevados para os sistemas de saúde, previdência social e produtividade econômica[6].

Ademais, a interseção entre transtornos mentais e outros determinantes sociais da saúde sublinha a complexidade do desafio. Fatores como pobreza, discriminação, falta de acesso a serviços de saúde mental adequados e estigma social contribuem para a persistência e o agravamento desses problemas em muitas regiões do país. Logo, enfrentar o impacto dos transtornos mentais requer uma abordagem ampliada e colaborativa que envolva governos, instituições de saúde, organizações não governamentais e a sociedade como um todo. Investir em políticas que promovam a prevenção, garantam o acesso equitativo a tratamentos eficazes e combatam o estigma associado aos transtornos mentais é crucial para mitigar esses desafios e melhorar a qualidade de vida dessas pessoas.

Além dos diversos fatores que contribuem para os transtornos mentais, é relevante destacar a interseção muitas vezes presente com o sistema judicial, especialmente no contexto de demandas relacionadas à avaliação forense ou avaliação pericial. Esse elo entre a saúde mental e o ambiente legal evidencia a complexidade dessas questões, exigindo uma abordagem cuidadosa e especializada. A interseção entre transtornos mentais e o sistema judicial ressalta a necessidade de avaliações forenses, que desempenham papel crucial na compreensão da relação entre as condições psicológicas e o comportamento legalmente relevante[7].

Nesse cenário, torna-se imperativo contar com a intervenção de profissionais especializados, que tenham conhecimentos aprofundados tanto no estudo da psicopatologia humana quanto nas implicações legais associadas a essas condições. A avaliação forense requer uma compreensão intricada das nuances psicológicas e psiquiátricas envolvidas nos casos judiciais. Profissionais da psiquiatria e da psicologia forense emergem como atores-chave nesse processo, oferecendo *expertise* para analisar a relação entre a saúde mental e o comportamento legal, bem como para fornecer *insights* valiosos para os tribunais. A delicadeza desse processo é evidente, pois a avaliação forense busca esclarecer a presença de transtornos mentais e avaliar sua relevância no contexto legal, considerando questões como responsabilidade penal, capacidade e autonomia[8].

O estudo das causas e consequências do crescente índice de violência urbana, o aumento das taxas de incapacidade no ambiente de trabalho e os acidentes laborais vinculados aos transtornos mentais requer, cada vez mais, a participação ativa de profissionais como psicólogos e psiquiatras. Esses especialistas desempenham papel crucial na elucidação dos fatos, pois responder às questões relacionadas à saúde mental e à justiça exige uma compreensão abrangente e multissetorial[9].

Os avanços notáveis em disciplinas como psiquiatria, psicologia e, mais recentemente, neuropsicologia têm contribuído de maneira significativa para a interação do sistema de justiça com essas áreas do conhecimento, especialmente ao abordar causas relacionadas ao comportamento humano. Isso, por sua vez, valoriza a importância das ciências forenses nesse contexto. No âmbito forense, é imperativo que essas ciências colaborem de maneira sinérgica, uma vez que a cooperação entre os diversos profissionais de saúde mental não apenas aumenta a confiabilidade dos documentos (laudos resultantes das avaliações), mas também confere credibilidade às decisões judiciais[9].

DEMANDAS DA AVALIAÇÃO FORENSE NOS CASOS DE TRANSTORNO DO ESPECTRO AUTISTA

No contexto da relação sociedade e direito, termos como a capacidade de tomar decisões desempenham um papel crucial, figurando como pilar fundamental a assegurar a conformidade das ações humanas às normas sociais e jurídicas, fundamentadas no conceito de livre-arbítrio. O direito, nesse sentido, pressupõe a presença da racionalização ou determinação da razão (que se figura pela ausência de qualquer alteração da saúde mental), como alicerce essencial para garantir o exercício pleno do livre-arbítrio[7].

Assim, a capacidade de tomar decisões implica não apenas em realizar escolhas, mas também em fazê-las de maneira informada, consciente e alinhada com princípios éticos e legais. Essa capacidade, inerente à natureza humana, permite que os indivíduos ajam de acordo com sua própria vontade, respeitando, ao mesmo tempo, as normas que regem a sociedade e a justiça. Logo, para o direito, o atuar do indivíduo na sociedade perpassa a capacidade plena de atuar e de ser responsável por seus atos, ou seja, a capacidade atrela-se ao Direito Civil, e a responsabilidade, ao Direito Penal[7].

Posto isso, ressalta-se que, quando dúvidas jurídicas surgem sobre a saúde mental de determinada pessoa no que tange à sua condição de autonomia, capacidade ou responsabilidade, impõe-se a necessidade da avaliação pericial para responder a tais questões.

Na área da saúde mental, a perícia se configura como intrincado processo de análise psicológica e psiquiátrica de um caso específico, com o propósito de fornecer uma resposta embasada a uma indagação legal apresentada pelo juiz ou por qualquer outro agente envolvido no contexto jurídico ou relacionado ao caso em questão. Essa resposta é desenvolvida com base nos quesitos formulados pelo solicitante, demandando do perito a investigação minuciosa e abrangente do espectro do funcionamento psicológico da pessoa sujeita à avaliação pericial, conhecida como periciado[7].

Diferentemente da prática clínica, na qual se busca realizar investigações para subsidiar programas de intervenções, na área forense o foco dos processos está na avaliação diagnóstica para auxiliar a tomada de decisão judicial. Essa avaliação é feita pautada nas questões elaboradas pelos operadores do direito (juiz, promotores e advogados). No caso do transtorno do espectro autista (TEA), uma ação judicial independe do nível 1, 2 ou 3 de suporte.

Nesse cenário, destaca-se a relevância da avaliação neuropsicológica, destinada a embasar casos jurídicos por meio da aplicação de métodos e técnicas especializadas de investigação psicológica e neuropsicológica. Essa abordagem visa fornecer subsídios para ações judiciais de diversas naturezas, como Direito Penal, Civil, Trabalhista, Família, Infância e Juventude. A avaliação neuropsicológica surge como ferramenta essencial sempre que surgem incertezas relacionadas à saúde neuropsicológica de um indivíduo específico[8].

Essa prática visa não apenas esclarecer dúvidas existentes, mas também oferecer uma compreensão aprofundada do estado neuropsicológico do sujeito em questão, proporcionando um embasamento sólido para decisões judiciais informadas. A avaliação neuropsicológica forense, ao se inserir em diversos campos do direito, torna-se peça-chave para promover justiça e equidade, proporcionando *insights* valiosos sobre a capacidade cognitiva, funcionamento mental e aspectos psicológicos relevantes para o desfecho de processos legais.

Logo, a *expertise* forense desempenha um papel vital na análise de questões que transcendem o âmbito da saúde mental, indo além do diagnóstico tradicional e incorporando uma compreensão aprofundada das implicações legais e jurídicas envolvidas. Dessa forma, profissionais aptos a realizar avaliações forenses oferecem uma contribuição valiosa para as decisões judiciais, assegurando uma abordagem holística e embasada no rigor científico necessário para enfrentar os desafios apresentados por esses casos. Portanto, ao considerarmos o cruzamento entre saúde mental e esfera judicial, a inclusão de especialistas forenses no processo de avaliação não apenas atende às exigências específicas desses casos complexos, mas também fortalece a integridade do sistema, garantindo que as decisões sejam informadas por uma análise abrangente, científica e juridicamente robusta.

Um dos desafios primordiais enfrentados pelos profissionais forenses ao lidar com casos envolvendo pessoas com TEA reside na notável variação nos sintomas e na intensidade da condição. Essa diversidade exige uma abordagem individualizada e sensível, levando em consideração as necessidades de cada indivíduo afetado. Ademais, a compreensão da interação entre os fatores biológicos, psicológicos e ambientais é crucial para conduzir uma avaliação forense espectral e precisa.

Em vista disso, a atenção deve ser concentrada em potenciais demandas judiciais associadas aos casos TEA, considerando as nuances específicas desse transtorno e as implicações jurídicas que podem surgir em diversos contextos, como educação, saúde, inclusão social e direitos individuais. Uma abordagem detalhada dessas demandas judiciais proporcionará uma compreensão abrangente das complexidades legais nos casos de TEA, contribuindo para uma análise mais completa e informada sobre questões de âmbito jurídico.

DEMANDAS CÍVEIS

O Código Civil Brasileiro, publicado em 2002, aborda diversos aspectos, entre os quais se destaca o conceito fundamental de "autonomia da vontade". Essa autonomia se refere à capacidade jurídica de uma pessoa, conferindo-lhe o poder de realizar ou evitar certos atos de acordo com sua própria vontade. Nesse contexto, delineia-se uma distinção entre a capacidade de direito, na qual a pessoa adquire direitos, podendo ou não optar por exercê-los, e a capacidade de exercício ou de fato, que se baseia na ideia de que a pessoa efetivamente exerce seus próprios direitos.

Quando há incertezas ou questionamentos acerca dessa capacidade, surge a necessidade de uma perícia. A perícia, nesse contexto, desempenha papel crucial ao fornecer uma análise técnica e especializada sobre a capacidade jurídica de uma pessoa. Ao ser solicitada, ela busca esclarecer e avaliar se a autonomia da vontade da pessoa em questão está plenamente preservada ou se existem limitações que possam impactar sua capacidade de exercer seus direitos de forma consciente e autônoma. Essa abordagem pericial contribui significativamente para o correto entendimento e aplicação dos princípios relacionados à autonomia da vontade no âmbito legal.

De maneira geral, a avaliação de demandas, fundamentada principalmente na garantia dos benefícios estipulados pela Lei n. 12.764 (que institui a Política Nacional de Proteção dos Direitos da Pessoa com Transtorno do Espectro Autista)[10], tem sido tradicionalmente conduzida por profissionais clínicos, cuja competência se demonstra apropriada para atender às demandas inerentes a esse cenário. Faz-se necessário considerar a gravidade do nível de TEA, visto que, quanto maior a necessidade de apoio, menor a autonomia tanto em nível individual quanto coletivo.

No entanto, quando nos deparamos com a complexa convergência entre os desafios da saúde mental e as complexidades judiciais, especialmente nos cenários que envolvem casos de TEA com intensidade moderada a grave, torna-se incontestável a urgência de uma abordagem mais especializada no contexto forense. Nessas situações, as demandas legais se entrelaçam de maneira intrincada com as complexidades clínicas apresentadas por indivíduos com TEA, exigindo uma *expertise* adicional para uma análise completa e adequada.

É relevante destacar que a Lei n. 13.146[11], promulgada em 2015 e que instituiu o Estatuto da Pessoa com Deficiência, representa um marco significativo ao abolir o conceito de "absolutamente incapazes" para pessoas com TEA e demais tipos de deficiência. Essa medida reflete um avanço importante, reconhecendo a capacidade das pessoas com deficiência de exercerem seus direitos e participarem ativamente da sociedade. Entretanto, nos casos de TEA que apresentam um nível de suporte mais elevado, especialmente no que concerne às questões jurídicas relacionadas à capacidade civil, a realização de perícia torna-se imperativa. A perícia é solicitada com o propósito de avaliar de forma detalhada o alcance dos limites de cada indivíduo afetado pelo TEA grave. Além disso, a demanda por acompanhamento contínuo exige um olhar apurado em situações como disputa de guarda e pagamento de pensão alimentícia na Vara da Família, demanda que está diretamente atrelada à condição de gravidade do TEA.

A dimensão forense desses casos demanda uma compreensão aprofundada das nuances do sistema legal e sua aplicação específica aos desafios enfrentados por aqueles com TEA. Profissionais especializados em avaliações forenses podem oferecer uma contribuição valiosa ao considerar não apenas os aspectos clínicos, mas também as implicações legais e éticas envolvidas. Essa abordagem mais especializada é essencial para garantir que as decisões judiciais sejam informadas por uma análise completa e sensível das necessidades individuais e circunstâncias específicas dos casos de TEA, promovendo, assim, um tratamento jurídico mais justo e equitativo.

Dessa forma, a intervenção pericial destaca-se como um instrumento essencial para embasar decisões judiciais, proporcionando uma visão mais precisa e contextualizada sobre a capacidade civil de indivíduos com TEA com maiores níveis de suporte. Essa ação cível decorre do fato da suspeita de que a pessoa perdeu ou reduziu a capacidade de gerir seus bens e sua própria pessoa.

Diante desse cenário, ao buscar uma ação cível de interdição, a avaliação neuropsicológica emerge como recurso valioso, permitindo a identificação ou exclusão de possíveis quadros neuropsiquiátricos. Além disso, viabiliza a quantificação do desempenho cognitivo do periciando em comparação com a população de mesma faixa etária e nível escolar, oferecendo uma análise aprofundada do impacto desse quadro na funcionalidade da pessoa em questão. A abordagem neuropsicológica forense também se estende à investigação de associações entre aspectos da personalidade e a regulação emocional, proporcionando *insights* cruciais para uma compreensão mais abrangente da situação[8].

Enquanto fluxo da perícia, esta consistirá em:

- Leitura de registros de atendimento das equipes multidisciplinares.
- Relatórios escolares.
- Entrevistas com pais ou responsáveis.
- Entrevistas com profissionais responsáveis pelos diversos atendimentos.

A realização da perícia com o periciado contemplará um conjunto robusto de variáveis a serem investigadas quanto aos processos intelectuais, cognitivos, emocionais, de personalidade, habilidades sociais, cognição. Nesses casos, os

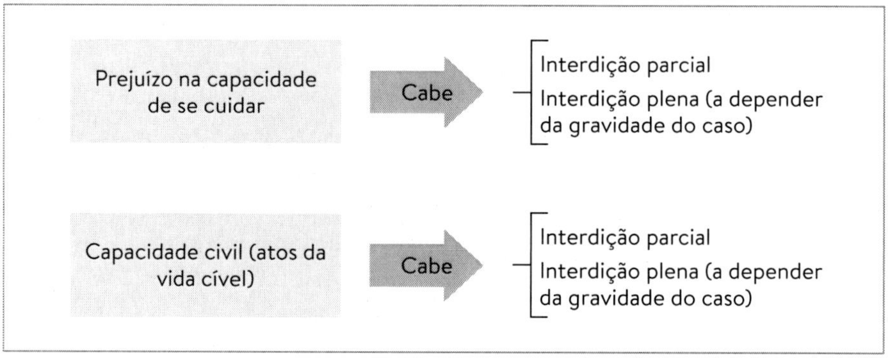

Figura 1 Desfechos da perícia nos casos de ações cíveis de interdição.

resultados da perícia poderão de fato caracterizar a incapacidade com as seguintes enquadres jurídicos:

DEMANDAS NO DIREITO PENAL

No Direito Penal, abordam-se primariamente as questões relacionadas às normas da sociedade, especialmente no que diz respeito ao comportamento antijurídico. Ele lida com a responsabilidade penal, avaliando as condições psicológicas que permitem responsabilizar uma pessoa por suas ações. Em geral, as demandas por perícias nesta área do direito surgem de dúvidas quanto à imputabilidade penal, ou seja, quando alguém age em conflito com a lei, configurando a prática de um crime, e surgem dúvidas em relação à sua saúde mental.

No que diz respeito às interseções entre o Direito Penal e o TEA, observa-se uma lacuna significativa na produção nacional que aborda e analisa a situação dessa população. A carência de estudos e trabalhos que exploram o cenário jurídico relacionado ao TEA no contexto brasileiro destaca a necessidade premente de pesquisas e reflexões que possam oferecer uma visão mais abrangente e esclarecedora sobre as questões legais enfrentadas por indivíduos com esse transtorno no âmbito penal.

Dessa forma, em situações nas quais as pessoas com TEA com níveis de suporte 1, 2 ou 3 vivenciem direta ou indiretamente situações de violências, a perícia pode ser solicitada, não para configurar o diagnóstico de TEA, mas visando entender o impacto psicológico causado pelo evento violento. Isso é relevante, pois características comuns ao TEA, como dificuldades em interpretar expressões faciais, verbais e não verbais, podem torná-los vulneráveis à vitimização, especialmente em situações que envolvem maior violência, dada a dificuldade em interpretar possíveis situações de risco e ter dificuldades em lidar com situações adversas. Nessas situações, na confirmação do dano com maior ou menor nível de suporte, possivelmente o desfecho jurídico cursa com o agravamento da responsabilidade penal de quem praticou a violência.

Como ressaltado, na realidade brasileira há uma lacuna em relação às questões de enfoque criminais na população com TEA. Sendo assim, no âmbito forense, compreender os aspectos ligados aos quadros de TEA é essencial para garantir a proteção dos indivíduos afetados e mitigar os riscos associados a comportamentos agressivos. A literatura internacional tem destacado que as associações entre população TEA e crimes são baixas. Entretanto, há fatores de risco que concorrem com a expressão de comportamentos que se enquadram juridicamente em criminalidade, como ser do sexo masculino e ter transtorno do déficit de atenção com hiperatividade (TDAH) e transtorno de conduta como comorbidades[12-14].

Portanto, ao solicitar uma avaliação pericial em casos de TEA relacionados a questões criminais, é vital que os profissionais forenses estejam familiarizados com as características específicas desse transtorno. Isso inclui compreensão das dificuldades na comunicação verbal, sensibilidade sensorial acentuada, impulsividade, tendência a padrões rígidos de comportamento, falha na interpretação de regras, o que pode elevar a vulnerabilidade de expressarem comportamentos agressivos[15].

Posto isso, no âmbito forense é fundamental que os peritos tenham a *expertise* necessária para discernir que comportamentos desafiadores ou agressivos podem ser manifestações de dificuldades de comunicação ou de sobrecarga sensorial, em vez de ações intencionais causarem danos a terceiros. Essa condição se aplica aos três níveis de suporte do TEA. Assim, a colaboração entre profissionais da área forense, da saúde e dos familiares é essencial para uma abordagem integrada e eficaz no âmbito do sistema penal. Além disso, estabelecer um ambiente calmo e previsível durante procedimentos da perícia é essencial para evitar estímulos que possam desencadear reações adversas.

Nesses cenários específicos, a condução de avaliações assume dimensão peculiar, exigindo sinergia entre os conhecimentos médicos e forenses. Para efetivamente abordar as nuances intrínsecas desses casos, torna-se imperativo contar com a perícia de profissionais especializados na área forense, capazes de transcender os aspectos clínicos e adentrar os meandros legais. O TEA apresenta diversas variações, implicando a expressão única do transtorno em cada indivíduo que o tem. Sendo assim, o olhar para a pessoa com TEA deve ser individualizado e atencioso quanto às expressões sintomáticas que interferem na vida do sujeito, especialmente no contexto jurídico. Portanto, reforça-se a importância do trabalho de profissionais especializados para o apoio na tomada de decisões judiciais.

REFERÊNCIAS BIBLIOGRÁFICAS

1. Serafim AP, Rocca CA, Assed MM. Fundamentos da neurocognição, 1 ed. In: Serafim AP, Rocca CCA, Gonçalves PD, orgs. Intervenções neuropsicológicas em saúde mental. 1. ed. Barueri: Manole; 2020. p. 2-15.
2. Baggio JA, Freeman J, Coyle TR, Nguyen TT, Hancock D, Elpers KE, et al. The importance of cognitive diversity for sustaining the commons. Nat Commun. 2019;10(1):875.
3. Di Lorenzo R, Venturelli G, Spiga G, Ferri P. Emotional intelligence, empathy and alexithymia: a cross-sectional survey on emotional competence in a group of nursing students. Acta Biomed. 2019;90(4-S):32-43.
4. Wainberg ML, Scorza P, Shultz JM, Helpman L, Mootz JJ, Johnson KA, et al. Challenges and opportunities in global mental health: a research-to-practice perspective. Curr Psychiatry Rep. 2017;19(5):28.
5. Singh V, Kumar A, Gupta S. Mental health prevention and promotion-a narrative review. Front Psychiatry. 2022;13:898009.
6. Trautmann S, Rehm J, Wittchen HU. The economic costs of mental disorders: do our societies react appropriately to the burden of mental disorders? EMBO Rep. 2016;17(9):1245-9.
7. Serafim AP, Saffi F. Psicologia e práticas forenses. 3. ed. Barueri; Manole; 2019. 329 p.
8. Serafim AP, Saffi F, Marques NM, Acha MFF, Oliveira M. C. Avaliação neuropsicológica forense, 1. ed. São Paulo: Pearson; 2017. 325 p.
9. Serafim AP, Barros DM. Interdisciplinary evaluation: interface between psychiatry and forensic psychology. J Bras Psiquiatr. 2014;63(1):86-7.
10. Brasil. Lei n. 12.764, de 27 de dezembro de 2012. Institui a Política Nacional de Proteção dos Direitos da Pessoa com Transtorno do Espectro Autista; e altera o § 3º do art. 98 da Lei n. 8.112, de 11 de dezembro de 1990. [acesso em abril de 2025]. Disponível em: https://www.planalto.gov.br/ccivil_03/_ato2011-2014/2012/lei/l12764.htm
11. Brasil. Lei n. 13.146, de 6 de julho de 2015. Institui a Lei Brasileira de Inclusão da Pessoa com Deficiência (Estatuto da Pessoa com Deficiência). [acesso em abril de 2025]. Disponível em: https://www.planalto.gov.br/ccivil_03/_ato2015-2018/2015/lei/l13146.htm
12. Blackmore CE, Woodhouse EL, Gillan N, Wilson E, Ashwood KL, Stoencheva V, et al. Adults with autism spectrum disorder and the criminal justice system: an investigation of prevalence of contact with the criminal justice system, risk factors and sex differences in a specialist assessment service. Autism. 2022;26(8):2098-107.
13. Payne KL, Russell A, Mills R, Maras K, Rai D, Brosnan M. Is there a relationship between cyber-dependent crime, autistic-like traits and autism? J Autism Dev Disord. 2019;49(10):4159-69.
14. Heeramun R, Magnusson C, Gumpert CH, Granath S, Lundberg M, Dalman C, et al. Autism and convictions for violent crimes: population-based cohort study in Sweden. J Am Acad Child Adolesc Psychiatry. 2017;56(6):491-497.e2.
15. Collins J, Horton K, Gale-St Ives E, Murphy G, Barnoux M. A systematic review of autistic people and the criminal justice system: an update of King and Murphy (2014). J Autism Dev Disord. 2023;53(8):3151-79.

MÓDULO II

Intervenções

8

Intervenção fonoaudiológica no transtorno do espectro autista

Helen Barbosa
Telma Pantano

Como vimos no capítulo anterior, as alterações do desenvolvimento de linguagem no transtorno do espectro autista (TEA) podem variar muito de indivíduo para indivíduo, visto que o autismo é um espectro com diferentes níveis de suporte.

A Lei n. 6.965/1981[1], em seu artigo 1º, define em parágrafo único que o "Fonoaudiólogo é o profissional, com graduação plena em Fonoaudiologia, que atua em pesquisa, prevenção, avaliação e terapia fonoaudiológicas na área da comunicação oral e escrita, voz e audição, bem como em aperfeiçoamento dos padrões da fala e da voz".

A atuação do fonoaudiólogo com indivíduos com TEA é ampla e envolve áreas como a motricidade orofacial na avaliação e intervenção de dificuldades nas funções orofaciais como mastigação, fala, sucção e respiração, inclusive nas dificuldades alimentares. Na área da voz, também há possibilidades de intervenção na reabilitação das alterações vocais de volume, intensidade, ressonância e articulação e, principalmente, nas áreas de linguagem e fala, já que dificuldades na comunicação social são critérios para o diagnóstico de TEA. Todo indivíduo com TEA terá, em alguma medida, dificuldades de linguagem.

As diferenças entre as habilidades de linguagem entre indivíduos com TEA é enorme e envolvem os diferentes componentes cognitivos e de linguagem em diferentes formas de apresentação. A escolha por uma metodologia interventiva deve então considerar essas diferenças e sobretudo uma avaliação completa e significativa que apresente os pontos centrais para o processo de intervenção.

As diferenças incluem ausência ou atraso na linguagem oral, gestual e vocal, prejuízo em habilidades comunicativas, linguagem estereotipada ou repetitiva, uso inapropriado de estruturas gramaticais, dificuldades com a brincadeira simbólica e a imitação, além de dificuldades na compreensão e generalização de elementos não verbais para a compreensão e contextualização do significado da linguagem[2]. Falhas em habilidades como imitação e atenção compartilhada devem ser consideradas centrais em todo o processo de estimulação da linguagem[3,4]. Avaliar e reconhecer alterações nos órgãos fonoarticulatórios e dificuldades relacionadas à coordenação motora dos movimentos (apraxia) também devem ser o foco do trabalho fonoaudiológico para a avaliação e intervenção.

O tratamento de dificuldades motoras para a fala deve envolver uma progressão entre movimentos amplos e finos de movimentação do sistema miofuncional oral, de forma a permitir um trabalho específico para a produção e sistematização de fonemas, palavras e frases curtas[5].

As intervenções envolvem inúmeras categorias de tratamentos, entre elas intervenção precoce, métodos comportamentais, métodos desenvolvimentistas, métodos estruturados, teorias bioecológicas ou naturalistas baseadas na interação e orientação parental[6]. Estudos têm demonstrado que as estimulações para crianças com TEA implementadas por profissionais isoladamente ou em conjunto com o treinamento de pais e cuidadores mostram efeitos muito mais intensos e significativos que os apresentados sem a estimulação clínica[7].

Independentemente do tipo de abordagem que o profissional escolha, de acordo com as Diretrizes de Atenção e Reabilitação da pessoa com autismo[8], o fonoaudiólogo deve desenvolver, após avaliação minuciosa, um plano terapêutico singular (PTS), com objetivos terapêuticos a serem alcançados para cada paciente.

As práticas comumente utilizadas para promover as habilidades pragmáticas, de comunicação social e de linguagem podem envolver treinamentos não estruturados ou programas estruturados para a estimulação das habilidades. Os treinamentos não estruturados foram resumidos no Quadro 1. As estratégias envolvem o ensino por tentativas discretas, treinamento de comunicação funcional, imitação e modelagem, rotina de ação conjunta, estratégias de linguagem naturalísticas, narrativas sociais e instrução mediada por pares.

As metodologias empregadas para a estimulação podem envolver recursos como videomodelagem (uso de vídeos ou imagens que envolvem o comportamento a ser aprendido), imagens, brinquedos, livros ou simulações em ambientes naturais.

Recursos importantes a serem ensinados envolvem possibilidades de temas para iniciar a conversação em diversos contextos, habilidades para sustentar a comunicação, troca de turnos comunicativos e análise de recursos não verbais que possam indicar a necessidade de autorregulação na comunicação.

Quadro 1 Estratégias de intervenção em linguagem e comunicação social

Intervenção	Descrição
Ensino por tentativas discretas	Instrução pormenorizada e individual de forma planejada e sistemática. A habilidade deve ser apresentada de forma segmentada em pequenos passos para a aprendizagem.
Treino de comunicação funcional	São ensinadas práticas que permitem a comunicação e interação social evitando a presença de comportamentos disruptivos por meio do reconhecimento dos antecedentes que desencadeiam tais respostas.
Imitação e modelagem	Treino de habilidades consideradas pré-requisito para as habilidades sociais e de linguagem.
Rotina de ação conjunta	Por meio de situações previamente ensaiadas, são treinadas sequências de eventos previsíveis que envolvem trocas comunicativas entre os indivíduos.
Estratégias naturalísticas	Durante rotinas e atividades diárias, são estimuladas a comunicação e a troca entre os sujeitos envolvidos nos atos comunicativos por meio de comunicação verbal e gestual simples, clara e direta. O reforço a esses estímulos deve ser imediato.
Narrativas sociais	Descrições sociais em detalhes com dicas e exemplos de respostas e intervenções apropriadas ao contexto.
Instrução mediada por pares	Ensinar os pares a interagirem e apoiar crianças com TEA nas habilidades comunicativas em ambientes naturais.

Dentre os principais programas estruturados para a estimulação terapêutica utilizadas no Brasil que podem auxiliar o fonoaudiólogo a alcançar seus objetivos de linguagem com a pessoa com TEA, temos as citadas no Quadro 2.

As diferentes abordagens podem auxiliar no processo terapêutico, no entanto a intervenção de linguagem é individual e deve considerar contextos sociais e do cotidiano do paciente.

Visto que um dos subsistemas de linguagem mais comprometido no autismo é o pragmático, as intervenções de linguagem priorizam a estimulação para promover melhoras na intenção comunicativa, ampliação das funções de comunicação e habilidades de diálogo. Reabilitar e habilitar linguagem vão além de ensinar a fazer pedidos; várias outras funções de comunicação podem ser estimuladas, como fazer perguntas, comentários, relatar eventos passados, dar instruções, manter um diálogo, usar expressões de cordialidade, protestar, expressar emoções, fazer escolhas e chamar atenção. A intervenção baseada em linguagem pragmática pode potencializar a comunicação das crianças com TEA[15]. Além das funções de comunicação, na terapia fonoaudiológica estimulam-se os meios de comunicação verbal, gestual e vocal.

Quadro 2 Programas estruturados para a estimulação terapêutica de pessoas com transtorno do espectro autista

Nome	Criadores	Faixa etária	Habilidades estimuladas
Modelo Denver (ESDM – *Early Start Denver Model*)[9]	Sally J. Rogers e Geraldine Dawson	12 meses a 48 meses	Comunicação receptiva Comunicação expressiva Habilidades de jogo/brincadeira Interação social Cognição Motricidade fina/grossa Autonomia
DIR/*Floortime*[10]	Stanley Greenspan e Serena Wieder	0 a 5 anos	Regulação emocional, atenção compartilhada, engajamento, comunicação intencional, resolução de problemas, pensamento lógico, criatividade, pensamento simbólico, habilidades sociais e interação
Social Communication, Emotional Regulation and Transactional Support (SCERTS)[11]	Barry M. Prizant, Emily Rubin, Patrick J. Rydell, Amy Wetherby e Amy C. Laurent	Primeira infância até adolescência	Comunicação social Regulação emocional
Pediatric Autism Communication Therapy (PACT)[12]	Elizabeth Shepard	2 a 10 anos	Linguagem pragmática/comunicação social
Improving Parents as Communication Teachers (ImPACT)[13]	Brooke Ingersoll e Anna Dvortcsak	12 meses a 6 anos	Engajamento social, comunicação, imitação e brincadeira
Joint Attention, Symbolic Play, Engagement, and Regulation (JASPER)[14]	Connie Kasari, Amanda C. Gulsrud, Stephanie Y. Shire e Christina Strawbridge	12 meses a 8 anos	Atenção compartilhada, brincadeira simbólica e engajamento social
Program for the Education and Enrichment of Relational Skills (PEERS)	Elizabeth Laugeson	Adolescentes e jovens adultos	Comunicação e habilidades sociais

Para indivíduos com TEA com dificuldades de comunicação verbal, pode-se implementar um sistema de Comunicação Aumentativa e Alternativa (CAA)[16,17]. A CAA é uma área de pesquisa, prática clínica e educacional que tem como objetivo incluir todas as formas de comunicação (gestos, símbolos, expressões faciais, escrita) envolvendo um conjunto de estratégias e ferramentas para resolver os desafios cotidianos de comunicação de pessoas que apresentam algum tipo de comprometimento da linguagem oral (ISAAC). Para implementar a CAA, existem alguns tipos de estratégias de ensino; as mais conhecidas são: PECS, PODD, CORE e outros sistemas visuais de apoio à comunicação.

O *Picture Exchange Communication System* (PECS), traduzido para Sistema de Comunicação por Troca de Figuras, foi desenvolvido para crianças autistas ou com outros transtornos em comunicação em idade pré-escolar que não apresentem fala inteligível ou convencional. A proposta é um protocolo de treinamento baseado no treino de tentativas discretas segundo os princípios da Análise do Comportamento Aplicada (ABA). As principais funções comunicativas estimuladas pelo PECS são os pedidos, escolhas e comentários, por isso ele não é considerado um sistema robusto de comunicação[18].

O *Pragmatic Organization Dynamic Display* (PODD), traduzido como Pranchas Dinâmicas com Organização Pragmática, é um sistema com linguagem robusta, pois estimula muitas funções de comunicação. Foi desenvolvido por Gayle Porter e pode ser usado por qualquer pessoa com necessidades complexas de comunicação. O PODD, assim como o PECS, é um sistema de figuras, porém nele não há necessidade de entregar a figura para o interlocutor para comunicar algo. O ensino do PODD é a partir da modelagem, ou seja, apontando as figuras correspondentes ao contexto em situações naturais. Pode ser usado em baixa tecnologia, em um livro de folhas impressas com as figuras, ou em alta tecnologia, em dispositivo eletrônico como o iPad®.

A estratégia de ensino de CORE (do inglês, "essência") consiste no ensino de palavras frequentes de determinada língua consideradas o vocabulário "*core*" associado a outras palavras não tão frequentes, o vocabulário "acessório". O ensino desse sistema se dá pela modelagem dos símbolos em situações naturais, assim como no PODD. Os recursos do CORE podem ser utilizados em baixa tecnologia (folhas impressas com as pranchas com as figuras) ou em alta tecnologia, em dispositivos eletrônicos como *tablets* e iPad®.

A implementação de sistemas de CAA pode ser usada para dar suporte à comunicação e deve ser personalizada para cada indivíduo[19]. Além disso, há evidências de que a intervenção com sistemas de CAA potencializa o desenvolvimento de linguagem com ganhos na semântica e diminuição de comportamentos não adaptativos[18].

REFERÊNCIAS BIBLIOGRÁFICAS

1. Brasil. Lei n. 6.965, de 9 de dezembro de 1981. Dispõe sobre a regulamentação do exercício da profissão de fonoaudiólogo. Brasília: Diário Oficial da União; 1981.
2. Lofland KB. The use of technology in the treatment of autism. In: Carton T. Technology and the treatment of children with autism spectrum disorder. Springer; 2016.
3. Lombardo MV, Pierce K, Eyler LT, Carter Barnes C, Ahrens-Barbeau C, Solso S, et al. Different functional neural substrates for good and poor language outcome in autism. Neuron. 2015;86(2): 567-77.
4. Szatmari P, Georgiades S, Duku E, Bennett TA, Bryson S, Fombonne E. Developmental trajectories of symptom severity and adaptive functioning in an inception cohort of preschool children with autism spectrum disorder. JAMA Psychiatry. 2015;72(3):276-83.
5. Cui M, Ni Q, Wang Q. Review of intervention methods for language and communication disorders in children with autism spectrum disorders. PeerJ. 2023;11:e15735.
6. Sociedade Brasileira de Fonoaudiologia (SBFa). Parecer: eficácia dos protocolos clínicos e diretrizes terapêuticas no tratamento de indivíduos com transtorno do espectro autista. 2020. [acesso em março de 2025]. Disponível em: https://www.sbfa.org.br/portal2017/pdf/parecer-eficacia-dos-protocolos-clinicos-e-diretrizes-terapeuticas-no-tratamento-de-individuos-com-transtorno-do-espectro-autista.pdf
7. Sandbank M, Bottema-Beutel K, Crowley S, Cassidy M, Feldman JI, Canihuante M, et al. Intervention effects on language in children with autism: a project AIM meta-analysis. J Speech Lang Hear Res. 2020;63(5):1537-60.
8. Brasil. Ministério da Saúde. Secretaria de Atenção à Saúde. Departamento de Ações Programáticas Estratégicas. Diretrizes de Atenção à Reabilitação da Pessoa com Transtornos do Espectro do Autismo (TEA). Brasília: MS; 2013.
9. Rogers SJ, Dawson G. Intervenção precoce em crianças com autismo: Modelo Denver para a promoção da linguagem, da aprendizagem e da socialização. Lisboa: Lidel, 2014.
10. Leal ARG. Modelo DIR/Floortime: bases teóricas para a inclusão de crianças com autismo na educação infantil. 199 f. Dissertação (Mestrado em Educação) – Universidade Federal do Piauí, 2018.
11. Armonia AC. A comunicação social nos transtornos do espectro autista: estudo piloto com SCERTS™ Model. Tese (Doutorado em Ciências) – Universidade Federal de São Paulo, Escola Paulista de Medicina, São Paulo, 2018.
12. Godoy PBG, McWilliams L, Silveira LR, Biasão MCR, Alarcão FSP, Seda L. Acceptability and feasibility of a parent mediated social-communication therapy for young autistic children in Brazil: a qualitative implementation study of Paediatric Autism Communication Therapy. Autism. 2024;28(1):123-37.
13. Kasari C, Dvortcsak A. Manual de treinamento de comunicação social: o Projeto ImPACT para crianças com autismo e outros transtornos do desenvolvimento. São Paulo: Hogrefe; 2022.
14. Kasari C, Gulsrud AC, Shire SY, Strawbridge C. Jasper: um modelo para crianças com autismo. São Paulo: Hogrefe; 2022.
15. Binns AV, Cardy J. O. Developmental social pragmatic interventions for preschoolers with autism spectrum disorder: a systematic review. Autism Dev Lang Impair. 2019.
16. ISAAC BRASIL. O que é a Comunicação Aumentativa e Alternativa (CAA)? [acesso em abril de 2025]. Disponível em: https://www.isaacbrasil.org.br/comunicaccedilatildeo-aumentativa-e-alternativa.html.
17. American Speech-Language-Hearing Association. Augmentative and alternative communication. [acesso em março de 2025]. Disponível em: https://www.asha.org/practice-portal/professional-issues/augmentative-and-alternative-communication/

18. Tamanaha AC, Olivatti DOF, Silva SC, Vieira SCP, Perissinoto J. Picture Exchange Communication System (PECS) Implementation Program for children with autism spectrum disorder. Codas. 2023;35(4):e20210305.
19. Wong CM, Aljunied M, Lin Chan DK, Cheong JMY, Chew B, Chin CHM, et al. 2023 Clinical practice guidelines on autism spectrum disorder in children and adolescents in Singapore. Ann Acad Med Singap. 2024;53(4):541-52.
20. Hume K, Steinbrenner JR, Odom SL, Morin KL, Nowell SW, Tomaszewski B, et al. Evidence-based practices for children, youth, and young adults with autism. J Autism Dev Disord. 2021;51(11):4013-32.

9
A escolarização de crianças e adolescentes com transtorno do espectro autista

Telma Pantano
Alison Vanessa Morroni Amaral

INTRODUÇÃO

No Brasil, a inclusão da população com transtorno do espectro autista (TEA) é bastante recente e assegurada por leis e decretos desde a Constituição Brasileira de 1988. Com o fim da educação especial, crianças e adolescentes com deficiência têm direito ao Atendimento Educacional Especializado (AEE), que serve para atender alunos com necessidades especiais, preferencialmente na escola regular[1]. Em dezembro de 2012, foi promulgada no Brasil a Política Nacional de Proteção dos Direitos da Pessoa com Transtorno do Espectro Autista, e crianças e adolescentes com TEA são consideradas dentro da categoria de pessoas com deficiência[2].

Infelizmente, ainda é necessário para muitas instituições de ensino que as leis acima sejam citadas, assim como as diretrizes nacionais para a educação especial que recomendam a inclusão de crianças com deficiência em programas de creche e pré-escola e ensino básico. De forma ainda incipiente, o serviço de apoio pedagógico assegurado legalmente no contexto escolar tem por finalidade auxiliar o professor no processo de desenvolvimento e da aprendizagem, identificando as necessidades educacionais especiais e desenvolvendo estratégias de flexibilização, adaptação curricular e práticas pedagógicas alternativas que promovam o avanço no processo de aprendizagem desses educandos[3].

Estudos no Brasil[4,5] têm confirmado a dificuldade por parte das escolas em promover a escolarização de crianças e adolescentes com TEA. Esses estudos, embora escassos, corroboram o que se observa na prática clínica e hospitalar por meio das classes hospitalares e o contato com escolas da rede pública e particular de ensino. As dificuldades citadas e observadas não são exclusivas às escolas brasileiras. A dificuldade com a inclusão dessas crianças é relatada em diversos países, como Suécia, Inglaterra, Estados Unidos[6] e, assim como no Brasil, observa-se que as falhas na escolarização dessa população dificultam a continuidade e a permanência dessas crianças no sistema educacional.

Na ausência de estudos abrangentes que reflitam sobre a escolarização dessa população, serão citados estudos internacionais. Um desses estudos foi conduzido por Anderson[6] e refere que as principais causas de abandono escolar são as falhas na adaptação dos conteúdos e programas pedagógicos, falhas no manejo de situações de contexto social, estresse, cansaço, ansiedade e depressão nessa população.

Com relação às falhas diretamente relacionadas ao contexto educacional, os resultados mostram dificuldades na formação dos professores para o ensino de crianças e adolescentes com TEA[7], o reconhecimento por parte dos professores das reais necessidades dessa população[8] e a cooperação do sistema educacional como um todo na adaptação e no suporte às necessidades educacionais[9].

Ainda em termos internacionais, os estudos que envolvem os familiares de crianças com TEA referem que o suporte oferecido pelas escolas é limitado, assim como o acesso ao suporte educacional é insuficiente[10]. A falta de comunicação entre as escolas e os familiares é considerada uma barreira importante para a escolarização, assim como as escolas tendem a se considerar pressionadas pelos familiares por meio de expectativas mais altas do que elas mesmas e os profissionais podem suportar[6,11-13].

No Brasil, temos estudos pontuais com número pequeno de participantes. Farias et al.[14] avaliaram a prática pedagógica de duas professoras, sendo observada a necessidade da mediação pela professora para o desenvolvimento cognitivo dos alunos com TEA. Giaconi e Rodrigues[15] discutem a especificidade desses alunos e a necessidade de programas bem estruturados no contexto educacional, como o método TEACCH para organizar os espaços escolares.

Gomes e Mendes[16] observaram o olhar do professor com relação aos alunos com TEA e constataram que, no primeiro ciclo do ensino fundamental, menos de 10% desses alunos acompanhavam os conteúdos pedagógicos, sabiam ler, escrever ou fazer contas. No segundo ou terceiro ciclo, essas porcentagens chegavam a 60%. Pimentel e Fernandes[4] descrevem a dificuldade dos professores por não terem formação para acompanhar pedagogicamente crianças com TEA. Gomes e Nunes[17] citam a falta de formação continuada oferecida aos professores para o suporte nos diferentes níveis de TEA. Nascimento et al.[5], em sua revisão bibliográfica sobre pesquisas educacionais com TEA, citam a escassez de estudos no Brasil que tratam diretamente das estratégias de ensino e a importância da mediação do professor no processo educacional.

Chama a atenção a similaridade dos resultados dos estudos internacionais citados com a realidade brasileira. Mundialmente a inclusão dessas crianças e adolescentes no contexto educacional é, sem dúvida, um desafio que envolve diversos níveis de investimento e formação. Um dos grandes dificultadores para o real processo de inclusão é o fato de que a escolarização no TEA não deve ser preestabelecida e deve ser configurada de forma individual para cada criança e adolescente. Como o diagnóstico de autismo se refere a um espectro de sinais e sintomas com diversos graus de prejuízos relacionados à linguagem, socialização e estereotipias, torna-se praticamente impossível assegurar um plano educacional unificado para essa população. Assim, temos diferentes características cognitivas, emocionais e educacionais, sendo necessário o suporte da equipe multidisciplinar e da família no estabelecimento de prioridades que acompanhem a criança no processo de escolarização.

SUPORTE, AJUSTES E ADAPTAÇÕES PEDAGÓGICAS E CURRICULARES

O planejamento educacional deve considerar suportes e adaptações específicos para as necessidades individuais, permitindo o auxílio na regulação comportamental, comunicativa e nas habilidades relacionadas aos processos de socialização e aprendizagem.

Inserir uma criança com TEA envolve principalmente considerar as habilidades-alvo que serão consideradas prioritárias em cada ciclo educacional. Essa escolha não envolve negligenciar alguns aspectos ou características do desenvolvimento, mas sim fortalecer algumas habilidades, enquanto outras estão sendo desenvolvidas nos âmbitos clínico e educacional.

Não se trata necessariamente de modificar o currículo e/ou o conteúdo pedagógico da série. O conteúdo pedagógico já está estabelecido pela BNCC[18], porém, principalmente para crianças e adolescentes com TEA, são necessárias adaptações e/ou ajustes pedagógicos e curriculares para que a aprendizagem possa se concretizar.

De acordo com Pantano[19], o que consideramos ajustes pedagógicos são modificações simples no sistema de ensino que não envolvem alterações no currículo ou no conteúdo pedagógico propriamente dito. A maioria das crianças com TEA em nível de suporte 1 beneficia-se desses ajustes que envolvem medidas simples, como aumento do tempo de realização das atividades, suporte individualizado realizado pelo professor ou auxiliar de sala, material diferenciado com relação ao espaçamento e presença aumentada de imagens para favorecer a compreensão dos enunciados e das provas objetivas.

Por outro lado, TEA em nível 2 ou 3 constantemente precisam de adaptações pedagógicas e curriculares. Essas adaptações envolvem a modificação direta do conteúdo estabelecido pelo Ministério da Educação (MEC) para a série e deve ser justificada através de mecanismos de inclusão correspondentes. Em ambos os casos (ajustes, suportes e/ou adaptações pedagógicas e curriculares), um plano educacional individualizado (PEI) ou um plano de desenvolvimento individual (PDI) devem ser confeccionados pela escola, em parceria com os profissionais da equipe multidisciplinar e da família. Todos os ajustes, suportes e adaptações devem prever o desenvolvimento de habilidades nos contextos individual e/ou clínico e o tempo em que serão oferecidos ao aluno (para mais informações sobre como produzir um PDI ou PEI, consultar o capítulo sobre psicopedagogia).

Além do suporte a ser oferecido ao aluno, é necessário que o contexto educacional se preocupe em organizar o ambiente para contribuir com a autorregulação dessas crianças e adolescentes. Uma das medidas necessárias é a antecipação aos pais, profissionais e, essencialmente, à criança das atividades e ações que serão realizadas diariamente no contexto educacional. O estabelecimento de uma rotina fixa e/ou previsível permite a percepção do tempo no contexto educacional e a autorregulação emocional por meio da previsibilidade das ações.

A organização diária de atividades e ações não deve estar presente somente no contexto educacional. Desde o nascimento, é necessário que a rotina seja estabilizada e, muitas vezes, sem perceber a própria família já incorpora essa preparação da criança diariamente. A escola deve trazer essa continuidade, evitando "surpresas" e mudanças sem preparar a criança previamente. Modelos preestabelecidos possibilitam que a criança se sinta segura para explorar, em conjunto com os profissionais das áreas de saúde e educação, elementos relacionados às relações sociais e ao comportamento pragmático que podem ampliar o repertório e as possibilidades gerais da criança. O conteúdo pedagógico pode ser abordado de forma mais individual e concreta, permitindo o desenvolvimento de uma autonomia no contexto educacional.

A rotina pode ser construída em conjunto com a criança, permitindo que ela compreenda a construção pedagógica intrínseca à aprendizagem. A criança maior pode até mesmo contribuir com sugestões de práticas pedagógicas, desde que esteja trabalhando esse autoconhecimento dentro do trabalho psicopedagógico individual. Assim, é possível que o professor, quando trabalha com uma criança com nível 1 de suporte, conheça o perfil de funcionamento do aluno, contribuindo para o automonitoramento e a autorregulação em sala.

É importante destacar que a rotina e os hábitos no ambiente educacional são organizadores para o cérebro tanto para crianças típicas quanto para as crianças com TEA[20,21]. As crianças com TEA precisam dessa organização, inicialmente, como uma segurança emocional e cognitiva e, posteriormente, devem aprender a construir a própria rotina para encontrar essa estabilidade por meios próprios.

APRENDIZAGEM E ESCOLARIZAÇÃO

A aprendizagem tende a ser compreendida na sociedade em geral como a aquisição de conceitos pedagógicos. Cada vez mais a escola se separa desse modelo e traz para a sociedade e para as famílias um modelo integrado no qual a aprendizagem é o resultado de processos e processamentos cognitivos e socioemocionais integrados que vão permitir transformar os conceitos adquiridos no contexto educacional em conceitos intercambiáveis com as diferentes situações e contextos de vida diária. É nesse ponto, de inter-relação de conceitos, que a aprendizagem e a escolarização de crianças com TEA se tornam comprometidas.

Muitas das adaptações pedagógicas e curriculares necessárias para o TEA envolvem questões relacionadas à abstração e inter-relação de conceitos. Tudo o que envolve processos de criação, comparação, elaboração, produção e compreensão simbólica e abstrata deve ser evitado no contexto educacional. A inflexibilidade cognitiva tende a ser uma das características do processamento cognitivo dessas crianças.

A apresentação de modelos visuais e o treinamento para a realização dessas atividades com o suporte adequado deve ser propiciado. Principalmente para crianças com o nível de suporte II, mesmo durante a explicação de elementos concretos, deve-se oferecer um apoio visual durante o aprendizado que proporcione a integração de imagens em sequência para que o conteúdo seja retido. Essas mesmas imagens devem fazer parte do conteúdo de exploração do aluno, permitindo a retomada do conteúdo em diferentes contextos.

As dificuldades atencionais e na formação de conceitos abstratos torna difícil a compreensão das informações por meio da via auditiva. Como uma característica desse processamento está a dificuldade de retomada da informação transmitida. Uma informação transmitida de forma auditiva não pode ser resgatada, ao contrário de uma informação transmitida através de imagens ou escrita. O processo de escolarização de crianças com TEA deve privilegiar a informação visual diante da auditiva e interação do aluno com material visual.

Da mesma forma, o pensamento de crianças com TEA normalmente privilegia as partes sobre o todo. Dessa forma, temos esses alunos presos a detalhes que muitas vezes dificultam a compreensão mais geral dos conceitos transmitidos em aula e o foco para a realização das atividades. Garantir a compreensão desses elementos antes da realização de atividades é fundamental para a aprendizagem de alunos com TEA.

O nível de suporte e as adaptações correspondentes variam com cada sujeito, de acordo com as características individuais dos processamentos cognitivos e socioemocionais. Quando se pensa nessas crianças em um ambiente regular de ensino, fica a reflexão sobre como podemos avaliar o desempenho delas na aquisição do conteúdo, por isso do PEI ou PDI devem constar metodologias apropriadas para estruturar o sistema de avaliação educacional, de forma a medir os ganhos reais oferecidos pelo sistema educacional.

O Quadro 1 traz sugestões da forma de apresentação do material pedagógico para cada nível de suporte.

Quadro 1 Adaptações pedagógicas para cada nível de suporte de crianças com transtorno do espectro autista

Nível I	Nível II	Nível III
Ter menos exercícios por página, pois uma página com muitas informações pode distrair a criança e ela perder o foco do objetivo da atividade ou aula.	Além de menos exercício por página, colocar imagem e oferecer uma página por vez, com poucos exercícios com consignas objetivas.	Ter mais atividades de ligar, recortar e colar, pintar, circular, marcar X
Independentemente do nível de TEA, é importante ter temas de interesse da criança em todas as atividades, porque ela precisa ser estimulada e ter vontade de fazer determinada atividade.		
Os conteúdos precisam ser simples e reduzidos. Por isso, convém um material didático focado no que realmente é importante e que possa ser aplicado no seu cotidiano. Ofereça à criança exercícios, textos em folhas separadas do material didático com imagens coloridas e nítidas.	Além dos conteúdos serem simples e reduzidos, o apoio das imagens nítidas ajuda a manter o foco e o estímulo para concluir e aplicar no seu cotidiano.	Pareamentos com imagens para que ela possa ligar e associar a ajudará a entender melhor o que se espera.
Nos níveis I, II ou II, é necessário evitar questões que deixam dúvidas e com duplo sentido. As metáforas e figuras de linguagem devem ser excluídas porque são um grande desafio e podem causar desconforto e desestimular o aprendizado.		
É muito importante que haja imagens e desenhos, pois são aliados, portanto o material didático com diversos estímulos visuais provoca maior interesse ao consultar e interpretar os exercícios e as atividades propostas.		

(continua)

Quadro 1 Adaptações pedagógicas para cada nível de suporte de crianças com transtorno do espectro autista (*continuação*)

<table>
<tr><th>Nível I</th><th>Nível II</th><th>Nível III</th></tr>
<tr><td colspan="3">Sempre utilizar materiais concretos em todos os níveis. Recursos de apoio como imagens, palitos, jogos, entre outros, contribuem para a compreensão do conteúdo.</td></tr>
<tr><td colspan="3">Faz toda a diferença quando se respeita o ritmo da criança e se muda o tempo previsto das atividades para que se possam alcançar os objetivos. Observar, em atividades em sala, quanto tempo a criança leva para fazer o exercício, depois combine com ela o mesmo tempo quando for o momento de avaliação.</td></tr>
<tr><td colspan="3">Modificar as instruções das atividades, alterar o formato da aula, explorar novos ambientes e usar estratégias de ensino diferenciadas ajudam as crianças dos níveis I, II e II. Há depoimentos de crianças que relatam ficar angustiadas quando o professor fala muito rápido e não conseguem acompanhar, então escolhem desistir e não completam suas tarefas em sala.</td></tr>
<tr><td colspan="3">Utilizar linguagem objetiva, pois as crianças gostam de entender tudo que se fala, mas no sentido literal. Evitar conotações, utilizar recursos visuais, como vídeos curtos de no máximo 10 ou 15 minutos para enriquecer a aula, e dar apoio para a criança com TEA que tem dificuldade em manter o foco.</td></tr>
<tr><td colspan="3">Utilizar abordagem sensorial. Caso mostrem resistência, não insistir, mas, se gostarem dos estímulos, explorar as habilidades dentro da possibilidade que as crianças oferecem.</td></tr>
<tr><td colspan="3">Adaptar currículo, provas e avaliações. Nível I – provas com consignas mais objetivas, linhas espaçadas com 1,5, fonte Arial, tamanho 12, são um formato que fica visivelmente agradável, com poucos exercícios; coloque 10, mas combine com a criança que ela se fizer 8 está ótimo, mas que, se se sentir confortável em fazer os 10, isso será maravilhoso. Com reforço positivo, pode ser que ela até tente fazer todas. Nível II – além de oferecer provas com consignas simples e objetivas, coloque imagens, o formato mencionado no nível I, com linhas para que a criança possa escrever sem se preocupar se será suficiente; temos de lembrar que escrevem com letras de forma e muitas vezes com traçados grandes. Nível III – considerar todos os detalhes mencionados nos demais níveis, mas com muito mais cuidado, pois temos de lembrar que são crianças com mais comprometimentos; trazer questões de múltipla escolha (a, b, c), somente 3 opções, com imagens como apoio e oferecendo uma folha por vez. Esses exemplos são formas de acolher a criança em um momento que gera muito estresse e ansiedade. Isso não é facilitar, mas sim dar a elas a oportunidade de mostrar o quanto são capazes sem desmotivá-las.</td></tr>
<tr><td colspan="3">Privilegiar as habilidades – se notar facilidade, trabalhar isso com riqueza.</td></tr>
<tr><td colspan="3">Evitar atividades muito longas, pois o tempo delas é diferente do das crianças típicas. Como mencionado acima, marcar o tempo que levam para executar os exercícios dados em aula, o que ajudará a combinar o tempo de prova. Cada criança tem uma funcionalidade diferente, e generalizar o tempo para todas pode comprometer o desempenho de algumas delas.</td></tr>
</table>

(*continua*)

Quadro 1 Adaptações pedagógicas para cada nível de suporte de crianças com transtorno do espectro autista (*continuação*)

Nível I	Nível II	Nível III
Propor atividades que estimulem o pensamento lógico, o que pode ser feito por meio de jogos. Montar grupos que possam trabalhar essa habilidade, assim um aluno contribuirá com o outro e avançarão juntos em seus conhecimentos, além de trabalhar as habilidades sociais (assertividade, empatia e civilidade).		
Propor pequenas tarefas, mesmo que sejam diversas, oferecer fichas com essas tarefas e, após a conclusão, oferecer outra. Mudar o formato de como precisam resolver os exercícios.		
Explorar o cotidiano, pois é muito eficaz que as apresentem desde cedo. Quando é dada a oportunidade de executar tarefas com formas diferentes, estimula-se a flexibilidade cognitiva que para o TEA é tão prejudicada, aprendendo a generalizar o aprendizado para vários momentos da vida.		
Privilegiar vínculos afetivos e incentivar sempre, pois o convívio fica muito melhor e todo o desempenho da criança deve ser reconhecido. O reforço positivo nas pequenas conquistas se torna combustível para o enfrentamento de novos desafios.		

Por determinação legal, crianças e adolescentes com TEA[22] têm direito a um acompanhante especializado em sala de aula. Esse profissional deve ser um professor ou monitor auxiliar que oferece apoio e assistência individualizada com relação às questões pedagógicas. Na inserção desse profissional, é necessário o cuidado com o número de auxiliares de sala para que o ensino dessas crianças não se torne um processo completamente individualizado e independente do contexto de sala de aula[23].

ABORDAGEM EDUCACIONAL – PROGRAMAS PRÉ-ESTRUTURADOS

Estudos como os de Odom et al.[24,25] distinguem entre os exemplos citados, que envolvem ajustes, suporte e adaptações pedagógicas e curriculares e os estudos que lidam com a utilização pelas escolas de programas prontos e elaborados para o contexto educacional. No Brasil, esse modelo não é comum. As escolas não tendem a alterar a estrutura pedagógica com modelos de ensino preestabelecidos (mesmo que consagrados na literatura científica). Não há, dentro do contexto pedagógico, a preparação escolar e, sobretudo, do professor para promover programas educacionais diretivos a crianças e adolescentes com TEA.

Os programas envolvem uma rotina estruturada de atividades e prática organizadas em sessões visando ao desenvolvimento de habilidades-alvo. No Brasil, são utilizados normalmente em contato clínico ou com o auxiliar de um acompanhante terapêutico com formação específica para o treinamento. São programas intensivos que se estendem em diversos ambientes e por pelo menos 20 horas semanais. Entre os modelos de programas, temos as intervenções direcionadas por um adulto, envolvendo a preparação de material individual de suporte. O suporte individual nessa estimulação e as intervenções em ambiente naturalístico que são mais atuais visam à preparação do potencial da criança, com treinos cognitivos e socioemocionais focados e específicos. Entre os modelos de intervenções com suporte de um adulto, podem ser citados:

- Ensino por Tentativas Discretas (DTT): fundamenta-se em instruções/direções fornecidas pelo professor que devem resultar em determinado comportamento exercido pela criança e, como resultado, uma consequência direta à realização da ação.
- Análise do Comportamento Aplicada (ABA): metodologia educacional que envolve o uso direto de reforçadores e a generalização das aprendizagens.

Em contraponto, há modelos de intervenções em ambiente mais natural:

- Intervenções Comportamentais Desenvolvidas em Ambiente Natural (NDBI)[26]: toda a aprendizagem deve focar no resultado que a aprendizagem propõe. Inclui programas voltados para a pré-escola e anos de ensino regular, focando a atenção, brincadeira simbólica, engajamento e autorregulação etc.

De forma geral, os programas diferenciam-se entre aqueles que visam ao ensino guiado pelo adulto e às intervenções mediadas por pares. No caso do ensino mediado pelo adulto, temos o ABA, em que a aprendizagem deve ser realizada de forma a propiciar um repertório de ações que devem ser utilizadas em contextos naturalísticos. É possível a utilização de técnicas de ensino e reforços constantes através de estratégias como o automonitoramento por meio de vídeos, jogos, videomodelagens e narrativas sociais, visando promover o engajamento e a aprendizagem principalmente entre os pares.

Já nas intervenções mediadas por pares, temos a preparação e o trabalho com crianças e adolescentes para a mediação de conflitos e situações *in loco*, promovendo ganhos diretos na socialização. Essas estratégias têm sido muito empregadas no ambiente educacional, com ganhos para o comportamento social individual e recíproco[27], e têm apresentado bons resultados, principalmente relacionados aos ganhos com a linguagem e a comunicação[28]. Recursos tecnológicos com vídeos, filmes ou histórias que envolvam o aprendizado e a conscientização de atitudes e habilidades a serem desenvolvidas é um suporte importante que pode ser utilizado pelo professor.

Em crianças não verbais, técnicas comunicativas que envolvem a comunicação alternativa, como o TEACCH, têm sido utilizadas comumente em ambiente educacional e estão mais bem relatadas no capítulo sobre linguagem, devendo fazer parte da equipe um profissional da área da fonoaudiologia para a aplicabilidade em sala de aula. Intervenções sob suporte de tecnologia são cada vez mais adotadas para pacientes de nível 2 ou 3 de suporte.

A aprendizagem de habilidades sociais, assim como de habilidades vocacionais, tem sido considerada de extrema importância para o sucesso de crianças e adolescentes com TEA na vida adulta[29], e o contexto educacional é citado como o espaço prioritário para o desenvolvimento dessas habilidades[30].

Sem dúvida a chave para os ajustes e as adaptações a serem oferecidos a crianças e adolescentes com TEA envolve a observação e o olhar treinado do professor. Poder planejar as atividades em sala de aula é um dos pontos centrais para definir as medidas necessárias para inclusão. O Quadro 2 apresenta um modelo que pode ser adotado em sala de aula pelo professor e/ou auxiliar para definir os objetivos da atividade para a criança com TEA quando comparada com o grupo, a metodologia a ser utilizada, os conhecimentos de base necessários, os conhecimentos a serem adquiridos após a atividade e, por fim, o ganho observado.

Quadro 2 Definição e acompanhamento de atividades em sala

Conteúdo pedagógico	Objetivo	Metodologia	O que se sabe sobre	O que não se sabe sobre	O que aprendeu

Utilizar como recurso o registro da atividade ajudará a dar continuidade ao planejamento contínuo e à confecção do PEI ou PDI. Como já discutido neste capítulo, a rotina é um dos pontos centrais do planejamento das atividades relacionadas à escolarização do TEA. A rotina deve ser apresentada para a criança e constar na sala de aula para o acompanhamento em tempo real para o aluno. O professor deve marcar as atividades propostas e riscar as atividades já executadas pelo aluno, permitindo o acompanhamento em tempo real e o pedido por suporte (principalmente para o TEA nível I) quando sentir que não está conseguindo se organizar na dinâmica de sala de aula.

Quadro 3 Exemplo de anotações de rotina e atividades diárias em sala de aula

1. Matemática – • Explicação do professor • Exercícios pág. XX
2. Português – • Entrega das atividades • Exercícios pág. XX
3. Português – pág. XX
4. Intervalo
5. Ciências – pág. XX
6. Ciências – pág. XX Registro no caderno
7. Saída

Esse modelo de rotina de sala de aula pode ser adaptado de acordo com a faixa etária, para a educação infantil, ou, no caso de crianças não alfabetizadas ou com nível 3 de suporte, utilizar fotos das próprias crianças e/ou imagens, acostumando-as a relacionar as ações com as atividades a serem realizadas. Um relógio com o tempo pode ser colocado e/ou desenhado para auxiliar a organização temporal.

Segundo Vizotto e Sato (p. 260-261)[31], o estabelecimento da rotina escolar deve ser bem estruturado, previsível, com regras e limites bem estabelecidos, pois a rotina possibilita ao aluno planejar e desenvolver suas tarefas de forma organizada e em etapas, assim como desenvolver o espírito de colaboração.

As autoras ainda mencionam que o professor deve proporcionar o momento em que possa identificar se o aluno está retendo o conteúdo com facilidade, se entendeu a instrução e as tarefas que precisa fazer; se a criança apresentar dificuldade, oferecer ajuda e, se necessário, conversar sobre essas dificuldades, pois, quanto antes fazer a intervenção pedagógica, comportamental e emocional, melhores os resultados.

No capítulo sobre psicopedagogia consta um modelo de PEI que direciona o trabalho de forma específica e permite uma aprendizagem randomizada, ou seja, que introduz poucos elementos aleatórios para ampliar o conhecimento relacionado a determinado conteúdo.

Um cuidado muito importante deve ser tomado com relação às atividades a serem feitas em casa. Essas atividades não devem envolver o que não conseguiu ser feito no contexto educacional. A escola deve organizar-se para que as atividades sejam suficientes para o período escolar, com as adaptações necessárias. A função dos exercícios de casa é desenvolver a autonomia e reforçar elementos de memória. As dúvidas devem ser escritas (pelos pais ou pela própria criança) e tiradas em sala pelo professor. Os pais não devem explicar exercícios. Devem entender que, se uma pergunta não for formulada, não deve haver uma explicação.

O aprendizado deve ser realizado no contexto escolar. Os pais devem monitorar as atividades que não foram compreendidas e/ou possíveis de serem feitas no contexto familiar. A interação entre a família e a escola deve acontecer por meio de canais abertos como WhatsApp® ou aplicativos que permitam aos pais descrever as dificuldades observadas e os motivos da não realização ou realização indevida das atividades. A escola deve promover a compreensão e propiciar em conjunto com a família o conceito de que em casa o aluno deve desenvolver a responsabilidade e a autonomia no aprendizado. No caso dos níveis 2 ou 3 de suporte, devemos lembrar que a escola e a equipe de suporte devem antecipar os conteúdos e acompanhar processos de não aprendizagem orientando-a com relação aos pontos a serem retomados e/ou (re)adaptados.

As atividades a serem feitas em casa podem contar com apoio visual com imagens que permitam a compreensão do que deve ser realizado. A linguagem deve ser clara e objetiva, sem "preâmbulos" e/ou introduções que tirem o foco da ação a ser feita.

Como a escolarização envolve não somente a parte pedagógica relacionada ao conteúdo de sala, é muito importante que os processos de adaptação e inclusão envolvam as atividades de educação física. As atividades em grupo devem ser monitoradas e, em especial, as esportivas, em função das dificuldades com a psicomotricidade que levam crianças e, em especial, adolescentes com TEA a não corresponderem às expectativas do grupo com relação a atividades competitivas. A estimulação do movimento deve envolver cuidados com a coordenação motora, equilíbrio e lateralidade corporal e, sempre que possível, deve ser não competitiva e em pequenos grupos. Momentos de atividades lúdicas e esportivas proporcionam às crianças e/ou adolescentes com TEA momentos para desenvolver as habilidades cognitivas e afetivas, desde que bem monitoradas e planejadas.

O Quadro 4 envolve propostas para atividades de estudantes com TEA em diferentes momentos do ciclo escolar.

CONSIDERAÇÕES FINAIS

A escolarização no TEA não é um processo simples e bem constituído no Brasil, assim como em diversos países. A individualização nas estratégias torna o processo ainda mais complexo e exige não só dedicação da equipe escolar, mas integração da família e da equipe de suporte e apoio. O planejamento, assim como a formação e o treinamento contínuo dos profissionais, formam a

Quadro 4 Propostas de atividades para estudantes com transtorno do espectro autista em diversos momentos do ciclo escolar

Educação infantil	Ensino fundamental I	Ensino fundamental II	Ensino médio
Contação de história. Bloco de montar. Desenho com tinta. Mímica. Jogo com palavras. Caça ao tesouro. Percursos com obstáculos. Separar grãos. Dados ou argolas coloridas. Brincadeiras com objetos lúdicos. Fazer dobraduras. Brincadeiras "vivo ou morto". Atividades com músicas. Prender pregadores. Brincar de massinha. Recortar papel. Unir parafusos e porcas. Tampas e potes de diferentes tamanhos e formas.	Antes de tudo, estabelecer a rotina, ou seja, mostrar para a criança o que irá acontecer durante a permanência dela na escola. Deixar claro quais conteúdos serão trabalhados. Levar a sensibilidade sensorial em consideração, remover ou reduzir qualquer estímulo que possa causar ansiedade. Se tocar o sino da escola incomodar a criança, antecipar avisando-a de que o sinal vai tocar ou pedir que coloque o fone antirruído. Comunicar com antecedência as mudanças e transições, levando-as para conhecer o ambiente em que irão fazer a atividade antes da aula.	Rotina, agenda e *planner* são recursos que os ajudam a organizar suas tarefas, podendo ser feitos os registros com desenhos. Como nessa fase lidam com várias matérias diferentes e professores, seria importante todos alinharem os combinados que irão fazer com os adolescentes em relação às tarefas, assim terão de pensar em uma só regra. Aos poucos, ir modificando para que aprendam a lidar com formas diferentes de aula e atividades. Utilizar diversos recursos, com materiais concretos, ajudará a assimilar o conteúdo.	Rotina, agenda e *planner* também precisam fazer parte deste grupo de adolescentes. Diminuir a demanda de exercícios e combinar com o adolescente como irá fazer as tarefas e quais ele precisará entregar na próxima aula. Os textos que for trabalhar, separe em partes, para que ele possa ler aos poucos e fazer os registros do que compreendeu, depois ajudá-lo a organizar o registro no caderno. Fazê-lo grifar palavras cujo significado não conhece para pesquisar e depois ter melhor compreensão do que está escrito.

(continua)

Quadro 4 Propostas de atividades para estudantes com transtorno do espectro autista em diversos momentos do ciclo escolar (*continuação*)

Educação infantil	Ensino fundamental I	Ensino fundamental II	Ensino médio
Correr, agarrar, chutar e arremessar bola de diferentes tamanhos, entre outros.	Matemática – trabalhar com material dourado, palitos de sorvete, massa de modelar, confeccionar relógios para que possam brincar e aprender a hora, as cores e mistura delas para descobrir as que surgirão. Língua Portuguesa – pequenas histórias ilustradas para que organizem em sequência; se a criança já souber ler, oferecer a mesma história em tiras para organizar, letras móveis para construir palavras e imagens para associar as palavras às imagens Ciências – trabalhar as atividades em laboratório para que vivenciem por meio de experiência e façam suas próprias descobertas. Geografia e História – podem ser trabalhados por meio de imagens, vídeos curtos de 10 a 15 minutos. Depois, pedir para registrarem da forma que acharem melhor (frases, palavras-chaves ou desenhos).	Adaptar os conteúdos utilizando fichas, poucos exercícios, massa de modelar ou dominó para contagem. Pequenos textos para que possam encontrar palavras solicitadas pelo professor. Experimentos, vivências, visitas a lugares que contribuam com a compreensão do conteúdo Construir maquetes que representem o tema trabalhado. Mediar trabalho em grupo para que as crianças se sintam incluídas, não deixá-las se agruparem sem a mediação do professor, para evitar situação desagradável e exclusão.	Experiências e vivências são bem-vindas, transformando o conteúdo de física, química e biologia em momento de descoberta e prazer. Orientar e fazer mediações em todo o momento quando estiver em trabalho de grupo, para que o adolescente possa fazer parte e contribuir da melhor forma possível com suas ideias, além de fazer valer sua opinião.

chave da inclusão para atingir as necessidades de todos os alunos, assim como dos alunos diagnosticados com TEA. O desenvolvimento não deve envolver somente aspectos pedagógicos, mas também socioemocionais, comportamentais e ligados ao desenvolvimento da linguagem.

REFERÊNCIAS BIBLIOGRÁFICAS

1. Pimenta PR. Clínica e escolarização dos alunos com transtorno do espectro autista (TEA). Educ Real. 2019;44(1).
2. Brasil. Lei n. 13.146, de 6 de julho de 2015. [acesso em abril de 2025]. Disponível em: https://www.planalto.gov.br/ccivil_03/_ato2015-2018/2015/lei/l13146.htm
3. Brasil. Ministério da Educação. Secretaria de Educação Especial. Diretrizes Nacionais para a Educação Especial na Educação Básica. Brasília: MEC; 2001.
4. Pimentel AGL, Fernandes FDM. A perspectiva de professores quanto ao trabalho com crianças com autismo. Audiol Commun Res. 2014;19(2).
5. Nascimento FF, Cruz MM, Braun P. Educational process for people with autism spectrum disorder from the analysis of scientific production available in SciELO – Brazil (2005-2015). Education Policy Analysis Archives. 2016.
6. Anderson L. Schooling for pupils with autism spectrum disorder: parents' perspectives. J Autism Dev Disord. 2020;50(12):4356-66.
7. Haimour AI, Obaidat YF. School teachers' knowledge about autism in Saudi Arabia. World J Educ. 2013.
8. Corkin DM, Yu SL, Wolters CA, Wiesner M. The role of the college classroom climate on academic procrastination. Learn Individ Diff. 2014;32:294-303.
9. Sanahuja-Gavaldà JM, Olmos-Rueda P, Morón-Velasco M. Collaborative support for inclusion. J Res Spec Educ Needs. 2016;16(1):303-7.
10. Crane L, Batty R, Adeyinka H, Goddard L, Henry LA, Hill EL. Autism diagnosis in the United Kingdom: perspectives of autistic adults, parents and professionals. J Autism Dev Disord. 2018;48(11):3761-72.
11. Hebron J, Bond C. Developing mainstream resource provision for pupils with autism spectrum disorder: parent and pupil perceptions. Eur J Spec Needs Educ. 2017.
12. Galpin J, Barratt P, Ashcroft E, Greathead S, Kenny L, Pellicano E. 'The dots just don't join up': Understanding the support needs of families of children on the autism spectrum. Autism. 2018;22(5):571-84.
13. Preece D. A matter of perspective: the experience of daily life and support of mothers, fathers and siblings living with children on the autism spectrum with high support needs. J Good Autism Practice. 2014;15(1):81-90.
14. Farias ST, Mungas D, Reed BR, Cahn-Weiner D, Jagust W, Baynes K, et al. The measurement of everyday cognition (ECog): scale development and psychometric properties. Neuropsychology. 2008;22(4):531-44.
15. Giaconi C, Rodrigues MB. Organização do espaço e do tempo na inclusão de sujeitos com autismo. Educ Real. 2014;39(3).
16. Gomes CGS, Mendes EG. Escolarização inclusiva de alunos com autismo na Rede Municipal de Ensino de Belo Horizonte. Rev Bras Educ Espec. 2010;16(3):375-96.
17. Gomes RC, Nunes DRP. Interações comunicativas entre uma professora e um aluno com autismo na escola comum: uma proposta de intervenção. Educ Pesqui. 2014;40(1):143-61.
18. Brasil. Ministério da Educação. Base Nacional Comum Curricular; 2017. Disponível em: https://www.gov.br/mec/pt-br/escola-em-tempo-integral/BNCC_EI_EF_110518_versaofinal.pdf.

19. Pantano T. Cérebro e adaptação curricular: o que precisamos saber. In: Ribeiro RM, Silveira TGB. Meu aluno precisa de adaptação curricular: e agora? Belo Horizonte: Artesão; 2024.
20. Gomot M, Wicker B. A challenging, unpredictable world for people with autism spectrum disorder. Int J Psychophysiol. 2012;83(2):240-7.
21. Graybiel AM. Habits, Rituals, and the Evaluative Brain. Annu Rev Neurosci. 2008:31:359-87.
22. Brasil. Lei n. 12.764, de 27 de dezembro de 2012. [acesso em abril de 2025]. Disponível em: https://www.planalto.gov.br/ccivil_03/_ato2011-2014/2012/lei/l12764.htm
23. Lushin V, Marcus S, Gaston D, Beidas R, Lamson A, Goy I, et al. The role of staffing and classroom characteristics on preschool teachers' use of one-to-one intervention with children with autism. Autism. 2020;24(8):2035-45.
24. Odom AL, Collet-Klingenberg L, Rogers SJ, Hatton DD. Evidence-based practices in interventions for children and youth with autism spectrum disorders. Prev Sch Fail. 2010;54(4):275-82.
25. Odom SL, Hall LJ, Morin KL, Kraemer BR, Hume KA, McIntyre NS, et al. Educational interventions for children and youth with autism: a 40-year perspective. J Autism Dev Disord. 2021;51(12): 4354-69.
26. Schreibman L, Dawson G, Stahmer AC, Landa R, Rogers SJ, McGee GG, et al. Naturalistic developmental behavioral interventions: empirically validated treatments for autism spectrum disorder. J Autism Dev Disord. 2015;45(8):2411-28.
27. Kasari C, Rotheran-Fuller E, Locke J, Gulsrud A. Making the connection: randomized controlled trial of social skills at school for children with autism spectrum disorders. J Child Psychol Psychiatry. 2012;53(4):431-9.
28. Sandbank M, Bottema-Beutel K, Crowley S, Cassidy M, Feldman JK, Canihaunte M, et al. Intervention effects on language in children with autism: a project AIM meta-analysis. J Speech Lang Hear Res. 2020;63(5):1537-60.
29. Dell'Armo KA, Tassé MJ. The role of adaptive behavior and parent expectations in predicting post-school outcomes for young adults with intellectual disability. J Autism Dev Disord. 2019;49(4):1638-51.
30. Fixsen DL, Blase KA, Naoom SF, Wallace F. Core implementation components. Research on Social Work Practice. 2009;19(5):531-40.
31. Vizzotto ADB, Sato FM. Espaço e organização no cotidiano. In: Pantano T, Rocca CCA. Como se estuda? Como se aprende?: um guia para pais, professores e alunos, considerando os princípios das neurociências. São José dos Campos: Pulso Editorial; 2015.

10

Abordagens em acompanhamento psicológico

Érica da Cruz Santos
Maria de Fátima Nazaré

As abordagens psicológicas visam compreender, de diferentes maneiras, o funcionamento do indivíduo, levando em consideração os gatilhos que levam o paciente a apresentar certos conflitos. Cada teoria possui técnicas próprias e outras compartilhadas, para que possa desenvolver, à sua maneira, o processo de acompanhamento do indivíduo, visando à estabilização de sintomas e conquistas para a qualidade de vida.

Vejamos neste capítulo como a cognição social pode impactar os indivíduos com TEA, visando às intervenções possíveis voltadas para o paciente e a família.

COGNIÇÃO SOCIAL

O indivíduo com transtorno do espectro autista (TEA) apresenta prejuízos que englobam a comunicação social recíproca e a interação social, os quais se tornam evidentes de acordo com características da própria pessoa e do ambiente no qual ela está inserida.

Entre os critérios diagnósticos para o TEA estão os déficits na reciprocidade emocional, que podem variar da abordagem social anormal e dificuldade para estabelecer uma conversa habitual ao compartilhamento reduzido de interesses, emoções ou afeito. Essas dificuldades incluem iniciar uma conversa ou mesmo responder a interações sociais[1].

A cognição social é formada por um conjunto de estruturas neuronais e funções relacionadas a identificar e categorizar informações que são socialmente relevantes, as quais são assimiladas do ambiente e processadas, possibilitando a emissão de comportamentos adaptativos. As ações do indivíduo envolvem[2]:

- A captação de um estímulo social via córtex sensorial de associação (giro fusiforme, sulco temporal superior).
- O processamento do estímulo por funções cognitivas, emoção e motivação (amígdala, córtex orbitofrontal e córtex cingulado).
- Emissão de resposta via comportamento adaptativo (córtex motor, gânglio basal, hipotálamo e tronco encefálico).

Dessa forma, a cognição social abrange uma série de funções que auxiliam o indivíduo mutuamente durante o processamento de emoções e situações sociais. Ela engloba as capacidades de percepção emocional e social, formação de teoria da mente e atribuição de relações entre processos emocionais e processos sociais, com tendência a explicar causas e acontecimentos[3].

Dentro do constructo de cognição social, a teoria da mente discorre acerca da capacidade cognitiva do indivíduo de perceber o estado mental de outro indivíduo, elaborando hipóteses referentes ao funcionamento psíquico de membros da mesma espécie. O termo foi adotado pela psicologia objetivando a descrição da capacidade de perspectiva mental que ocorre no processo de desenvolvimento humano[2].

Tratar do termo teoria da mente foi proposto inicialmente por Premack e Woodruff em 1978, caracterizada como a capacidade de criar uma teoria de estados mentais em si e nos demais indivíduos. A proposta de utilizar o termo "teoria" é justificada não por ser um comportamento diretamente observado no ambiente, mas sim por tratar-se de uma previsão, ou inferência de estados mentais a partir de um contexto específico[4].

Estudiosos conduziram uma série de experimentos com chimpanzés, em que estes assistiram a vídeos de seres humanos em situações simples e complexas de resolução de problemas. Ao término de cada situação e antes de assistir à resolução, os chimpanzés precisavam escolher entre fotografias que exibiam respostas corretas e as que continham respostas incorretas. A capacidade de assertividade dos animais não humanos foi compreendida pelos autores como a capacidade de reconhecer a fita de vídeo como representação de situação-problema, entendendo a finalidade do ator e a escolha de resoluções compatíveis com o objetivo[5]. Os resultados também foram interpretados como uma possível competência de teoria da mente em animais não humanos.

Recentemente, a teoria da mente passou a ser empregada para o entendimento da funcionalidade de distúrbios do neurodesenvolvimento, como o TEA, e algumas doenças mentais, como a psicose e a esquizofrenia[4].

Pesquisas recentes têm associado os neurônios espelhos à aprendizagem social. Tamanhos de grupo e a complexidade das relações sociais em primatas mostraram associação importante à taxa de crescimento do córtex. Tanto a competição nos grupos sociais, como no caso dos primatas, quanto a cooperação social, como nos exemplos de animais humanos, contribuíram para o desenvolvimento cognitivo, e as relações de grupo constituíram um fator importante no desenvolvimento filogenético da inteligência[6].

CONSTITUIÇÃO FAMILIAR

No percurso do desenvolvimento humano, é esperado, logo após o nascimento do bebê, que a mãe ou alguém responsável pelos cuidados permaneça voltado às necessidades dele e possa representar para ele uma parte do próprio bebê. Essa experiência que envolve intimidade e sentimentos de afeição, entre outros, é chamada de preocupação materna.

As primeiras figuras que compõem o domínio social de uma criança são mãe e pai. Estes são responsáveis por proporcionar um ambiente adequado para que os processos de maturação possam ocorrer, como descrito no subitem anterior. Entretanto, discorre-se sobre as condições desfavoráveis que podem propiciar falhas na integração do indivíduo, como falta de experiências com sustentação ambiental, que são aquelas nas quais o bebê ora tem suas necessidades atendidas, ora vivencia experiências de desilusão; tendência à despersonalização, processo no qual o indivíduo não desenvolve a capacidade de unir ego e corpo; dificuldade nas relações objetais, quando o ambiente não possibilita a apresentação de um objeto, o indivíduo passa a fixar-se na relação de dependência com a mãe e apresenta pouca confiança em experimentar o ambiente e se adaptar gradativamente a ele[7].

ABORDAGENS

No ano de 2013, o Governo do Estado de São Paulo publicou um documento que designou diretrizes específicas para a atenção de pessoas com TEA[8]. Nele constam informações desde os sinais de fragilidades relacionadas ao desenvolvimento e a comportamentos característicos do TEA; alguns instrumentos para o rastreamento do autismo, avaliações e classificações diagnósticas e orientações sobre planos terapêuticos. Em síntese, o Ministério da Saúde propiciou orientações sobre como a rede de serviços necessitaria acompanhar a pessoa com TEA, desde a identificação de fatores de risco de autismo até o diagnóstico e intervenções para habilitação/reabilitação.

Em 2022, outro documento foi publicado, pela Prefeitura de São Paulo, intitulado *Linha de cuidado da pessoas com transtorno do espectro do autismo*[9]. Esse segundo documento, voltado para gestores e profissionais, trouxe informações específicas quanto à organização da rede de atenção e às abordagens terapêuticas para a habilitação/reabilitação de pessoas com TEA no Sistema Único de Saúde (SUS), de modo a orientar a implantação de serviços de atenção a pessoas com TEA.

Abordagens psicanalíticas

Dentro da abordagem psicanalítica, diferentes premissas teóricas se propõem a explicar o autismo. A respeito da gênese do autismo, surgiram com a tese inicial de Kanner de que crianças autistas sofriam de uma inabilidade inata de se relacionarem emocionalmente com outras pessoas – assim como falta de afetividade em famílias nas quais o quadro apresentado pela criança teria relação com o tipo de relacionamento com os seus pais, dado o intenso isolamento social da criança, desde o começo de sua vida. O que também foi associado com a hipótese de que haveria uma ligação entre autismo e depressão materna[10]. O mecanismo que embasa essa noção é o de que a depressão interfere na capacidade materna de cuidar e envolver-se emocionalmente com o seu bebê. Dessa forma, o autismo foi conferido a causas psicogênicas, formuladas a partir de observações clínicas e da abordagem psicanalítica.

Melanie Klein foi a pioneira no reconhecimento e tratamento da psicose em crianças. A autora reconheceu a presença, nas crianças com autismo, de características qualitativamente diferentes de outras crianças consideradas psicóticas[10]. Ademais, para a autora o autismo era explicado em termos de inibição do desenvolvimento, cuja angústia decorria do intenso conflito entre instinto de vida e de morte. Ela supunha que tal inibição seria de origem constitucional, a qual, em combinação com as defesas primitivas e excessivas do ego, resultaria no quadro autista.

Abordagens comportamentais

O acompanhamento psicológico precisa levar em conta as necessidades e características individuais de cada pessoa, uma combinação de técnicas adequadas e a colaboração com outros profissionais. No TEA, as habilidades sociais, a comunicação, o desenvolvimento e aprimoramento do comportamento adaptativo, as dificuldades emocionais, a promoção de autonomia e o apoio à família são elementos importantes para o trabalho terapêutico. Em sequência, são descritas brevemente abordagens terapêuticas que podem ser utilizadas individualmente com os pacientes que possuem esse diagnóstico.

A Análise Comportamental Aplicada (ABA) é baseada em princípios da psicologia comportamental e muito usada para intervenção com pacientes com autismo, principalmente na intervenção precoce com crianças. Ela visa ensinar habilidades básicas e auxiliar em dificuldades ligadas ao comportamento adaptativo nos primeiros anos de vida[11]. Com essa técnica é possível entender quais são as funções dos comportamentos mal adaptativos que o indivíduo pode ter, bem como criar estratégias que abordem as causas subjacentes desse comportamento. Além disso, a ABA utiliza o reforço positivo para auxiliar no aumento de comportamentos que sejam adaptados e desejados, bem como o ensino de novas habilidades.

A terapia de integração sensorial baseia suas intervenções no modo como o sistema nervoso dos indivíduos responde aos estímulos sensoriais, podendo ser usada para auxiliar pacientes com autismo que tenham dificuldade na percepção e resposta a estímulos sensoriais (seja por sensibilidade ao estímulo, seja por dificuldade de identificá-lo) a processar e organizar essas informações de cunho sensorial de maneira mais adaptada e menos desprazerosa[12]. As intervenções visam estimular os sentidos do indivíduo, podendo contar com atividades táteis e movimentos para auxiliar na melhoria da percepção e resposta a estímulos sensoriais, o que pode contribuir, ainda, na melhoria da interação social dessas pessoas.

Outra abordagem terapêutica que pode ser adotada é a terapia cognitivo-comportamental (TCC), que se centra na ideia de identificar padrões de pensamentos e comportamentos disfuncionais para aquele indivíduo e trabalhar em sua possível modificação e adaptação para padrões que sejam mais funcionais e adaptativos. Ela foi desenvolvida para tratar uma série de condições psiquiátricas, podendo ser muito útil no tratamento de indivíduos com autismo, pois pode auxiliar esses indivíduos a criarem estratégias de enfrentamento para manejar situações diárias, bem como manejar a regulação emocional e auxiliar no desenvolvimento de habilidades sociais. Além disso, muitas pessoas com autismo vivenciam ansiedade importante, e a TCC pode ajudar na identificação e no manejo de pensamentos ansiosos[13].

Abordagens e técnicas que trabalhem a comunicação e suas nuances, bem como as habilidades sociais, também são importantes. Ademais, é importante que estas muitas vezes sejam trabalhadas de forma integrada, visto que a comunicação é crucial no bom desenvolvimento de habilidades sociais.

Para pessoas que apresentam dificuldades na comunicação verbal, técnicas que utilizem sistemas de comunicação alternativa e aumentativa (CAA) são interessantes. Essas técnicas têm como objetivo criar adaptações que facilitem a compreensão e expressão da comunicação, como cartões e dispositivos eletrônicos. Intervenções com enfoque nas habilidades sociais e pragmáticas precisam trabalhar as principais necessidades do indivíduo, que podem incluir como iniciar e manter conversas, interpretar pistas da comunicação social verbais e não verbais, bem como e responder em diferentes contextos sociais[14].

O treino de habilidades sociais pode melhorar o repertório social dos pacientes para proporcionar interações sociais mais positivas. Quando necessário, desenvolver ou melhorar habilidades básicas de interações sociais, como manter contato visual e responder a um cumprimento por gestos[15].

No que tange aos pais e cuidadores de pacientes com TEA, é possível trabalhar desde o processo do diagnóstico até a intervenção, considerando psicoeducação e apoio familiar. Na psicoeducação aos pais e/ou cuidadores, o intuito é inseri-los no programa de tratamento, a fim de proporcionar novas situações de aprendizagem, desde o momento das sessões até tendo os cuidadores como coterapeutas, para que possam reproduzir as orientações recebidas e replicar os comportamentos adequados em diversos contextos nos quais os pacientes estão inseridos[15]. Ao receber um diagnóstico que tende a implicar tamanha gravidade, a família pode se desesperar e, com grande facilidade, se desestruturar. Consequentemente, faz-se necessário apoio familiar para que possam absorver o impacto do diagnóstico, atravessar a dor e manter a possível estrutura para lidar com a situação de cuidar de uma pessoa que demanda maiores atenções. Os atendimentos de apoio familiar podem ser feitos em formatos individuais das famílias ou em grupo, podendo-se formar uma rede de apoio entre os membros.

CONSIDERAÇÕES FINAIS

As diferentes abordagens no cuidado da pessoa com TEA são vantajosas quando se têm informações acerca da história de vida do paciente, assim como o acesso às tecnologias e recursos terapêuticos efetivos para o paciente. É fundamental analisar a literatura especializada sobre a eficácia das abordagens terapêuticas no processo de reabilitação da pessoa com TEA, haja vista que a escolha por tratamentos eficazes pode diminuir a sobrecarga emocional da família, assim como nos serviços de saúde.

Para o desenvolvimento de um bom processo terapêutico, é crucial que se estabeleça um bom vínculo terapêutico e empático com o paciente. Também é preciso estar sempre atento aos desafios de comunicação, que muitas vezes impactam na forma como esses pacientes conseguem demonstrar seus sentimentos e afetos. Dessa forma, manter uma comunicação clara e bem adaptada às necessidades do indivíduo é crucial para o processo terapêutico.

REFERÊNCIAS BIBLIOGRÁFICAS

1. American Psychiatric Association (APA). Manual diagnóstico e estatístico de transtornos mentais: DSM-5-TR, 5. ed. texto revisado. Porto Alegre: Artmed; 2023.
2. Monteiro LC, Louzã Neto MR. Cognição social. In: Malloy-Diniz LF, Fuentes D, Mattos P, Abreu N. Avaliação neuropsicológica. Porto Alegre: Artmed; 2010. p. 162-8.
3. Couture SM, Penn DL, Roberts DL. The functional significance of social cognition in schizophrenia: a review. Schizophr Bull. 2006;32(Suppl 1):S44-S63.
4. Caixeta L, Nitrini R. Teoria da mente: uma revisão com enfoque na sua incorporação pela psicologia médica. Psicol Reflex Crit. 2002;15(1):105-112.
5. Premack D, Woodruff G. Does the chimpanzee have a theory of mind? Behav Brain Sci. 1978;1(4):515-26.
6. Whiten A, Van de Waal E. Social learning, culture and the "socio-cultural brain" of human and non-human primates. Neurosci Biobehav Rev. 2017;82:58-75.
7. Winnicott DW. A integração do ego no desenvolvimento da criança. In: O ambiente e os processos de maturação. Porto Alegre: Artmed; 1983. p. 55-61.
8. Protocolo do Estado de São Paulo de Diagnóstico, Tratamento e Encaminhamento de Pacientes com Transtorno do Espectro Autista (TEA). São Paulo: SEDPcD; 2013. [acesso em abril de 2025]. Disponível em: https://www.saude.sp.gov.br/ses/perfil/profissional-da-saude/homepage/destaques/protocolo-do-estado-de-sao-paulo-de-diagnostico-tratamento-e-encaminhamento-de-pacientes-com-transtorno-do-espectro-autista-tea
9. Prefeitura de São Paulo. Linha de cuidado para atenção às pessoas com Transtorno do Espectro Autista – TEA. São Paulo; 2022. [acesso em abril de 2025]. Disponível em: https://www.prefeitura.sp.gov.br/cidade/secretarias/upload/saude/LINHA_DE_CUIDADO_TEA_FINAL.pdf
10. Bosa C, Callias M. Autismo: breve revisão de diferentes abordagens. Psicol Reflex Crit. 2000;13(1):167-77.
11. Cooper JO, Heron TE, Heward WL. Applied behavior analysis. 2. ed. Upper Saddle River: Pearson; 2007.
12. Ayres AJ. Sensory integration and the child: understanding hidden sensory challenges. Western Psychological Services; 2005.
13. White SE, Ollendick AJ. The use of cognitive-behavioral therapy for anxiety in autism spectrum disorders: a review and meta-analysis. J Autism Dev Disord. 2011;41(3):283-95.
14. Rogers SJ, Dawson G, Vismara L. Modeling and expanding language. in: Ingersoll B, Dvortcsak A. Teaching communication skills to children with autism: a manual for parents and professionals. New York: Guilford Press; 2012. p. 39-46.
15. Bohlander AJ, Orlich F, Varley CK. Social skills training for children with autism. Pediatr Clin North Am. 2012;59(1):165-74.

11

Intervenções em neuropsicologia

Cristiana Castanho de Almeida Rocca
Érica da Cruz Santos
Joana Portolese

NEUROPSICOLOGIA NO TRANSTORNO DO ESPECTRO AUTISTA: DA AVALIAÇÃO À INTERVENÇÃO

As contribuições da neuropsicologia para o diagnóstico do TEA são de extrema importância, tanto em termos diagnósticos quanto em termos de intervenções. A avaliação neuropsicológica é um processo inicial de investigação com foco na descrição do funcionamento cognitivo (inteligência, atenção, percepção, memória, linguagem, aprendizagem, velocidade de processamento, habilidades motoras), comportamental e emocional do indivíduo, tornando-se útil em várias situações, como no auxílio do diagnóstico, diagnóstico diferencial, planejamento de intervenções terapêuticas e no monitoramento do processo de intervenção.

Sabe-se que, quanto mais cedo se iniciam os tratamentos, mais benefícios as crianças terão. Para isso, o diagnóstico precoce, o qual já pode ser realizado a partir dos 18 meses, é fundamental. O quanto antes os atrasos forem detectados, mais rápido o tratamento poderá ser iniciado, assim os resultados serão mais expressivos, uma vez que as janelas de oportunidades estarão abertas nos primeiros anos de vida e a velocidade de formação de conexões cerebrais e a neuroplasticidade estarão na fase de maior desenvolvimento no cérebro. Sendo assim, a importância da avaliação precoce nos transtornos do neurodesenvolvimento se dá especialmente devido ao fato de os primeiros anos de vida serem críticos para o desenvolvimento infantil, já que há maior plasticidade cerebral, o que favorece o desenvolvimento de todas as potencialidades da criança. Nesse sentido, oferecer oportunidades de desenvolvimento nessa etapa impulsiona as habilidades motoras, cognitivas e socioemocionais, tornando-se fundamental[1].

No autismo níveis 2 e 3 de suporte, é possível que haja rebaixamento intelectual, marcado pelo quociente intelectual abaixo de 70 e dificuldades expressivas nas atividades de vida diária, aprendizagem e na autonomia[2].

Macedo et al.[3] referem a associação inversamente proporcional entre a inteligência e a presença de prejuízos na socialização e na comunicação, bem como a presença de restrições de interesses e comportamentos estereotipados. A importância da avaliação de inteligência no TEA se deve ao fato de alterações cognitivas estarem relacionadas com a severidade dos sintomas, funcionamento adaptativo, prognóstico e o planejamento de intervenções mais eficazes.

Paralelamente, pesquisas mais recentes apontam que cerca de 40% dos autistas podem apresentar um nível intelectual preservado, entretanto apresentam déficits executivos e da cognição social. Estudos cada vez mais têm fornecido evidências de prejuízos da cognição social e disfunções executivas no TEA e afirmam que parece inegável a presença de dificuldades em vários aspectos do controle executivo, envolvendo os componentes da inibição, do planejamento, da flexibilidade cognitiva, da fluência verbal e da memória de trabalho (visual e espacial), associada ao TEA[4].

A cognição social é um termo amplo que abrange vários domínios, incluindo reconhecimento de emoções, *Tools of the Mind* (ToM), coerência central e empatia[5,6]. Essencialmente, a cognição social é um conjunto complexo de processos que servem às interações sociais adaptativas, permitindo a um indivíduo partilhar experiências cognitivas e afetivas de outras pessoas, prever o seu comportamento e comunicar de forma eficaz[7]. Como tal, a cognição social é reconhecida como um domínio central de deficiência para indivíduos com TEA.

A disfunção executiva é um aspecto importante que afeta muitas pessoas com TEA. Refere-se a dificuldades no funcionamento das habilidades cognitivas superiores, principalmente nas áreas de planejamento, organização, flexibilidade mental, controle inibitório e autorregulação. A partir de escalas, entrevistas e observação do comportamento da criança, podem-se identificar comportamentos atípicos diretamente relacionados a prejuízos executivos.

Ao fornecer subsídios para investigar a compreensão do funcionamento intelectual da criança, a neuropsicologia pode instrumentar diferentes profissionais, como médicos, psicólogos, fonoaudiólogos e psicopedagogos, promovendo uma intervenção terapêutica direcionada e mais eficiente[8].

O processo interventivo tem como objetivo promover ao paciente a melhora das habilidades cognitivas, emocionais e sociais com foco na funcionalidade. Esse processo envolve compensar as dificuldades, restabelecer novas habilidades ou ensinar estratégias, além de promover suporte social e familiar que permita a utilização funcional dos recursos aprendidos.

Os transtornos do espectro autista (TEA) são transtornos neurodesenvolvimentais muito complexos, e a intervenção é uma estratégia de tratamento muito importante. No entanto, para qualquer intervenção é importante fornecer suporte funcional em vez de seguir apenas um protocolo de tratamento enrijecido, uma vez que cada paciente com TEA é único e apresenta necessidades e desafios específicos. Uma abordagem personalizada é que permite intervenções mais adaptadas às necessidades específicas do paciente, considerando seus interesses, pontos fortes e áreas de desenvolvimento menos eficientes. Além disso, o ambiente de apoio, o qual precisa envolver família, escola e comunidade, desempenha um papel fundamental no fornecimento de um contexto de apoio para o desenvolvimento de qualquer habilidade. Em específico, a família desempenha um papel importante no apoio e no reforço de habilidades aprendidas em situações cotidianas[9].

Dessa forma, considerando as especificidades desse diagnóstico, as intervenções neuropsicológicas para os pacientes com TEA sugerem como foco as habilidades de comunicação, interação social e melhor manejo dos comportamentos repetitivos. As dificuldades podem estar associadas com competência e cognição social, assim como podem sofrer interferências de falta de repertório por privação de experiências sociais e culturais.

A partir disso, é possível considerar que as características heterogêneas nos indivíduos sugerem a ocorrência de dificuldades em múltiplos eixos, como comunicação social, padrões restritos e repetitivos, linguagem falada e escrita, regulação emocional, sensibilidade sensorial e habilidades para realizar atividades da vida diária, entre outras[10]. Com isso, os objetivos das intervenções devem ser pautados em melhorar a saúde e qualidade de vida, aprendizagem, reorganizar funções adaptativas, treinar os cuidadores, a fim de aumentar a probabilidade de compreensão das fragilidades, bem como possibilitar acesso à informação e inclusão nos meios sociais.

Existem muitas recomendações sobre a natureza e a intensidade de intervenção que deve ser oferecida para apoiar o desenvolvimento de crianças com TEA. A intervenção deve ser instituída o mais cedo possível, começando no momento ou antes do diagnóstico na primeira infância; deve ser intensiva, fornecida por 25 a 40 horas por semana por 1 ano ou mais, e abrangente, visando a um desenvolvimento amplo. Essas recomendações são motivadas pela teoria de que as intervenções oferecidas na primeira infância têm o potencial de produzir efeitos mais positivos e que a intensidade da intervenção produziu ganhos cognitivos substanciais e que variavam de acordo com a idade no início da intervenção.

Indivíduos com TEA de nível 1 de suporte, conforme os critérios do DSM-5-TR (*Manual Diagnóstico e Estatístico de Transtornos Mentais*)[11], são aqueles que apresentam sintomas mais leves em comparação com os níveis 2 e 3; no entanto, ainda assim, precisam de algum nível de suporte. As características típicas desses indivíduos incluem dificuldades leves na comunicação e nas interações sociais, bem como inflexibilidade no comportamento, variações do nível intelectual de média para superior à média, dificuldades em alternar atividades e problemas de organização/planejamento que tendem a dificultar a independência.

As intervenções podem ser mais elaboradas, devido ao nível de responsividade dessa população, sendo projetadas para ajudar a melhorar as habilidades sociais, a comunicação, a flexibilidade cognitiva e o gerenciamento sensorial, com foco em maximizar a independência e a funcionalidade.

A população incluída nos níveis 2 e 3 de suporte requerem intervenções comportamentais mais diretas, dado o comprometimento funcional, como pode ser observado no Quadro 1.

Quadro 1 Intervenções comportamentais

Nível 2 Necessidade de suporte substancial
Déficits acentuados em habilidades de comunicação social verbal e não verbal
Deficiências sociais aparentes
Emissão de frases simples e interação limitada a interesses especiais restritos
Quociente de inteligência abaixo da faixa média
Inflexibilidade de comportamento e dificuldade em lidar com mudanças
Comportamentos restritos/repetitivos que interferem no funcionamento em vários contextos
Nível 3 Necessidade de suporte muito substancial
Déficits graves nas habilidades de comunicação social verbal e não verbal
Emissão de poucas palavras, de fala inteligível, respondendo apenas a abordagens sociais muito diretas
Deficiência intelectual
Comportamentos auto e heteroagressivos
Funcionamento prejudicado em todas as esferas; problemas de comportamento

MODALIDADES TERAPÊUTICAS

As abordagens variam em suas teorias sobre a natureza do TEA e do desenvolvimento, bem como em seus procedimentos e técnicas.

Alguns estudos identificaram 28 práticas que atenderam aos critérios de classificação com base em evidências científicas. Destas, 24 práticas são baseadas em princípios da análise do comportamento aplicada, e as outras quatro encontram eficácia ao mesclarem seus objetivos com protocolos comportamentais. São elas: terapia cognitivo-comportamental; exercício e movimento; musicoterapia; integração sensorial.

Análise do Comportamento Aplicada (*Applied Behavior Analysis* – ABA)

Trata-se de uma intervenção padrão-ouro para esta população. Neuropsicólogos podem se especializar nessa abordagem, que é geralmente intensiva e individualizada, com planos de intervenção detalhados. O objetivo é desenvolver habilidades de comunicação, sociais e de vida diária, além de reduzir comportamentos problemáticos, fazendo uso de técnicas de reforçamento positivo para aumentar comportamentos desejáveis, treinamento de discriminação, encadeamento de tarefas e extinção de comportamentos problemáticos[12].

Intervenções baseadas em ABA são oriundas de princípios básicos no campo da Análise Experimental do Comportamento (AEC). A Análise do Comportamento tem como objeto de estudo a observação de interações do indivíduo com aspectos variados do ambiente (físico e social), com claras leis do comportamento descritas e tomando como central ao comportamento humano suas interações com a cultura e fenômenos relativos ao seu mundo privado, como sentimentos, emoções e cognições.

Essas intervenções envolvem a análise funcional das relações entre ambiente e comportamento com base no conceito teórico de que o comportamento de um indivíduo é determinado pelas contingências ocorridas no passado e eventos ambientais atuais em conjunto com uma base genética e variáveis fisiológicas. Assim, visam realizar mudanças nos eventos ambientais, incluindo estímulos antecedentes e consequências, a fim de produzir mudanças práticas e significativas no comportamento com o objetivo da promoção de habilidades que tornem esse indivíduo capaz de produzir relações saudáveis com o ambiente em que vive.

Esse tipo de intervenção se aplica a crianças, adolescentes e adultos que, eventualmente, apresentem dificuldades circunstanciais como socialização, brincar, aprendizagem de conteúdos acadêmicos e aspectos gerais da rotina ligados à autonomia (como sono, alimentação, autocuidado, entre outros). Estudos controlados demonstraram que a ABA pode resultar em aumentos significativos no QI (quociente de inteligência), mesmo dentro da faixa normal, com maior probabilidade de integração na escola.

A intervenção pode ocorrer em diversas frentes comportamentais, como acadêmica, profissional, social, verbal e atividades de vida diária (AVD), e envolver profissionais de diversas áreas – psicólogos, fonoaudiólogos, neurologistas, psiquiatras, pediatras, educadores físicos, terapeutas ocupacionais e tutores.

Além disso, outras intervenções comportamentais incluem treinamento experimental discreto (DTT), sistema de comunicação de troca de imagens (PECS) e suportes comportamentais positivos (PBS), porém os efeitos positivos se associam à intervenção precoce (EIBI – *Early Intensive Behavioral Intervention*). Para garantir a eficácia da intervenção baseada em ABA, propõe-se que sejam considerados os seguintes aspectos: a característica de cada indivíduo, a intensidade da intervenção (30 horas/semana, sendo 20 horas com um aplicador e 10 horas com os pais) e a multiplicação das horas de intervenção por um tutor que seja capaz de seguir protocolos de intervenção.

A intervenção não é apenas individualizada no modelo 1:1 (1 terapeuta ou aplicador para 1 criança), mas também pode estender o que é aprendido nesse ambiente mais individualizado para momentos sociais típicos da rotina, garantindo a generalização dos repertórios aprendidos. Para isso, são fundamentais a capacitação, o treinamento e as orientações frequentes e contínuas para todas as pessoas que convivem com a criança nos diversos contextos: pais, cuidadores, familiares, professores, terapeutas etc. A generalização é um dos pilares que suportam a ABA e deve ser programada e não apenas esperada, bem como a manutenção de novas habilidades e sua generalização para ambientes naturais.

Intervenções comportamentais de desenvolvimento naturalista

As intervenções comportamentais de desenvolvimento naturalista envolvem o uso de princípios comportamentais de aprendizagem para ensinar habilidades escolhidas a partir de uma sequência de desenvolvimento em ambientes naturalísticos e usando recompensas naturais.

As habilidades selecionadas como relevantes para a intervenção são aquelas que permitem que a criança participe mais plenamente das interações recíprocas com o adulto. Essas intervenções são realizadas sobretudo no contexto da brincadeira, mas o controle das interações nesse contexto é compartilhado pela criança e pelo adulto, por meio de turnos equilibrados. As intervenções categorizadas como comportamentais de desenvolvimento naturalista incluem *Early Start Denver Model*; *Enhanced Milieu Teaching* (EMT); *Pivotal Response Treatment*; Atenção Compartilhada, Jogo Simbólico, Engajamento e Regulação (JASPER).

Intervenções precoces: atenção compartilhada, jogo simbólico, engajamento e regulação (JASPER)

O modelo JASPER é uma abordagem terapêutica baseada em uma combinação de princípios de desenvolvimento e comunicação. Concentra-se em fundamentos da comunicação social (atenção compartilhada, imitação e brincadeira) e usos de estratégias naturalísticas para melhorar a frequência, fluência e complexidade da comunicação social. Os cuidadores/pais treinam ativamente as atividades cotidianas das crianças, visando a resultados de engajamento, atenção compartilhada, jogo simbólico e linguagem. Dessa forma, JASPER é uma ação fundamentada e baseada em práticas de jogos e brincadeiras, estimulando-as a interagirem com o terapeuta e outras crianças.

Revisões de literatura anteriores sugeriram que melhorias na atenção compartilhada, envolvimento conjunto, brincadeiras e linguagem permitem que crianças com autismo aprendam melhor com o seu ambiente. Além disso, parece que pais e profissionais são capazes de aprender pelo menos algumas técnicas JASPER; além disso, a curta duração e a baixa intensidade do tratamento também sugerem que podem ser de implementação relativamente fácil junto com as rotinas existentes. A intervenção JASPER é implementada por indivíduos que interagem frequentemente com a criança, como pais e professores, em contextos naturalistas, incluindo o aumento do número de oportunidades de aprendizado e as chances de manter as melhorias ao longo do tempo.

Terapias baseadas em jogos e atividades lúdicas

Têm como objetivo usar atividades lúdicas para promover o desenvolvimento cognitivo, social e emocional. Essas intervenções são geralmente implementadas de forma multidisciplinar, envolvendo neuropsicólogos, psicólogos, terapeutas ocupacionais, fonoaudiólogos e outros profissionais. O importante é adaptar as intervenções às necessidades específicas e às capacidades da pessoa, com uma abordagem individualizada e baseada em evidências[13].

Intervenções usando música

De acordo com evidências científicas, investigações apontam que, desde o nascimento, seres humanos são capazes de apresentar habilidades musicais que incluem percepção afinada de altura, rítmicos, localização da fonte sonora, preferência por consonância à dissonância, entre outros[14,15]. Ademais, concerne destacar que, apesar de existirem características biológicas inatas para processamentos de informações musicais, a prática musical parece modificar determinadas estruturas cerebrais tanto em termos anatômicos como em termos fisiológicos[16,17].

No que diz respeito ao TEA, pronuncia-se sobre uma forte relação entre pessoas diagnosticadas e a música, sendo o aspecto não verbal da música apontado como o principal meio de participação ativa entre os indivíduos com autismo e o seu interlocutor, seja no momento em que é apresentada uma música instrumental ou em situações de texto narrado ou contado[18,19].

Pode-se considerar que a música, para estes pacientes, exerce o papel não somente de despertar as emoções, mas também de estimular processos cognitivos considerados complexos como atenção, memória, controle de impulsos, planejamento, execução, controle das ações motoras, entre outros[20]. De acordo com a mesma autora, os indivíduos com TEA podem obter um bom desempenho por meio de práticas musicais e um desenvolvimento diferenciado quando são estimulados na execução de instrumentos e práticas musicais mais avançadas que necessitam de exercícios específicos prolongados. Apesar de inúmeros estudos utilizarem apenas audição para entender o processamento emocional, é justamente na experiência musical ativa, ou seja, quando os pacientes são estimulados a tocar instrumentos musicais, cantar, compor ou improvisar, que se observam a evolução das competências nos processos cognitivos e o desenvolvimento de outras habilidades.

A despeito dos apontamentos vantajosos sobre relação entre a música e pessoas com TEA, Sota et al.[21] realizaram um aprofundamento no tema e, partindo da realização de testes cognitivos e avaliações clínicas de crianças em desenvolvimento típico ou não, obteve-se que a habilidade musical parece estar prejudicada em crianças autistas. Assim, sugere-se que é indicado propiciar o contato de tais indivíduos com a música, respeitando e empregando as particularidades advindas do transtorno.

Há uma quantidade reduzida de estudos acerca das habilidades musicais de pessoas com TEA e sobre como estas as têm desenvolvido, arguição que deve ser expandida. Do mesmo modo, observa-se que, na atualidade, a prática e investigação sobre a musicoterapia têm sido bastante difundidas em escala mundial, sendo considerada um excelente adjuvante para terapias convencionais no tratamento de diversos transtornos – entre os quais podemos citar o autismo – e entendida como uma técnica que traz inúmeros benefícios, especialmente por sua característica não verbal.

Tratando-se de um transtorno com impacto multidimensional, torna-se imprescindível que mais estudos relacionados à música sejam realizados com o objetivo de demonstrar efetivamente quais são as áreas moduladas pela música em pacientes diagnosticados com TEA, e quais são os benefícios e limitações musicais desses indivíduos. Propiciam-se, assim, maiores benefícios nas intervenções e aumento da qualidade de vida.

Terapias voltadas para a comunicação

As alterações na comunicação em indivíduos com TEA apresentam grande variabilidade; encontramos desde indivíduos não verbais, que jamais desenvolverão a fala, até aqueles que possuem fala fluente cujas inabilidades comunicativas estão restritas ao uso funcional, com falhas tanto para iniciar como responder às diferentes demandas da comunicação.

Considerando que as alterações da comunicação são uma das características centrais do TEA, a avaliação e o acompanhamento fonoaudiológico são fundamentais. A intervenção terapêutica é individualizada e estruturada a partir dos dados colhidos na avaliação. Tais dados permitem que o profissional elabore um plano de intervenção específico, visando ao desenvolvimento de estratégias que capitalizem os pontos fortes e estimulem as dificuldades de cada indivíduo. Esse tipo de atuação, em que o próprio fonoaudiólogo planeja e executa as estratégias terapêuticas necessárias para cada caso, é denominada intervenção terapêutica direta.

O foco da intervenção terapêutica direta é o trabalho com os aspectos relacionados à comunicação social (atenção compartilhada e reciprocidade social), linguagem e habilidades cognitivas e regulação emocional. A principal estratégia terapêutica adotada pelo fonoaudiólogo é o jogo, a brincadeira compartilhada que tem a função de intermediar a relação dialógica entre paciente e terapeuta. É por meio da brincadeira que se constrói a linguagem da criança, a princípio observando sua exploração lúdica e, posteriormente, pelo incentivo às demais formas de brincar, de compartilhar a atenção e situações.

As estratégias utilizadas variam de acordo com o estágio do desenvolvimento da linguagem e visam ajudar o indivíduo com TEA a construir a comunicação e habilidades sociais com diferentes parceiros e ambientes.

Intervenções atuais se baseiam na ABA, como a EIBI, e sugerem que a intervenção será eficaz se for precoce, intensiva e de longo prazo. A intervenção requer atenção individual de um terapeuta treinado e o estabelecimento de metas individualizadas com os pais como coterapeutas.

Algumas intervenções concentram-se no contexto natural para aumentar a comunicação social e as habilidades emocionais, incluindo o Modelo Denver de Intervenção Precoce (ESDM), enquanto outras envolvem treinamento de pares ou pais.

Frequentemente, os médicos e a equipe multiprofissional são questionados pelos pais e familiares sobre o potencial de seus filhos com TEA e o curso do tratamento a seguir. As crianças que recebem intervenção precoce intensiva podem mudar substancialmente as suas taxas de desenvolvimento e gravidade do autismo ao longo do tempo. Outras perguntas se referem às recomendações de 35 a 40 horas por semana de tratamento comportamental. Ainda faltam evidências da alta qualidade de que um número tão expressivo de horas proporciona maior ganho para as crianças, mesmo aquelas com dificuldades mais graves.

Talvez a mensagem mais importante que os profissionais possam fornecer desde o início é que, tanto para pessoas com TEA quanto para aquelas sem deficiência, a qualidade de vida, o relacionamento com os outros e o envolvimento em atividades pessoalmente satisfatórias proporcionam ganhos em seu desenvolvimento.

Tratamento e educação de crianças com deficiência de comunicação e autismo (TEACCH)

Desenvolvido em 1972 por Eric Schopler, essa intervenção específica é distinta de outras abordagens, em razão do foco explícito no projeto ambiental estruturado e no automonitoramento, que não é a ênfase de nenhuma das demais intervenções. Os fundamentos teóricos do TEACCH não estão enraizados nas teorias de aprendizagem comportamentais nem de desenvolvimento. Em vez disso, os procedimentos TEACCH foram projetados de acordo com o perfil teorizado de Schopler dos pontos fortes de aprendizagem, preferências e necessidades de indivíduos com TEA, que incluem força visual relativa e conforto com rotinas consistentes. Assim, o programa TEACCH é caracterizado por rotinas de trabalho altamente estruturadas e uma forte dependência da apresentação visual de informações.

Os "sistemas de trabalho" do TEACCH organizam as tarefas individuais dos alunos para transmitir visualmente quatro informações: (a) que atividade o aluno irá completar; (b) quantos itens precisam ser concluídos; (c) como identificar quando o trabalho é concluído; e (d) o que acontecerá após a conclusão da tarefa. As salas de aula do TEACCH tendem a apresentar arranjos ambientais cuidadosamente planejados e estruturados, áreas de trabalho com distrações mínimas, rotinas consistentes e o uso extensivo de cronogramas e suportes visuais.

PACT (*Pediatric Autism Communication Therapy*)

A terapia PACT é uma intervenção mediada pelos pais, naturalista e assistida por vídeo, nas quais são usadas técnicas como modelagem e *prompt*. É a primeira intervenção rigorosamente testada para mostrar um impacto sustentado na redução dos sintomas do TEA e provou ter efeito na redução significativa das dificuldades sociais, na comunicação e no comportamento repetitivo/interesses restritos e na melhoria das habilidades de iniciação da comunicação em longo prazo (6 anos após o término do tratamento).

Os terapeutas da PACT treinam e supervisionam os pais/cuidadores incorporando a terapia nas interações naturalistas da criança na vida familiar, levando à "validade do mundo real", generalização e impacto na vida diária e no funcionamento da criança, sendo uma intervenção recomendada para os principais sintomas do autismo.

Sistemas alternativos e aumentativos de comunicação (AAC)

Fornecem meios alternativos de comunicação para indivíduos não verbais ou com comunicação limitada. Um exemplo seriam os sistemas como o PECS (Sistema de Comunicação por Troca de Figuras), que usa uma prancha de troca de figuras ou fotos. Há ainda aplicativos de comunicação em tablets ou dispositivos geradores de voz[22].

Intervenções de base sensorial

As intervenções sensoriais ajudam a regular a sensibilidade, geralmente intensificada em níveis 2 e 3 de suporte pelo uso de equipamentos sensoriais (ex.: bolas de exercícios, coletes de pressão) e estratégias de autocontrole para lidar com a sobrecarga sensorial[23].

São motivadas pela teoria de que a função sensorial é fundamental na natureza e que as perturbações sensoriais, particularmente no início da vida, podem produzir efeitos em cascata no desenvolvimento em vários domínios, resultando em uma constelação de características básicas e relacionadas com TEA. Dentro dessa estrutura, os tratamentos direcionados podem, portanto, ter o potencial não apenas de melhorar as diferenças sensoriais relatadas, mas também de se traduzir em efeitos nas habilidades sociais, de comunicação e cognitivas de ordem superior em crianças com TEA.

A mais conhecida dessas abordagens sensoriais para o tratamento é a terapia de integração sensorial, na qual as crianças são apresentadas a uma série de experiências sensoriomotoras individualizadas destinadas a construir habilidades fundamentais que irão facilitar o seu envolvimento e participação em uma série de AVD. Abordagens sensoriais são mais frequentemente fornecidas por terapeutas ocupacionais em contextos clínicos.

Intervenções assistidas por animais

Intervenções assistidas por animais são aquelas que dependem de interações com animais como o contexto principal para facilitar a mudança de desenvolvimento. Na literatura de intervenção de TEA, o destaque é a terapia assistida por cavalos. As intervenções assistidas por animais são teoricamente motivadas pela possibilidade de que as interações humano-animal sejam altamente motivadoras e forneçam contextos calmantes capazes de apoiar o bem-estar psicológico e a função social.

O uso dos jogos digitais na intervenção neuropsicológica

As intervenções baseadas em tecnologia empregam uma ou mais de uma variedade de tecnologias (p. ex., computadores, vídeos, videogames, robôs) como o meio principal para a entrega de instrução. Essas intervenções tentam captar o interesse especial relatado que muitos indivíduos autistas têm em tecnologia de computador e formatos previsíveis de entrega de informações, que permitem aos usuários controlar o ritmo da interação.

Estudos de alta qualidade também sugerem que a intervenção do desenvolvimento pode melhorar alguns desafios centrais associados ao TEA, particularmente as dificuldades na comunicação social, como DIR/*Floortime*, modelos Hanen e ensino responsivo.

Os jogos digitais como recursos de tecnologia assistiva têm apresentado significativos resultados em meio à educação inclusiva, no que se espera de estímulos e respostas nas intervenções pedagógicas com estudantes com TEA. Foram selecionados 20 estudos, e, destes, foram extraídos 62 potenciais elementos, distribuídos nas categorias: processamento sensorial; disfunção motora; deficiência cognitiva; autorregulação; interação social[24].

Com base nas recomendações norteadoras, extraíram-se 108 potenciais recomendações, qualificadas em:

- Elementos: recomendações de elementos para criação/adaptação de jogos digitais.
- Plataformas: recomendações de plataformas para trabalhar determinadas especificidades.
- Estratégias: recomendações de ações para aplicações para o mediador ou entre pares.
- Planejamento: recomendações para o planejamento do desenvolvimento de jogos digitais a estudantes com autismo.

Essas recomendações foram distribuídas de acordo com sua natureza em sete campos de especificidades e características universais dos estudantes com autismo: processamento sensorial; disfunção motora; estimulação/motivação; deficiências cognitivas; autorregulação; linguagem/comunicação; interação social. A partir das recomendações, originaram-se também três campos de natureza: customização, codesign e ambiente físico.

No entanto, as evidências mostram que, embora esses tratamentos tenham um efeito sólido na melhoria das habilidades praticadas, essa melhora não é transferida para domínios que não foram treinados nem para contextos da vida cotidiana, se a intervenção não for incluída nesses cenários.

Com base na análise de conteúdo, concluiu-se que a mera inserção de jogos digitais na vida de estudantes com autismo não é suficiente para oportunizar o treino de competências e a aquisição de novas habilidades, necessárias à sua inclusão educacional e social; mais do que isso, é preciso planejar jogos na perspectiva do codesign, considerando as especificidades e as características universais do autismo.

Além disso, para além das intervenções neuropsicológicas, os aspectos emocionais, sociais e físicos quando não atendidos podem funcionar contra a boa condução das funções cognitivas; isto é, os indivíduos, quando estão mais estressados, menos felizes, fisicamente com a saúde fragilizada e socialmente desamparados, podem raciocinar de maneira menos clara, criativa e não desempenhar autocontrole e disciplina de maneira adequada.

Intervenções de remediação cognitiva têm se mostrado potencialmente eficazes na melhoria da cognição social e do funcionamento cognitivo no TEA. No entanto, os estudos empíricos que apontam para esse ganho precisam ser realizados com amostras maiores para explorar a eficácia de longo prazo das intervenções; além de considerar a heterogeneidade no funcionamento neuropsicológico e os mecanismos de mediação necessários nas intervenções[25].

Muitas das dificuldades enfrentadas pela população com TEA estão relacionadas às funções executivas (FE), definidas como um conjunto de processos interrelacionados (considerados "*top down*"), essenciais para o comportamento adaptativo direcionado a objetivos. As FE estão frequentemente prejudicadas em diferentes transtornos do neurodesenvolvimento com graus variáveis de gravidade.

Em revisão bibliográfica, Diamond[26] apresenta evidências de melhora das funções executivas por meio de diferentes intervenções. Dentre elas está o CogMed *Computer-Based Training*, uma combinação de jogos interativos computadorizados para aprimoramento de memória operacional e raciocínio, assim como o *Task-Switching Computer-Based Training*. Além disso, são citados o *taekwondo* tradicional e duas atividades curriculares: Montessori e ToM. Os estudos com *computer-based training* apontam para melhora de memória operacional com treino específico, entretanto a autora ressaltou que, quanto maior o tempo investido em treinamento, maiores os ganhos atingidos com tarefas mais globais, como no *Task-Switching Computer-Based Training*.

Muitos estudos de intervenção nas funções executivas em crianças com transtornos do neurodesenvolvimento têm se concentrado em efeitos próximos, investigando melhorias pós-tratamento nos processos diretamente treinados, enquanto o aprimoramento de habilidades não diretamente treinadas, definidas como efeitos distantes, *é* menos considerado, embora possa ser extremamente relevante para reduzir o impacto negativo da sintomatologia central de um transtorno. Em particular, os efeitos distantes são significativos quando a estimulação ocorre em aspectos relacionados ao funcionamento da vida diária e na diminuição do impacto negativo da sintomatologia clínica[27].

Os tipos de intervenção de FE relatados na literatura incluem o treinamento computadorizado, o uso de jogos não computadorizados, a implementação de atividades físicas e artísticas, a adaptação dos currículos de sala de aula, o uso de práticas de atenção plena e de *biofeedback*. São utilizadas atividades que ajudam a criança a desenvolver estratégias para organização e execução de tarefas, gerenciar o tempo e controlar impulsos. Assim, jogos de planejamento, quebra-cabeças e exercícios de resolução de problemas são frequentemente incluídos nas sessões, os quais podem vir aliados a estratégias como organização de listas de tarefas, ou pelo uso de aplicativos de organização, além de treinamento para identificar e gerenciar comportamentos rígidos, para melhorar a autoconsciência sensorial e modificar o ambiente a fim de reduzir sobrecargas sensoriais.

Programas baseados em computador incluem o CogMed, treinamento para memória operacional (www.cogmed.com) – função cognitiva crucial para o processamento de informações e a realização de tarefas complexas. Trata-se de um programa computadorizado que oferece exercícios repetitivos e adaptativos, apresentados de forma lúdica e progressiva, adaptando-se ao nível de dificuldade apropriado para cada usuário. Pode ser utilizado por pacientes com TEA que apresentam dificuldades na memória operacional, ajudando-os a melhorar a concentração e a capacidade de seguir instruções complexas. Todavia, há indícios de que esse programa precisa ser adaptado para ser usado no TEA, tornando-se menos intensivo, mas mais prolongado e associado a *feedbacks* personalizados ativos[28,29].

Treinamento de habilidades sociais (THS)

Outra intervenção bastante comum é o uso de treinamento de habilidades sociais para crianças e adolescentes com TEA, porém poucos estudos mensuram a eficácia, e os que o fazem utilizam tratamento-padrão como referência e não consideram as melhorias não específicas, que podem resultar da intervenção.

O THS tem como objetivo melhorar a capacidade de interação social e a comunicação em diferentes contextos. É uma abordagem ampla, que precisa ser bem desenhada quando incluída no processo terapêutico. Envolve o ensino de habilidades específicas, como iniciar e manter conversas, compreender expressões faciais e sinais sociais e desenvolver empatia. Isso pode ser feito em sessões individuais ou em grupo, muitas vezes por meio de *role-playing*, vídeos modeladores e *feedback* direto.

Em um estudo piloto de comparação de dois grupos de adultos com TEA, os autores concluíram que o grupo submetido a uma intervenção grupal de interação social obteve melhores resultados em cognição social do que o grupo submetido a THS. Ademais, afirmaram que esses resultados corroboram com os encontrados em outro estudo[30] que, após uma intervenção computadorizada, confirmou melhora no reconhecimento de afetos, mas que não se generalizou para outras medidas da função social. Os resultados desse estudo ainda propõem que o aumento de interação seria mais responsável pelas melhorias do que o treinamento de habilidades sociais específicas, considerando a possibilidade de ampliação na confiança e redução na ansiedade, através da exposição regular à interação social e, com isso, permitindo melhorias na interação social no geral.

O THS se revelou eficaz, mas com tamanho de efeito pequeno a moderado devido a essa heterogeneidade comportamental encontrada no grupo, a qual pode variar em relação ao nível de funcionalidade[31]. As dificuldades na expressividade das habilidades sociais observadas no TEA (nível 1) incluem:

- Problemas para entender pistas sociais não verbais, como falhas no reconhecimento de emoções;
- Para iniciar e manter conversas;
- Para compreender perspectivas diferentes nas análises das situações. Paralelamente,
- A inflexibilidade na aceitação de mudanças e na forma de resolver problemas, bem como
- A presença de sentimentos de solidão e experiências de rejeição impactam na maneira de se colocar nas relações interpessoais. As experiências de re-

jeição e exclusão são muitas vezes alimentadas por interpretações errôneas de sinais sociais e não conformidade com normas sociais, podendo desencadear sentimentos de alienação e inadequação. Tais aspectos enfatizam a necessidade e a importância de intervenções que abordem as habilidades sociais.

A dificuldade em iniciar e manter conversas pode decorrer do baixo repertório para elaborar perguntas durante conversas sociais, e uma intervenção baseada no uso de um "banco de perguntas" se mostrou capaz de melhorar essa capacidade. Após a intervenção, todos os participantes melhoraram seu uso de perguntas em ambientes naturais com seus colegas neurotípicos. A generalização para novas perguntas ocorreu, e os ganhos foram mantidos na fase de acompanhamento. Finalmente, medidas suplementares de validade social mostraram que pares neurotípicos de idade semelhante ingênuos à hipótese experimental classificaram alguns dos participantes mostrando maior desejabilidade social após a intervenção. Dessa forma, indivíduos com TEA podem melhorar sua formulação de perguntas apropriadas durante conversas sociais, usando uma breve intervenção de banco de perguntas com generalização para seus colegas em ambientes naturais[32].

Além desse tipo de estratégia, a manutenção dos contatos sociais pode ser garantida pela estimulação do contato visual e gestual, como acenar com as mãos ou com a cabeça e apontar para objetos durante a comunicação. A utilização de linguagem simples, ampliando vocabulário e o uso da tecnologia, também são alternativas que melhoram a capacidade comunicativa.

Programa de Adaptabilidade e Desenvolvimento Psicossocial (PADP)

O objetivo central do PADP é o aprimoramento da cognição social, a fim de possibilitar o desenvolvimento de uma gama de estratégias e ações adaptativas, coerentes com os valores, desejos e objetivos pessoais e condizentes com as especificidades de cada situação em diferentes contextos de vida. O programa se vale de estratégias cujos objetivos específicos são[33]:

- Desenvolver a percepção de si, o respeito por si e pelo outro, sensibilizando o indivíduo para o mundo emocional por meio da arte e da música.
- Melhorar a comunicação, por intermédio do aprimoramento da escuta e da compreensão.
- Aprimorar a qualidade das relações pessoais, sociais, familiares, afetivas, acadêmicas e profissionais.

- Possibilitar a inserção e a adequação social pela compreensão dos diferentes contextos sociais e diferentes níveis de hierarquia.
- Promover a autonomia nos cuidados pessoais com a saúde, alimentação, de locomoção em meios de transporte público e privado, da apropriação e domínio de meios de comunicação atuais e ferramentas tecnológicas.

As atividades são estruturadas segundo um eixo organizador e propostas em quatro etapas, visando à apropriação e à integração da experiência de forma enriquecida. Elas são ecológicas e adaptativas, promovendo experiências socioculturais, de naturezas variadas, com o objetivo de compreensão dos diferentes contextos, de sensibilização através das diferentes artes, do domínio de localização espacial, dos meios de transporte, do dinheiro, entre outros.

Intervenção neurodesenvolvimental global

Com base em evidências científicas, as intervenções neuropsicológicas para indivíduos com TEA mais consideradas são as intervenções neurodesenvolvimentais globais, jogos digitais e música.

Método Ramain

É uma intervenção neurodesenvolvimental global, com pouco reconhecimento científico. É um método criado no Brasil em 1998, a partir de duas necessidades que visam ao corpo e suas limitações e à necessidade de reinserção social. O método propõe, por meio de experiências que englobam os aspectos cognitivo, motor, emocional e social, integrar de forma equilibrada as diversas áreas psíquicas, incidindo diretamente sobre o desenvolvimento, das habilidades cognitivas, comportamentais e dos potenciais socioemocionais. As atividades propostas em grupo são de caráter inovador, que exigem do indivíduo posicionamentos que englobam: tomada de decisão sobre como dar encaminhamento ao que fora solicitado e a busca de estratégias para atingir seus objetivos. Dessa forma, podem ativar as funções cognitivas superiores, desenvolvendo/ampliando suas ferramentas neuropsicológicas e socioemocionais adaptativas[34].

Método DIA-LOG

Assim como o Ramain, compreende o ser humano em sua complexidade e busca estimular de forma harmônica os aspectos cognitivo, motor, emocional e social do indivíduo numa situação grupal, assim como instaurar uma mobilidade adaptativa desencadeando uma evolução pessoal.

O DIA-LOG é centrado na estrutura da comunicação, com o intuito de estimular a expressão e a criatividade, a fim de possibilitar uma compreensão mais profunda do valor da comunicação de forma compromissada e espontânea. Nessa intervenção, a sessão é composta por atividades curtas (10 minutos), médias (20 minutos) e longas (40 minutos), variando entre aquelas que solicitam respostas imediatas e espontâneas (funções cerebrais automáticas) e aquelas que demandam uma reflexão e elaboração de conteúdos (funções cerebrais controladas) produzidos culturalmente ou pelo grupo, e que se passam individualmente, em duplas, trios ou no grande grupo.

É importante ressaltar que, nos dois métodos citados, a intenção é estimular os indivíduos em aspectos do contexto no qual está inserido compreender o sentido e ação e responder de acordo com o que é adequado para cada situação. Além disso, a estrutura que sustenta as intervenções é a busca do contato com a realidade, a percepção e a compreensão desta e das próprias atitudes em relação a uma dada situação-problema, suas implicações práticas e relacionais no cotidiano. As intervenções são heterorreguladoras, visando à ampliação da autorregulação de cada indivíduo.

CONCLUSÃO

A escolha de uma intervenção neuropsicológica para o TEA envolve a consideração de uma série de aspectos que abrangem tanto as características individuais do paciente quanto o impacto do transtorno nas áreas cognitivas e comportamentais, as quais podem ser pontuadas pelos níveis de suporte.

A heterogeneidade no espectro autista é significativa, portanto tanto as crianças como os adultos podem apresentar diferentes perfis cognitivos, sociais e comportamentais. A avaliação neuropsicológica abrangente deve identificar pontos fortes e dificuldades específicas, que servirão de "bússola" para a estruturação do programa de intervenção.

As intervenções baseadas em evidências oferecem maior segurança e predição de resposta, como a ABA, o Modelo Denver de Intervenção Precoce, o Método TEACCH e o DIALOG. Essa escolha deve ser guiada pela literatura científica, que demonstra a eficácia na melhora dos comportamentos adaptativos, comunicacionais e sociais. É preciso considerar, também, que as intervenções mais eficazes geralmente envolvem a participação ativa da família, uma vez que os cuidadores podem aplicar técnicas e estratégias em ambientes naturais. Assim, é importante capacitar os pais para que possam apoiar o desenvolvimento da criança de forma contínua.

O objetivo da intervenção deve ir além da redução de comportamentos-problema, buscando promover habilidades que melhorem a autonomia e a qualidade de vida, como a comunicação funcional, habilidades sociais e o manejo de comportamentos desafiadores. Dessa forma, a intervenção neuropsicológica não deve ser estática. É necessário um monitoramento constante dos progressos, com ajustes na abordagem conforme necessário, para garantir que as estratégias continuem eficazes.

REFERÊNCIAS BIBLIOGRÁFICAS

1. Costa DI, Azambuja LS, Buchweitz A. Entendendo o desenvolvimento do cérebro da criança: cérebro e cognição. In: Nunes ML, Costa JC, Souza DG. Entendendo o funcionamento do cérebro ao longo da vida. Porto Alegre: EDIPUCRS, 2021.
2. Wolff N, Stroth S, Kamp-Becker I, Roepke S, Roessner V. Autism spectrum disorder and IQ: a complex interplay. Front Psychiatry. 2022:13:856084.
3. Macedo EC, Mecca TP, Valentini F, Laros JA, Lima RMF, Schwartzman JS. Utilizando o teste não verbal de inteligência SON-R 2 1/2 - 7 [a] para avaliar crianças com transtornos do espectro do autismo. Rev Educação Especial. 2013;29(56):603-18.
4. Czermainski FR, Bosa CA, De Salles JF. Funções executivas em crianças e adolescentes com transtorno do espectro do autismo: uma revisão. Psico (Porto Alegre). 2013;44(4):518-25.
5. Baez S, Rattazzi A, Gonzalez-Gadea M, Torralva T, Vigliecca NS, Decety J, et al. Integrating intention and context: assessing social cognition in adults with Asperger syndrome. Front Hum Neurosci. 2012;6:302.
6. Baez S, Ibanez A. The effects of context processing on social cognition impairments in adults with Asperger's syndrome. Front Neurosci. 2014;8:270.
7. McDonald S. Impairments in social cognition following severe traumatic brain injury. J Int Neuropsychol Soc. 2013;19(3):231-46.
8. Costa DI, Azambuja LS, Portuguez MW, Costa JC. Avaliação neuropsicológica da criança. J Pediatr. 2024;80(2).
9. Gabis LV, Gross R, Barbaro J. Editorial: Personalized precision medicine in autism spectrum-related disorders. Front Neurol. 2021;12:730852.
10. Nicolaidis C, Kripke CC, Raymaker D. Primary care for adults on the autism spectrum. Med Clin North Am. 2014;98(5):1169-91.
11. American Psychiatric Association (APA). Manual diagnóstico e estatístico de transtornos mentais: DSM-5-TR, 5. ed. texto revisado. Porto Alegre: Artmed; 2023.
12. Cooper JO, Heron TE, Heward WL. Applied behavior analysis, 3. ed. Pearson; 2020.
13. Barghi F, Safarzadeh S, Marashian F, Bakhtiarpour S. Effectiveness of DIR/Floor Time Play Therapy in social skills and emotion regulation of children with autism spectrum disorder. Middle East J Rehabil Health Stud. In Press.
14. Trehub S. Developmental and applied perspectives on music. Ann N Y Acad Sci. 2003:999:402-13.
15. Ilari B. Música, comportamento social e relações interpessoais. Psicol Estud. 2006;11(1).
16. Pascual-Leone A. The brain that makes music and is changed by It. In: Peretz I, Zatorre R. The cognitive neuroscience of music. Reprint. New York: Oxford; 2009.
17. Gatino GS. Musicoterapia e autismo: teoria e prática. Rev ABEM. 2017;25(8):139-42.
18. Malloch S, Trevarthen C. Musicality: Communicating the vitality and interests of life. In: Malloch S, Trevarthen C (eds.). Communicative musicality: Exploring the basis of human companionship. New York: Oxford University Press; 2009. p.1-11.

19. Sampaio R, Loureiro C, Gomes C. A Musicoterapia e o transtorno do espectro do autismo: uma abordagem informada pelas neurociências para a prática clínica. Per Musi. 2015;137-70.
20. Freire MH. Efeitos da musicoterapia improvisacional no tratamento de crianças com transtorno do espectro do autismo. Dissertação (Mestrado em Neurociências). Belo Horizonte: Universidade Federal de Minas Gerais, 2014.
21. Sota S, Hatada S, Honjyo K, Takatsuka T, Honer WG, Morinobu S, et al. Musical disability in children with autism spectrum disorder. Psychiatry Res. 2018:267:354-359.
22. Bondy A, Frost L. The Picture Exchange Communication System. Focus Autism Dev Dis. 1994;9(3):1-19.
23. Pfeiffer BA, Koenig K, Kinnealey M, Sheppard M, Henderson L. Effectiveness of sensory integration interventions in children with autism spectrum disorders: a pilot study. Am J Occup Ther. 2011;65:76-85.
24. Araújo GS, Seabra Junior MS. Elementos fundamentais para o design de jogos digitais com o foco no treino de competências e habilidades de estudantes com transtorno do espectro autista: uma revisão sistemática. Rev Bras Estud Pedagog. 2021;102(260).
25. Dandil Y, Smith K, Kinnaird E, Toloza C, Tchanturia K. Cognitive remediation interventions in autism spectrum condition: a systematic review. Front Psychiatry. 2020;11:722.
26. Diamond A. Activities and programs that improve children's executive functions. Curr Dir Psychol Sci. 2012;21(5):335-41.
27. Bombonato C, Del Lucchese B, Ruffini C, Di Lieto MC, Brovedani P, Sgandurra G, et al. Far transfer effects of trainings on executive functions in neurodevelopmental disorders: a systematic review and metanalysis. Neuropsychol Rev. 2024;34(1):98-133.
28. Vermeulen B, Papadopoulos K. The impact of cogmed working memory training on neuropsychological outcomes in children with autism spectrum disorder. Autism Res. 2022;15(5):1045-57.
29. Roording-Ragetlie SL, Pieters S, Wennekers E, Klip H, Buitelaar J, Slaats-Willemse D. Working memory training in children with neurodevelopmental disorders and intellectual disabilities, the role of coaching: A double-blind randomised controlled trial. J Intellect Disabil Res. 2023;67(9):842-59.
30. Bölte S, Poustka F. the relation between general cognitive level and adaptive behavior domains in individuals with autism with and without co-morbid mental retardation. Child Psychiatry Hum Dev. 2002;33:165-72.
31. Narzisi A, Sesso G, Fabbri-Destro M, Berloffa S, Fantozzi P, Muccio R, et al. Social skills interventions for adolescents with level 1 autism spectrum disorder: a systematic review with meta-analysis of randomized controlled trials. Clin Neuropsychiatry. 2024;21(3):169-81.
32. Koegel LK, Koplen Z, Koegel B, Koegel RL. Using a question bank intervention to improve socially initiated questions in adolescents and adults with autism. J Speech Lang Hear Res. 2021;64(4):1331-9.
33. Stefani AP. Um estudo avançado nas etapas avançadas no PAN. In: Nassif MC. Inovações em psicologia clínica. Atheneu; 2017.
34. Nassif MC. Neuropsicologia e subjetividade: fundamentos do método Ramain. Campinas: Alínea; 2015. 211 p.
35. Fernandes CS, Charchat-Fichman H, Barros PS, Silva FMBN, Bethlem FES. Perfil neuropsicológico em crianças com transtorno do espectro autista. Revista Neuropsicología Latinoamericana. 2021;13(3):27-38.
36. Khoury LP, Teixeira MCTV, Carreiro LRR, Schwartzman JS, Ribeiro AF, Cantieri CN. Manejo comportamental de crianças com Transtornos do Espectro do Autismo em condição de inclusão escolar: guia de orientação a professores. São Paulo: Memnon; 2014.
37. Rosen NE, Lord C, Volkmar FR. The diagnosis of autism: from Kanner to DSM-III to DSM-5 and Beyond. J Autism Dev Disord. 2021;51(12):4253-70.

12
Abordagem psicomotora

Teresa Cristina Serra Damiano Borghi
Margareth Ramos Mari Dreyer

INTRODUÇÃO

A atividade motora é de suma importância para o desenvolvimento humano. No transtorno do espectro autista (TEA), diversas particularidades precisam ser ponderadas em relação ao ambiente, às técnicas e ao nível de suporte para a escolha da melhor abordagem interventiva.

O curso do desenvolvimento no TEA se caracteriza não apenas por dificuldades no comportamento. Prejuízos nas esferas cognitivas, sensoriais e motoras estão presentes, e o nível do impacto na vida do indivíduo varia e determina sua necessidade de suporte. Apesar de ser reconhecido na literatura que muitas crianças e jovens com TEA apresentam dificuldades na competência motora, na prática poucas são formalmente diagnosticadas com esses problemas. Dessa população, um número ainda menor recebe alguma atenção quanto a tais necessidades. De acordo com Bhat, dos 15% de autistas que receberam um diagnóstico formal de transtorno do desenvolvimento da coordenação associado, apenas 31,6% receberam alguma intervenção[1].

O programa terapêutico na área psicomotora tem o propósito de estimular a corporeidade que contempla a maneira como o cérebro reconhece e utiliza o corpo como instrumento relacional no mundo. Quando o cérebro é acionado por experimentações corporais diversificadas, ocorre a ampliação de conexões, que culminam em comportamentos mais adaptados frente a situações presentes na vida cotidiana. As abordagens de intervenções motoras, a depender da faixa etária e do momento em que o diagnóstico se estabeleceu, devem ser fundamentadas principalmente nas práticas baseadas em evidências (*evidence-based practices* – EBP), entre as quais a Análise do Comportamento Aplicada

(*Applied Behavior Analysis* – ABA) se destaca. Trata-se de uma ciência que estuda o comportamento na inter-relação entre organismo e ambiente, podendo ser aplicada em diferentes contextos, como esporte, educação, terapias etc.

Levando-se em consideração as características pertinentes aos diferentes níveis de suporte (NS) relacionados ao TEA, serão descritas abordagens que possam contribuir no aprendizado motor dentro de uma integração terapêutica multi e transdisciplinar entre os diversos profissionais, respeitando as peculiaridades individuais observadas na avaliação.

Uma revisão sistemática com metanálise de intervenções de atividades físicas no TEA indicou que o exercício pode ter efeito positivo sobre os sintomas principais do autismo, como os déficits sociais e comportamentos repetitivos[2].

Desde 2020, a prática do "exercício e movimento" está incluída na lista de orientações para intervenções com evidências científicas, ou seja, que têm efeitos positivos em crianças e jovens autistas (ver *Evidence-based practices for children, youth, and young adults with autism*[3]).

O exercício e o movimento podem ser trabalhados de diversas maneiras, como artes marciais, equitação, basquete, treinamento físico, atividades aquáticas, atividades ao ar livre etc., assim como a prática da yoga e relaxamento. Nos casos em que o nível de suporte é menor, essas práticas em grupos, que devem ser adaptadas, podem ser benéficas. Pequenos grupos de terapia psicomotora podem servir como via produtiva de generalização para o ambiente das aptidões motoras adquiridas. Deve-se assegurar que as abordagens terapêuticas aplicadas individualmente sejam mantidas ao trabalhar em grupo. No caso de pessoas autistas com dificuldades motoras mais importantes e/ou que demandam atenção individualizada por apresentarem maiores barreiras ao aprendizado, e/ou com especificidades no processamento sensorial, existem mais obstáculos quanto ao exercício em grupo. Esses casos em geral demandam NS II e III, e as intervenções mais indicadas para a melhora das habilidades motoras são as individuais, pelo menos num primeiro momento.

SOBRE O PROFISSIONAL

O profissional que faz a intervenção pode vir de diversas áreas de conhecimento, como psicomotricidade, educação física, fisioterapia e terapia ocupacional. Deve ter conhecimento do desenvolvimento neuropsicomotor e das técnicas para trabalhar com a coordenação motora grossa, fina ou ambas, ter informações abrangentes sobre o autismo, sua natureza e curso, assim como habilidades para gerenciá-lo[4], como as técnicas descritas. Para apoio aos indivíduos num nível de suporte mais elevado, as competências em análise do comportamento mais aprofundadas se tornam ainda mais relevantes na formação do profissional, integrando à intervenção motora as estratégias comportamentais.

O psicomotricista é um profissional que se ocupa dos saberes intervenientes entre o corpo e a mente e, a depender da sua formação acadêmica, pode se utilizar de algumas estratégias para intervir nas habilidades motoras, como práticas esportivas, pedagógicas, aquáticas etc. É o profissional que age na interface saúde, educação e cultura, avaliando, prevenindo, cuidando e pesquisando o indivíduo na relação com o ambiente e processos de desenvolvimento, tendo por objetivo atuar nas dimensões do esquema e da imagem corporal em conformidade com o movimento, a afetividade e a cognição[5]. Por meio do domínio das abordagens baseadas em evidências (ESDM, ABA etc.), o psicomotricista viabiliza sua intervenção em psicomotricidade.

Entre as técnicas de intervenções psicomotoras, a utilização de jogos e atividades para incentivar a expressão motora e emocional, por exemplo, é de interesse especial. Observar o esquema e a imagem corporal, por meio de técnicas envolvendo a imitação de gestos, por exemplo, favorece a consciência corporal e visa estimular a motivação para o engajamento social[6]. É bem conhecido que as habilidades de imitação e de controle gestual (principalmente com intuito comunicativo) são áreas frágeis de desenvolvimento nas pessoas com TEA. Essas abordagens na psicomotricidade são formas de viabilizar a observação dos outros e suas emoções.

INTERVENÇÕES

Nível de suporte I

Para os indivíduos com necessidades de suporte de nível I, são indicadas intervenções fundamentadas em abordagens naturalistas. A espontaneidade na escolha das experiências corporais é integradora na medida em que permite a expressão peculiar daquele indivíduo, em momentos específicos, fornecendo ao observador/mediador a possibilidade de planejar seu programa interventivo de acordo com os critérios e as metas estabelecidas. Dentre as práticas naturalistas, destaca-se o Treino de Resposta Pivotal (*Pivotal Response Treatment* – PRT®)[7], em que se aproveita a brincadeira espontânea para iniciar uma intervenção natural. É uma intervenção que usa os princípios da ABA e pode ser igualmente realizada pelos familiares, o que pode ser efetivo na replicação de suas técnicas para a generalização do aprendizado das aptidões físicas, brincadeiras e atividades funcionais. A partir da motivação do indivíduo, ensinam-se novas habilidades em diversos ambientes. Nesse tipo de abordagem, a motivação é uma das estratégias principais. Exemplificando, se o indivíduo autista mostra de maneira contundente o interesse por algum objeto específico, ou uma experimentação corporal, deve ser recompensado com eles, após a realização de uma atividade proposta.

O Modelo Denver de Intervenção Precoce (ESDM – *Early Start Denver Model*)[8] pode ser usado desde os 12 meses até os 60 meses e atende aos princípios citados. O ESDM se baseia em e utiliza as práticas de ensino das intervenções ABA, PRT e do Modelo Denver inicial. Por essa abordagem, o ensino se dá por meio de atividades lúdicas, trazendo a criança para a relação social e acelerando seu desenvolvimento em todos os domínios. Apesar da ênfase nos domínios cognitivo, social, emocional e linguístico, compreende igualmente objetivos de aprendizado nas áreas da coordenação motora fina e grossa. O foco da intervenção parte do interesse da criança porque envolve a motivação a partir do ensino incidental, resultando no uso eficiente do tempo de ensino.

Ressalta-se que os fatores motores são interdependentes, mas o aprendizado de uma atividade motora como meta é priorizada em determinados momentos na organização de um programa de atendimento. Traçam-se, a partir dos registros obtidos na avaliação, objetivos terapêuticos hierarquizados, visando priorizar a generalização das habilidades adquiridas em diversos ambientes.

Nível de suporte II

As características descritas no DSM-5 para o nível II de suporte indicam a existência de acentuadas dificuldades de comunicação verbal e não verbal, com impactos importantes na esfera social devido à rigidez de comportamento, entre outros aspectos. Um quadro de estereotipias mais importantes pode interferir de modo considerável nas rotinas. São comportamentos motores que podem se perpetuar por toda uma vida; entretanto, a intervenção na esfera motora pode ajudar na minimização desses comportamentos, contribuindo inclusive na interação socioemocional.

Em linhas gerais, nas intervenções motoras no TEA, o profissional vai desenvolver seu plano de atividades, podendo se orientar em ferramentas eficazes da ciência do comportamento que se aplicam aos demais modelos de práticas de intervenção com autistas, como: modelagem, modelagem por vídeo, orientação e suportes visuais, atividades multissensoriais que promovam habilidades motoras, estratégias cognitivo-comportamentais instrucionais, reforçamento diferencial de comportamentos e análise de tarefas.

Os pontos principais das intervenções motoras no TEA não diferem das intervenções em outros domínios, a saber: atuação multidisciplinar, que visa à continuidade no plano terapêutico através das áreas; necessidade da intervenção precoce; organização do ambiente com fontes de estimulação limitadas às metas, de modo a evitar sobrecargas sensoriais e melhorar a disponibilidade atencional, sempre que possível; frequência nas intervenções, para que existam prática e oportunidades suficientes para o aprendizado e a generalização das aquisições, para que a aprendizagem não se contextualize em uma situação específica, mas sim que as aquisições se mantenham em diferentes ambientes[6].

As abordagens interventivas, assim como no NS I, também visam favorecer fatores que atendam ao desenvolvimento da corporeidade e melhoria das habilidades coordenativas. O esquema e a imagem corporal envolvem a noção de corpo tanto na sua integração como na sua relação com o mundo exterior.

A psicomotricidade aquática é um modelo de intervenção que estimula as potencialidades através do movimento e das relações por meio de ações globais utilizando a água como recurso sensorial e estratégia de comunicação. Nesse tipo de abordagem, podem-se usar inúmeros materiais, como bolas, tapetes, arcos, pranchas etc. São objetos que auxiliam a ambientação ao meio líquido por facilitarem as atividades de deslocamentos e percepções espaciais e temporais ligadas ao que flutua, ao que afunda, à manutenção do corpo na água envolvendo a respiração, deslizamentos corporais, movimentos de braços e pernas. Enfim, o meio líquido é uma abordagem interventiva interessante para o TEA, em função dos vários aspectos desenvolvidos no meio líquido. Um estudo sobre autismo e atividade física aquática como ferramenta terapêutica, cujo método se pautou numa revisão bibliográfica num período de 9 anos, aferiu uma concordância sobre os efeitos positivos da terapia aquática para esse público[9]. A relevância do ambiente aquático na melhora da corporeidade é destacada pela abundância de experiências sensoriais, desenvolvimento de noções espaciais e temporais, além da expressão tônico-emocional e exteriorização das emoções[9,10].

O método TEACCH (*Treatment and Education of Autistic and Related Communication-Handicapped Children*)[11] oferece possibilidades para o aprendizado motor. Trata-se de um modelo de ensino para a promoção da máxima autonomia possível. O método baseia-se na organização do ambiente físico através de rotinas organizadas em pistas visuais e sistema de trabalho, visando adaptar o ambiente para desenvolver independência da pessoa no espectro, uma vez que assim fica mais fácil para ela identificar o que esperam que ela faça. A abordagem TEACCH pode ser coadjuvante na organização motora exatamente por tornar o ambiente bastante intuitivo, melhorando a capacidade de adaptação na vida diária. O método envolve um programa individualizado, levando em consideração previsibilidade, informação visual e autonomia.

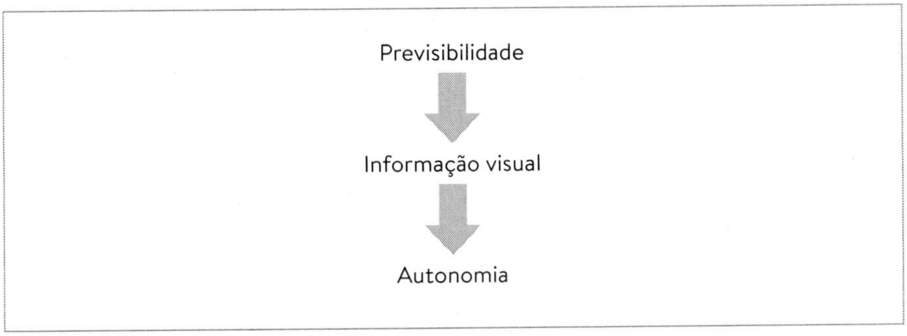

Figura 1 Método TEACCH (*Treatment and Education of Autistic and Related Communication-Handicapped Children*).

Nível de suporte III

A família, muitas vezes por excesso de proteção, realiza muitas tarefas envolvendo a coordenação motora para o autista. A intervenção nesse NS tem uma participação maior dos familiares. É necessária a educação constante do entorno, visando que se apliquem as mesmas estratégias para estimular os comportamentos motores desejados que os intervencionistas. O nível de ajuda nesse NS é muito importante e se espera, como nos demais níveis, que as ajudas se esvaeçam progressivamente. Por exemplo, para vestir um casaco, podemos usar uma ajuda total realizando o processo inteiro junto do indivíduo, proporcionar uma ajuda parcial guiando e mostrando ao indivíduo o que ele deve fazer para em seguida usar apenas uma dica visual, mostrando uma imagem. A instrução dos cuidadores é fundamental nesse processo.

O corpo como forma básica de comunicação também é uma fonte de descoberta diária. Portanto, experiências psicomotoras a partir das próprias características orgânicas, sociais e emocionais vão favorecer a adaptação ao meio. É necessário compreender as desordens motoras associadas ao TEA, especialmente no NS III, relacionando-as com desordens funcionais ou mesmo estruturais para um programa interventivo mais eficiente[12]. Diante da complexidade do NS III, a inserção da motricidade como uma abordagem terapêutica fundamenta-se, igualmente no NS I e no NS II, no desenvolvimento da corporeidade. Podemos encontrar, nesse nível de suporte, alterações sensoriais como hipersensibilidade a barulho e sons muito mais importantes e que frequentemente desencadeiam comportamentos disruptivos. Conhecer formas de aproximação e de comunicação é impreterível, antes do início de qualquer abordagem interventiva. Como já esclarecido nos NS I e NS II, os recursos que permeiam a utilização das abordagens motoras a serem formuladas e aplicadas podem ser encontrados em modelos de intervenção para o desenvolvimento da habilidade de comunicação, como o PECS – *The Picture Exchange Communication Systems*[13], como estratégia facilitadora da comunicação com os autistas desse NS. Trata-se de um sistema de comunicação de troca de figuras de forma funcional.

O PECS ajuda o autista a perceber que, por meio da comunicação, ele pode conseguir mais rapidamente o que deseja. Esse tipo de comunicação alternativa por cartões com fotos, desenhos, palavras escritas, ou mesmo combinado entre eles, ajuda o autista a compreender a rotina e se sentir atendido nas suas necessidades, provocando uma mudança no comportamento[13].

No ensino de uma ação motora como escovar os dentes, lavar as mãos e colocar os sapatos, as figuras podem ser adaptadas para essa finalidade. Podemos também fazer um encadeamento de ações para se chegar ao objetivo. Significa que, para uma situação específica como lavar as mãos, podemos apresentar uma figura com o desenho de mãos sujas e, na sequência, outra figura com o desenho de uma pia com a torneira aberta.

Vários sistemas alternativos para comunicação podem ser utilizados por crianças e jovens. Um exemplo é o tabuleiro de comunicação, que contém símbolos gráficos como fotos, figuras, desenhos, letras, palavras e sentenças. Além disso, há sistemas que utilizam tecnologia avançada, como *softwares* específicos e dispositivos computadorizados, incluindo tabletes. Por exemplo, os aplicativos:

- *Let me Talk*: https://apps.apple.com/br/app/letmetalk-aplica%C3%A7%C3%A3o-gr%C3%A1tis-caa/id919990138
- *Livox*: https://livox.com.br/br/
- *Matraquinha*: https://www.matraquinha.com.br/

A equoterapia é uma abordagem muito pertinente no NS III, uma vez que o autista tem uma maneira singular de compreender seu corpo. Esse tipo de abordagem ajuda de maneira consistente aspectos posturais, coordenativos e de equilíbrio. Existe uma grande empatia do autista pelos equinos, de maneira generalizada. A terapia com cavalo ajuda na construção da corporeidade, com influências direta na postura e no equilíbrio, e do tônus do praticante. O cavalo proporciona novas experiências ao montador por meio dos movimentos precisos e rítmicos do animal, favorecendo uma percepção do aspecto tridimensional pela forma de deslocamento do equino. Além disso, existe a participação de todo o corpo de quem está montando, o que favorece o desenvolvimento global.

De acordo com a revisão sistemática da literatura e metanálise de Trzmiel, a eficácia das atividades e terapias assistidas por equinos e o contato com o cavalo e seus movimentos proporcionam vivências rítmicas ao corpo do paciente, reduzindo o nível de comportamentos agressivos, além de gerar melhora na estabilidade postural dos praticantes[14].

A musicoterapia se constitui em uma abordagem vantajosa para o NS III por ser um meio facilitador da expressão espontânea e autêntica, na medida em que permite ao autista utilizar seu potencial corporal e psíquico. Embora o foco desse tipo de intervenção não seja o específico para desenvolvimento da coordenação motora, trata-se de uma abordagem que trabalha muito a corporeidade no sentido perceptivo, por meio da organização temporal, ou seja, de diferentes ritmos nas repetições de intervalos musicais regulares e irregulares, fortes ou fracos, longos ou breves – formando uma cadeia de associações espontâneas que geram sensações e comportamentos adaptativos.

A revisão sistemática de Mayer-Benarous et al. mostrou evidências encorajadoras para a terapia musical nas intervenções realizadas. Um efeito positivo da terapia musical educacional em pacientes com TEA foi revelado especialmente em termos de produção de fala[15]. Outro efeito positivo da terapia musical improvisacional foi relatado no funcionamento social. Pacientes com TEA e deficiência intelectual apresentaram uma taxa de resposta elevada nesses objetivos.

CONCLUSÃO

As intervenções motoras são fundamentais para indivíduos com TEA, uma vez que contribuem para o desenvolvimento do aparelho locomotor em relação às habilidades coordenativas, assim como no processamento das informações e respostas aos estímulos ambientais. As experiências motoras contribuem substancialmente para a percepção da autoimagem, porque o corpo em movimento ativa funções psicomotoras intrínsecas na representação mental que uma pessoa tem de seu corpo, conceito diretamente relacionado à sua história de vida. Quanto mais o indivíduo no espectro se apropriar de seu corpo, inclusive como forma de se relacionar no mundo, maiores as chances de interação social tão necessárias em diversas situações, como atividades em grupo, jogos, brincadeiras, esportes etc. Ao participar de atividades lúdicas, as crianças aprendem a reconhecer seus limites, a esperar a sua vez e a se adaptar às regras do jogo, desenvolvendo habilidades de socialização e autocontrole e minimizando comportamentos desafiadores, como a ansiedade e o estresse, que impactam negativamente nas habilidades acadêmicas e sociais[1-4,9,10].

A escolha de metas e objetivos interventivos com o propósito de aumentar domínios corporais para melhorar a qualidade de vida no TEA parte de uma boa avaliação dos fatores psicomotores. Fundamentos como o esquema e a imagem corporal, a lateralização, a tonicidade, a equilibração, as praxias global e fina compreendem as informações armazenadas pelas vivências corporais, como as noções simbólicas dos lados do corpo, a compreensão das relações entre as coisas e as pessoas, a capacidade de organizar uma ação corporal e as habilidades manuais. É muito importante que as intervenções ao mesmo tempo sejam sempre baseadas em evidências e tenham o caráter individualizado, adequado às necessidades de cada pessoa. Adicionalmente, faz-se necessária a participação de todos os envolvidos no processo, como os terapeutas e familiares, afiançando a eficácia e qualidade da abordagem.

REFERÊNCIAS BIBLIOGRÁFICAS

1. Bhat AN. Motor impairment increases in children with autism spectrum disorder as a function of social communication, cognitive and functional impairment, repetitive behavior severity, and comorbid diagnoses: A SPARK study report. Autism Res. 2021;14(1):202-19.
2. Wang S, Chen D, Yang Y, Zhu L, Xiong X, Chen A. Effectiveness of physical activity interventions for core symptoms of autism spectrum disorder: a systematic review and meta-analysis. Autism Res. 2023;16(9):1811-24.
3. Steinbrenner JR, Hume K, Odom SL, Morin KL, Nowell SW, Tomaszewski B, et al. Evidence-based practices for children, youth, and young adults with Autism. J Autism Dev Disord. 2021;51(11):4013-32.
4. Wickstrom J, Dell'Armo K, Salzman E, Hooker JL, Delehanty A, Bishop S, et al. Systematic review: recommendations for rehabilitation in ASD and ID from clinical practice guidelines. Arch Rehabil Res Clin Transl. 2021;3(3):100140.
5. Associação Brasileira de Psicomotricidade. [acesso em abril de 2025]. Disponível em: https://psicomotricidade.com.br/
6. Le Menn-Tripi C, Zupranski R. Psychomotricité et interventions globales recommandées: un enrichissement réciproque pour un projet individuel optimisé. Autisme et Psychomotricité. 2019; 275-88.
7. Koegel LK, Ashbaugh K, Koegel RL. Pivotal Response Treatment. In: Lang R, Hancock TB, Singh NN, editores. Early intervention for young children with autism spectrum disorder. Springer International Publishing/Springer Nature; 2016. p. 85-112.
8. Rogers SJ, Dawson G. Intervenção precoce em crianças com autismo: modelo Denver para a promoção da linguagem, da aprendizagem e da socialização. Lisboa: Lidel; 2014.
9. Mattos-Bernardo R, De Sá-Caputo DD, Bernardo-Filho M, Paineiras-Domingosa LL. Autismo e atividade física aquática como ferramenta terapêutica: uma revisão narrativa. Rev Bras Terapias e Saúde. 2021;12(1):19-23.
10. Souza DC, Cruz, Silva CLP, Souza, Rita CS. A Psicomotricidade aquática com crianças autistas. Encontro Internacional de Formação de Professores e Fórum Permanente de Inovação Educacional, v. 10, n. 1, 2017.
11. Mesibov G. Formal and informal measures on the effectiveness of the TEACCH Programme. Autism Int J Res Prac. 2007;1(1):25-35.

12. Machado AH, Araújo OMS. Análise das disfunções motoras no transtorno do espectro autista e suas correlações funcionais e estruturais com as áreas motoras encefálicas: uma revisão integrativa da literatura. Revista CPAQV. 2023;15(3).
13. Bondy A, Frost L. The Picture Exchange Communication System. Behav Modif. 2001;25(5):725-44.
14. Trzmiel T, Purandare B, Michalak M, Zasadzka E, Pawlaczyk M. Equine assisted activities and therapies in children with autism spectrum disorder: a systematic review and a meta-analysis. Complement Ther Med. 2019;41:104-13.
15. Mayer-Benarous H, Benarous X, Vonthron F, Cohen D. Music therapy for children with autistic spectrum disorder and/or other neurodevelopmental disorders: a systematic review. Front Psychiatry. 2021;12:643234.

13

Tratamentos da terapia ocupacional para o transtorno do espectro autista

Dinara Souza
Natalia Silveira Tullii
Adriana Dias Barbosa Vizzotto

INTRODUÇÃO

O aumento da prevalência do transtorno do espectro autista (TEA) também intensificou a demanda por serviços educacionais e terapêuticos eficazes, e a ciência da intervenção está fornecendo evidências crescentes sobre práticas que impactam positivamente esses resultados. Essas práticas de intervenção focadas e que expressam evidências científicas claras de efeitos positivos são denominadas como práticas baseadas em evidências (PBE)[1,2].

No Brasil, especificamente, segundo Souza[3], a constituição do Sistema Único de Saúde (SUS) e o Movimento da Reforma Psiquiátrica foram fatores essenciais para a melhoria do atendimento no campo da saúde mental, até então espaço prioritário para atendimento do TEA na saúde pública no Brasil. O SUS consolidou princípios importantes para o atendimento do TEA: a universalização da saúde, a integralidade das ações e a intersetorialidade das políticas. O Movimento da Reforma Psiquiátrica Brasileira, no final da década de 1970, questionou de modo contundente a psiquiatria tradicional, que pautava o atendimento dos portadores de transtornos mentais no isolamento, na contenção e na marginalização desses indivíduos. Esse movimento propõe que o tratamento aconteça sob a ótica dos direitos humanos, valorizando o indivíduo no âmbito social e substituindo os hospitais psiquiátricos por uma rede de serviços e estratégias territoriais e comunitárias solidárias, inclusivas e libertárias[4,5]. Entre os equipamentos substitutivos ao modelo manicomial e hospitalocêntrico, estão os Centros de Atenção Psicossocial (CAPS), os Serviços Residenciais Terapêuticos (SRT), os Centros de Convivência (CECOS), as Enfermarias de Saúde Mental em hospitais gerais, as oficinas de geração de renda, entre outros[5,6].

Em relação aos arranjos e dispositivos de cuidados ao indivíduo com TEA, é sabido que não existe uma única abordagem a ser privilegiada na saúde pública brasileira. Recomenda-se que a escolha entre os diversos enfoques terapêuticos existentes considere sua efetividade e segurança e seja tomada de acordo com a singularidade de cada caso. Está preconizada pelo Ministério da Saúde, das recomendadas pelo SUS, apenas 1 abordagem com evidência, exclusiva da terapia ocupacional (TO): a abordagem de integração sensorial[7].

O estudo de Case-Smith, cujo objetivo primário foi identificar, avaliar e sintetizar a literatura de pesquisa sobre intervenções para TEA relevantes para a TO, encontrou evidência em alguns eixos de intervenções, sendo elas: integração sensorial e intervenções baseadas em estímulo sensorial[1], baseadas em relacionamento e intervenções interativas[2], programas baseados em habilidades de desenvolvimento[3], treinamento de habilidades sociocognitivas[4], programas dirigidos pelos pais ou abordagens mediadas pelos pais e comportamento intensivo de intervenção[5,6,8].

A TO exerce um papel essencial no tratamento de pessoas com TEA, por meio do uso de recursos específicos da profissão e em colaboração com profissionais e familiares referência no cotidiano da pessoa com TEA. Algumas características clínicas da pessoa com TEA impactam diretamente no desempenho ocupacional em diferentes contextos e participação no dia a dia. A expectativa dos familiares dessas pessoas, principalmente na infância e adolescência, é que consigam obter independência e vida produtiva[9,10]. O desempenho das atividades de vida diária (AVD) passa a ser prioridade, além de outros aspectos comportamentais e de competência social. Sabe-se que tudo isso dependerá de uma multiplicidade de fatores: do quadro clínico, do nível de suporte de que a pessoa necessita e dos fatores contextuais em que ela vive[10]. Ao longo dos anos, a complexidade da vida cotidiana exige maiores demandas da pessoa com TEA, em termos de autonomia. Por exemplo, ocupar-se desde as tarefas escolares até obter uma atividade profissionalizante que requer capacidade para procurar uma ocupação e nela manter-se. No entanto, tal capacidade está intrinsecamente relacionada com as habilidades de comunicação e interação social, aspectos que precisam de suporte para um autista[10]. As dificuldades para a interação social e comunicação, somadas à rigidez do comportamento e às questões de processamento sensorial, são fatores que reduzem a participação de pessoas com TEA em atividades de lazer, entre outros eventos[10].

Estima-se que de 40% a 83% dos indivíduos com TEA apresentam algum tipo de distúrbio do sono[11]. Os problemas de sono estão entre as primeiras preocupações que os pais relatam em crianças pequenas posteriormente diagnosticadas com TEA e são igualmente comuns na adolescência e na idade adulta. Os estudos apontam que alterações de sono e repouso em pessoas com

TEA afetam a funcionalidade e a qualidade de vida. Os principais fatores incluem componentes biológicos (produção de neurotransmissores responsáveis pelo ciclo regular de sono e vigília), psicológicos (conflitos relacionados a interações interpessoais), ambientais (tipo de roupa de cama, temperatura do quarto e ruídos externos) e familiar (falta de rotina para dormir)[13].

De acordo com o *Occupational Therapy Practice Framework: Domain and Process*, documento oficial da American Occupational Therapy Association (AOTA)[14], o descanso e o sono e outros domínios relacionados às AVD são necessários para apoiar a saúde e o envolvimento ativo nas AVD. Os terapeutas ocupacionais têm como meta central para a população com TEA intervenções focadas nas AVD, exclusivamente nas ocupações significativas e necessárias da pessoa. Para que o objetivo seja alcançado, a TO atua em várias esferas da funcionalidade da pessoa, em consonância com a Classificação Internacional de Funcionalidade (CIF), por meio do uso de protocolos de avaliação e intervenções que focam na ocupação, utilizando modelos teóricos e baseados em evidências científicas[15]. Na perspectiva de crianças e adolescentes com TEA, a seleção de abordagens e técnicas baseadas e focadas na pessoa se faz necessária. Uma prática baseada em evidências aliada à experiência clínica fortalece o raciocínio clínico do terapeuta ocupacional e oferece maiores segurança e eficiência no processo de avaliação e intervenção[10].

O objetivo deste capítulo será abordar alguns tratamentos descritos na literatura através de revisões sistemáticas ou ensaios clínicos randomizados com nível I de evidência, bem como as orientações do *guideline* estadunidense utilizadas pela TO como forma de tratamento específico ao TEA, com ênfase nos seguintes domínios: desempenho ocupacional e habilidades adaptativas (AVD, alimentação, vestuário e higiene) e sono[16].

ABORDAGENS DE TERAPIA OCUPACIONAL

Todo processo clínico de TO demanda o uso de protocolos de avaliação para avaliar o perfil ocupacional, a análise do desempenho para o desenvolvimento do plano terapêutico e estabelecimentos de metas. O raciocínio clínico é complexo e multivariado, envolvendo uma análise metacognitiva, que é a capacidade de pensar e refletir sobre a tomada de decisão clínica[17]. Em se tratando de crianças e adolescentes com TEA, algumas particularidades do espectro autista devem ser consideradas: dificuldades sensoriais, percepção pobre e discriminação sensorial; comportamentos autoestimulatórios ou movimentos repetitivos; agressividade, comportamentos autolesivos; déficits no processamento auditivo (hipersensibilidade auditiva) e déficits motores em qualquer idade (coordenação motora pobre, controle postural, baixo tônus, marcha desajeitada)[9]. A dispraxia, considerada marcador das anormalidades neurológicas subjacentes do TEA, é a incapacidade de adquirir a capacidade de fazer ações motoras complexas apropriadas (uso de ferramentas com mímica), ações (gestos simbólicos, como acenar um adeus), ações imitativas (como imitar posturas corporais ou de mãos sem sentido), planejamento motor e dificuldade em conceituar novas formas de interagir com objetos[18]. Diante da complexidade que o diagnóstico de TEA nos apresenta e de comorbidades associadas, é importante ressaltar que o espectro do autismo tem suas variações que dependerá dos níveis de suporte que a criança e o adolescente necessitam. Em um estudo de revisão sistemática, cujo objetivo foi examinar a eficácia das intervenções no âmbito da prática da TO para melhorar as AVD, descanso e sono para crianças de 0 a 5 anos e suas famílias, foram detectadas algumas possibilidades de uso e aplicação desses tratamentos na população com TEA. Foi identificada uma intervenção para questões voltadas à alimentação/seletividade alimentar (*The Autism MEAL Plan*)[19] e uma intervenção voltada para treino de vaso sanitário, porém esse estudo demonstrou resultados inconsistentes e um nível de evidência III[20]. Contudo, o estudo de intervenção da TO voltada ao distúrbio de sono apresentou um alto valor de evidência[21,22]. O Quadro 1 apresenta abordagens específicas de TO com as quais crianças e adolescentes autistas podem se beneficiar.

O projeto terapêutico singular para a pessoa com TEA precisa ser construído primeiramente com a família e o próprio portador de TEA, de acordo com suas possibilidades, além de envolver uma equipe multiprofissional para a melhora do quadro clínico, dos aspectos funcionais e da qualidade de vida. Não existe uma única abordagem no atendimento da pessoa com TEA. A escolha deve ser aquela que traz segurança e que seja efetiva, de preferência baseada em evidências científicas e de acordo com a singularidade de cada caso.[7] Outras abordagens multidisciplinares são aplicadas por terapeutas ocupacionais em conjunto com intervenções e técnicas específicas de TO. As abordagens incluem: Análise do Comportamento Aplicada (ABA), Comunicação Suplementar e Alternativa (CSA), Tratamento e Educação para Crianças com TEA (TEACCH), Acompanhamento Terapêutico (AT) e Aparelhos de Alta Tecnologia (uso de aplicativos, jogos computadorizados). No atendimento à pessoa com TEA, é preciso manter o contrato terapêutico e rotina clínica (horários, espaço clínico, participantes da sessão, instrumentos, diálogo como ponto fundamental de inserção da pessoa)[7].

Quadro 1 Abordagens de terapia ocupacional

Integração Sensorial de Ayres (ISA) – *Ayres Sensory Integration*® (ASI®)

A integração sensorial (IS) é um processo neurobiológico que promove a capacidade de processar, organizar, interpretar sensações e responder de maneira apropriada ao ambiente. Permite que os sentidos forneçam informações acerca das condições físicas do corpo e do ambiente e, portanto, possibilita à criança experimentar o corpo nas ações e nas atividades do dia a dia. A teoria de Ayres hipotetiza que a IS ocorre na interação entre os sistemas sensoriais (auditivo, vestibular, proprioceptivo, tátil, visual e intercepção), promovendo informação integrada e permitindo como produto comportamentos complexos[23,24]. Uma disfunção de IS é uma desordem na qual a informação sensorial não é integrada ou organizada adequadamente no cérebro e que pode produzir vários graus de problemas no desenvolvimento, no processamento da informação, no comportamento e na aprendizagem, tanto motora quanto conceitual. A práxis, capacidade de idealizar, planejar e executar as ações, também pode estar comprometida. O desenvolvimento da práxis é um dos objetivos da IS, que favorece a capacidade prática de realizar as AVD, como alimentação, vestuário, higiene pessoal, brincar, atividades escolares, participação social etc.[23].

Instrumentos de avaliação integrados ao modelo: Perfil Sensorial 2®, *SIPT®, *EASI®, *SIPT®*.

Modelo Lúdico

Tem como proposta utilizar o ato de brincar, permitindo que a criança o faça a partir de suas possibilidades e que desenvolva suas capacidades e potencialidades. Apresenta 3 componentes: 1. Capacidade de realizar a atividade de maneira habitual; 2. Capacidade de adaptar a atividade às suas possibilidades; 3. Capacidade de reagir frente à impossibilidade de realizar a atividade. É uma intervenção dinâmica, em que o terapeuta e a criança interagem na brincadeira mutuamente. Em se tratando de crianças com TEA, o objetivo do Modelo Lúdico é despertar possíveis habilidades por meio da intervenção lúdica, a promoção de autonomia e independência nas ocupações do cotidiano[25].

Instrumentos de avaliação integrados ao modelo: EIP* e ACL*.

Terapia *Learn to Play*

Programa interativo dinâmico cujo objetivo é estimular a iniciação espontânea da criança em brincadeiras de faz de conta, além de propiciar o desenvolvimento da habilidade da criança de espontaneamente tomar a iniciativa e se envolver em reproduzir roteiros (sequências lógicas), substituição de objetos (símbolos utilizados na brincadeira), interação social, dramatização e brincar com um objeto desconectado de si mesma (exemplo: brincar com bonecos). Esse modelo de intervenção tem como base uma abordagem desenvolvimentista, sustentada pelas teorias do desenvolvimento cognitivo. A abordagem possibilita o envolvimento dos pais[26].

Instrumentos de avaliação que podem ser utilizados neste modelo: ChiPPA* e ELPKr*.

(continua)

Quadro 1 Abordagens de terapia ocupacional (*continuação*)

Modelo Pessoa-Ambiente-Ocupação (PEOP)
O PEOP é uma abordagem que valida a relação entre a pessoa, o ambiente e a ocupação. Considera que a complexidade da interação entre a pessoa e seu ambiente influencia de forma direta a participação da pessoa em seu meio. Essa interação pode ser ativada, apoiada ou limitada por fatores intrínsecos (cognitivos, emocionais e espirituais) ou extrínsecos (interações sociais, ambientes culturais e sistemas econômicos e sociais) da pessoa, da organização ou da comunidade. O objetivo é identificar os recursos e barreiras do indivíduo frente ao desempenho e à participação ocupacional. Consideram-se fatores pessoais (diagnósticos concomitantes, experiências de dor e processamento sensorial), ambientais (ambientes sociais e físicos), ocupações (autocuidado, participação social, relacionamentos, atividades diárias) e como a integração desses três se liga à saúde mental das pessoas com TEA[11].
Instrumento de avaliação que pode ser utilizado neste modelo: COPM*.
Modelo Metacognitivo
Os principais conceitos do modelo metacognitivo estão fundamentados em modelos de ocupação para crianças e no modelo da CIF[15]. A premissa básica é que a saúde da pessoa seja apoiada e mantida quando ela consegue participar de tarefas, atividades e ocupações em vários ambientes (em casa, escola, entre outros). Além dos conceitos da CIF, outro fundamental é o do *Occupational Therapy Practice Framework: Domain e Process*[14]. Três conceitos básicos são discutidos no Modelo Metacognitivo: funções executivas, consciência e estratégias para o indivíduo e consideração dos ambientes onde desenvolvem um desempenho ocupacional adequado e, logo, melhor participação. Em um estudo com adolescentes com TEA, eles se beneficiaram com a intervenção metacognitiva de curto prazo combinada com a prática de supermercado virtual para melhorar a implementação independente de uma tarefa de compras.[27] As medidas de resultados incluíram avaliações das funções cognitivas e metacognitivas e uma avaliação baseada no desempenho de uma tarefa de compra no ambiente natural. O domínio das funções executivas foi considerado o principal preditor de precisão e eficiência na execução da tarefa. O estudo mostrou que a intervenção metacognitiva de curto prazo, reforçada por um programa de formação baseado em tecnologia, pode efetivamente melhorar a execução independente de uma tarefa de compra por adolescentes com perturbação do espectro do autismo e expandir a sua participação potencial na comunidade[27].
Instrumento de avaliação que pode ser utilizado neste modelo: D LOTCA-CH*.

(*continua*)

Quadro 1 Abordagens de terapia ocupacional (*continuação*)

Orientação Cognitiva para o Desempenho Ocupacional (CO-OP)
Abordagem centrada na pessoa e baseada no desempenho de resolução de problemas que permite a aquisição de habilidades por meio da utilização de estratégias e descoberta guiada[28]. O tratamento CO-OP é uma intervenção baseada especificamente das teorias do aprendizado cognitivo-comportamentais, que requer o envolvimento ativo e a motivação da pessoa. Os principais objetivos da abordagem CO-OP são que as crianças desenvolvam novas competências, aprendam estratégias cognitivas, apliquem competências e estratégias aprendidas em situações da vida real e transfiram competências e estratégias aprendidas para outras atividades[28]. A abordagem CO-OP centra-se na criança, na medida em que identifica os objetivos com o terapeuta, e o envolvimento da criança é essencial ao longo da intervenção. A criança gradualmente descobre estratégias cognitivas enquanto usa uma estratégia global de resolução de problemas. Além disso, a abordagem CO-OP envolve ativamente a família e os cuidadores para promover oportunidades de prática e apoiar a generalização[28].
Instrumentos de avaliação que podem ser utilizados neste modelo: COPM*e PEDI-CAT*.

* Descrição no Capítulo 5, "Avaliações de terapia ocupacional para o transtorno do espectro autista".
Fonte: elaborado pelo autor.

TRATAMENTO EM ADULTOS COM TEA

Várias modalidades de tratamento comumente usadas em crianças com TEA (incluindo o Modelo DIR/*Floortime*) ainda não foram modificadas e testadas em adultos com TEA[29]. Em um estudo com adultos autistas, 83% dos entrevistados disseram que tinham desafios com o processamento sensorial[30]. Entrevistados também listaram os desafios do processamento sensorial como contribuintes para o aumento dos níveis de estresse.

A orientação direta e abordagens mais cognitivas parecem funcionar melhor com adultos motivados e que não estão lidando com fatores de estresse psicológico ou de vida adicionais, o que interfere na sua aquisição e implementação de estratégias de autorregulação positivas[30]. Alguns estudos começam a apoiar a utilização de medidas mais individualizadas, como a GAS (*Goal Attainment Scaling* – Escala de Alcance de Metas), para determinar o progresso e a mudança tanto na investigação como na prática clínica[31]. Como existe uma grande heterogeneidade no grupo de pessoas autistas, a GAS proporciona um método individualizado para medir a mudança e o progresso, tanto clinicamente como em investigação[31].

A GAS é usada para medir aspectos funcionais e significativos do progresso de um indivíduo e fornece um meio padronizado para capturar a diversidade de impactos funcionais significativos. Outro ponto forte do uso da GAS é que ela fornece um meio para identificar e medir resultados escolhidos pela própria pessoa autista ou por seus cuidadores diretos – portanto, significativos para o cliente[29].

CONSIDERAÇÕES FINAIS

O processo de habilitar/reabilitar deve ser pautado na linguagem, nos sentimentos, pensamentos e na forma como a criança/adolescente tem de se relacionar com as pessoas e o seu ambiente e na melhoria e ampliação de suas capacidades funcionais. Deve também ser pautado na participação e no desempenho em atividades sociais cotidianas, na autonomia para a mobilidade, na capacidade de autocuidado e de trabalho, na ampliação do uso de recursos pessoais e sociais, na qualidade de vida e na comunicação. Os ganhos funcionais e simbólicos são indicadores centrais da eficácia do tratamento. A TO no tratamento de criança/adolescente com TEA deve propiciar recursos e alternativas para ampliar seus laços sociais, formas de se expressar e principalmente o desenvolver sua autonomia. A criança/adolescente e familiares devem ser participantes ativos de todo o processo de intervenção, além do ambiente e da sociedade como um todo. É preciso pontuar que a ação de exercer sua autonomia e independência nas tarefas do cotidiano é um objetivo a ser alcançado como meta de plano terapêutico singular específico da TO, mas também o instrumento para alcançar essa meta, por meio do processo de realização dessas tarefas. Não podemos esquecer que a TO utiliza a ocupação como via de acesso e como o objetivo final da sua atuação, principalmente quando consegue pautar seu trabalho em abordagens centradas no cliente e em seu próprio fazer.

REFERÊNCIAS BIBLIOGRÁFICAS

1. Hume K, Steinbrenner JR, Odom SL, Morin KL, Nowell SW, Tomaszewski B, et al. Evidence-based practices for children, youth, and young adults with autism: third generation review. J Autism Dev Disord. 2021;51:4013-32.
2. Maenner MJ, Shaw KA, Bakian AV, Bilder DA, Durkin MS, Esler A, et al. Prevalence and characteristics of autism spectrum disorder among children aged 8 years: autism and developmental disabilities monitoring network, 11 sites, United States, 2018. MMWR Surveill Summ. 2021;70(11):1-16.
3. Souza RA, Santos JA, Silva J, Soares SA. Uma reflexão sobre as políticas de atendimento para as pessoas com transtorno do espectro autista. Cadernos UniFOA. 2019;14:95-105.
4. Figueiredo AC. Uma breve revisão da reforma psiquiátrica no Brasil e sua relação com a psicanálise e a psicologia. Rev Psicol Polit. 2019;19(44):78-87.
5. Degner D, Brasil R. Reforma Psiquiátrica Brasileira: dos seus antecedentes aos dias atuais. Rev PsicoFAE: Pluralidades em Saúde Mental. 2021;10(1):14-32.
6. Brasil. Ministério da Saúde. Dengue no Brasil. Informe epidemiológico 16. 2009.

7. Brasil. Ministério da Saúde. Linha de cuidado para a atenção às pessoas com transtornos do espectro do autismo e suas famílias na rede de atenção psicossocial do Sistema Único de Saúde. Brasília: MInistério da Saúde; 2015.
8. Case-Smith J, Arbesman M. Evidence-based review of interventions for autism used in or of relevance to occupational therapy. Am J Occup Ther. 2008;62(4):416-29.
9. Silva DBR, Costa FCS. Intervenção de terapia ocupacional e a criança com transtorno do espectro autista: abordagem de integração sensorial e os desafios na participação. In: Pfeifer LI, Sant'Anna MMM, editoras. Terapia ocupacional na infância: procedimentos na prática clínica. 1. ed. São Paulo: Memnon; 2020. p. 232-46.
10. Araujo CRS, Cardoso AA, Cavalcanti A. Transtorno do espectro do autismo (TEA). In: Cavalcanti A, Galvão CRC, eds. Terapia ocupacional: fundamentação e prática, 2. ed. Rio de Janeiro: Guanabara Koogan; 2023. p. 550-9.
11. Kirby AV, Morgan L, Hilton C. Autism and mental health: the role of occupational therapy. Am J Occup Ther. 2023;77(2):7702170010.
12. Schwichtenberg AJ, Janis A, Lindsay A, Desai H, Sahu A, Kellerman A, et al. Sleep in children with autism spectrum disorder: a narrative review and systematic update. Curr Sleep Med Rep. 2022;8(4):51-61.
13. Souders MC, Zavodny S, Eriksen W, Sinko R, Connell J, Kerns C, et al. Sleep in children with autism spectrum disorder. Curr Psychiatry Rep. 2017;19(6):34.
14. Occupational Therapy Practice Framework: Domain and Process. Am J Occup Ther. 2020.
15. Organização Mundial da Saúde (OMS). CIF: Classificação Internacional de Funcionalidade, Incapacidade e Saúde. São Paulo: Editora da Universidade de São Paulo. Edusp; 2020.
16. Hume K, Steinbrenner JR, Odom SL, Morin KL, Nowell SW, Tomaszewski B, et al. Evidence-based practices for children, youth, and young adults with autism: third generation review. J Autism Dev Disord. 2021;51:4013-32.
17. Pfeifer LI. Raciocínio clínico da terapia ocupacional na intervenção junto a criança. In: Pfeifer LI, Sant'Anna MMM, editoras. Terapia Ocupacional na Infância: procedimentos na prática clínica. 1. ed. São Paulo: Memnon; 2020. p. 10-24.
18. Bodison SC. Developmental dyspraxia and the play skills of children with autism. Am J Occup Ther. 2015;69(5).
19. Sharp WG, Burrell TL, Jaquess DL. The Autism MEAL Plan: a parent-training curriculum to manage eating aversions and low intake among children with autism. Autism. 2014;18(6):712-22.
20. Keen D, Brannigan KL, Cuskelly M. Toilet training for children with autism: the effects of video modeling. J Dev Phys Disabil. 2007;19:291-303.
21. Johnson CR, Brown K, Hyman SL, Brooks MM, Aponte C, Levato L, et al. Behavioral parent training to address feeding problems in children with autism spectrum disorder: a pilot trial. J Pediatr Psychol. 2019;44(2):164-75.
22. Gronski M, Doherty M. Interventions within the scope of occupational therapy practice to improve activities of daily living, rest, and sleep for children ages 0-5 years and their families: a systematic review. Am J Occup Ther. 2020.
23. Schaaf RC, Dumont RL, Arbesman M, May-Benson TA. Efficacy of occupational therapy using Ayres Sensory Integration®: a systematic review. Am J Occup Ther. 2018;72(1).
24. Schoen SA, Lane SJ, Mailloux Z, May-Benson T, Parham LD, Smith Roley S, et al. A systematic review of ayres sensory integration intervention for children with autism. Autism Res. 2019;12(1):6-19.
25. Ferland F. O modelo lúdico: o brincar, a criança com deficiência física e a terapia ocupacional. 3. ed. São Paulo: Roca; 2006.
26. Stagnitti K, Pfeifer LI. Methodological considerations for a directive play therapy approach for children with autism and related disorders. Int J Play Ther. 2017;26(3):160-71.

27. Lamash L, Josman N. A metacognitive intervention model to promote independence among individuals with autism spectrum disorder: implementation on a shopping task in the community. Neuropsychol Rehabil. 2021;31(2):189-210.
28. Madieu E, Gagné-Trudel S, Therriault PY, Cantin N. Effectiveness of CO-OP approach for children with neurodevelopmental disorders: a systematic review. Arch Rehabil Res Clin Transl. 2023;5(2):100260.
29. Leekam SR, Nieto C, Libby SJ, Wing L, Gould J. Describing the sensory abnormalities of children and adults with autism. J Autism Dev Disord. 2007;37(5):894-910.
30. Attwood T, Evans CG, EC, Lesko A. An Aspie's guide to making and keeping friends: been there. Done that. Try this! Philadelphia: Jessica Kingsley; 2014.
31. Schaaf RC, Benevides T, Mailloux Z, Faller P, Hunt J, Van Hooydonk E, et al. An intervention for sensory difficulties in children with autism: a randomized trial. J Autism Dev Disord. 2014;44(7):1493-506.

14

Análise do Comportamento Aplicada – *Applied Behavior Analysis* (ABA)

Alison Vanessa Morroni Amaral
Lívia de Castro Rocha
Helen Barbosa
Telma Pantano

INTRODUÇÃO

A Análise do Comportamento Aplicada – do inglês, *Applied Behavior Analysis* (ABA) – é uma proposta de origem nos estudos da aprendizagem com o fim de ensinar ou alterar comportamentos. A ABA origina-se da ciência da análise do comportamento, que se utiliza de práticas baseadas em evidências para alicerçar programas e técnicas para avaliação e intervenção. Esses programas têm demonstrado melhorar significativamente a qualidade de vida das crianças com autismo e deficiência intelectual[1].

A análise do comportamento, inicialmente proposta por B. F. Skinner e conhecida como behaviorismo analítico, embasa-se em pressupostos e atitudes da ciência como determinismo, empirismo, experimentação e replicação[2].

Jack Michael, na década de 1960, foi um dos pioneiros na aplicação da ABA. Seus estudos e dos demais pioneiros contribuíram para o uso da tecnologia comportamental no ensino de crianças com transtorno do espectro autista (TEA). Essas abordagens envolvem intervenção precoce, treinamento de pais e professores, generalização, manutenção, acompanhamento sistemático, economia de fichas e outros fundamentais para a melhoria das habilidades sociais, de comunicação e aprendizado nas crianças com TEA. Mark Sundberg, por sua vez, refinou a aplicação do comportamento verbal à avaliação e intervenção de linguagem para crianças com autismo ou outras deficiências intelectuais[3].

No Brasil, a análise do comportamento passou a ser ensinada em 1961 e, a partir de então, compõe disciplinas das graduações em psicologia, mas sua aplicabilidade foi intensificada nos cursos de pós-graduação, em especializações, no mestrado e no doutorado principalmente devido à facilidade em comprovar e replicar os métodos utilizados. Estima-se que aqui são publicados os melhores periódicos nacionais e internacionais na área, ficando atrás dos Estados Unidos[4].

A ABA preocupa-se com o rigor científico inclusive durante a aplicação clínica e envolve elementos como descrição objetiva, medição e experimentação direta de seus procedimentos. Algumas de suas contribuições práticas se estabelecem em identificar déficits comportamentais, selecionar e descrever comportamentos-alvos, verificar a função do comportamento, selecionar estratégias de intervenção que possibilitem ampliar os repertórios adequados e diminuir comportamentos-problema, além de avaliar resultados[2].

AVALIAÇÃO ABA – CARACTERIZAÇÃO COMPORTAMENTAL DO TEA E APLICAÇÃO DOS INSTRUMENTOS COMPORTAMENTAIS EM TEA NÍVEIS I, II E III DE SUPORTE

Nos Estados Unidos, o Conselho de Certificação de Analistas de Comportamento (*Behavior Analyst Certification Board* – BCBA) organizou uma estrutura para fundamentar passos substanciais de uma avaliação comportamental, também descritos por Cooper et al.[2] Esses passos envolvem:

- F. Avaliação comportamental.
- F-1. Revisão dos registros e dados disponíveis (por exemplo, educacionais, médicos, históricos) no início do caso.
- F-2. Determinação da necessidade de serviços de análise comportamental.
- F-3. Identificação e priorização de metas de mudança de comportamento socialmente significativas.
- F-4. Realização de avaliações dos pontos fortes e dos déficits de competências relevantes.
- F-5. Realização das avaliações de preferência.
- F-6. Descrição das funções comuns ao comportamento problemático.
- F-7. Condução de uma análise descritiva do comportamento problemático.
- F-8. Condução de uma análise funcional do comportamento problemático.
- F-9. Interpretação de dados de avaliação funcional.

Para uma avaliação íntegra, inicialmente se faz uma anamnese para coleta de dados que possibilitem uma visão geral do desenvolvimento da criança, com informações sobre a gestação e o nascimento e um resumo do desenvolvimento motor, da linguagem, geralmente envolvendo perguntas que usem "como" e "o que" no lugar de "por quê". Além disso, torna-se essencial a revisão, caso existente, de documentos referentes a tratamentos anteriores, histórico educacional ou entrevista a outras pessoas relevantes que fazem parte do caso. É realizada, então, uma investigação do tratamento medicamentoso em uso[2]. O analista do comportamento deve realizar a entrevista inicial somente com os pais, sem a presença da criança. O terapeuta também pode solicitar vídeos da criança aos pais e, realizar, se possível, uma visita domiciliar para observação da criança em seu ambiente natural ou ida à escola.

A avaliação comportamental para autismo nível I de suporte é uma etapa crucial para compreender as necessidades individuais da criança com TEA. A identificação das dificuldades nas situações sociais, de comunicação e flexibilidade são algumas de suas características e deve envolver a observação e o desenvolvimento de habilidades sociais básicas. Princípios como a compreensão da importância do uso de sinais sociais para sinalizar a participação em conversas, além do início e a manutenção de atividades dialógicas, devem ser treinados e utilizados com frequência. Pesquisas mostram efeitos significativos dessas intervenções comportamentais sobre o comportamento socioemocional ou desafiador em crianças com autismo[5].

As dificuldades de comunicação, de expressar pensamentos e emoções, bem como de compreender as perspectivas e lidar com os próprios sentimentos e dos outros, requer estratégias de intervenção de ensino de habilidades sociais, o reconhecimento de expressões faciais e a prática de habilidades de conversação em grupos estruturados, bem como a compreensão da linguagem não literal.

A identificação da inflexibilidade do comportamento pode incluir o ensino de resolução de problemas, pelas dificuldades em alternar entre atividades que podem impedir seu funcionamento. Já os problemas de organização e planejamento que afetam sua independência podem exigir intervenções para o ensino de estratégias de organização e administração do tempo, bem como o fornecimento de recursos visuais para ajudar na execução de tarefas[6].

Nos últimos anos, Sally J. Rogers, Laurie Vismara e Geraldine Dawson criaram o Modelo Denver de Intervenção Precoce para crianças com TEA[1]. Atualmente, esse modelo, que compõe intervenções comportamentais naturalistas, é a abordagem de intervenção mais estudada para essa população de crianças nos anos iniciais. Algumas pesquisas com ensaios clínicos randomizados sugerem que esse modelo de intervenção atua na melhoria do comportamento adaptativo, da linguagem, das brincadeiras, da comunicação social e das medidas das características diagnósticas do autismo[5].

Uma avaliação comportamental extensa e bastante descritiva pode ajudar a identificar dificuldades específicas e fornecer orientações para o desenvolvimento de um plano de intervenção individualizado, visando melhorar a qualidade de vida e a funcionalidade desses indivíduos dentro de seu ambiente social e escolar. É fundamental observar a necessidade de tratamentos de indivíduos com déficits de linguagem, uma vez que esse comportamento pode interferir diretamente no processo avaliatório e interventivo. As avaliações baseadas em ABA são necessárias para identificar déficits de habilidades específicas, como apontar e imitar, a fim de orientar decisões de tratamento[7].

As avaliações comportamentais acontecem com uma pluralidade de formas, como observações diretas e indiretas, incluindo entrevistas, escalas e testes padronizados. A avaliação direta compreende a topografia, frequência, duração relativa e intensidade do comportamento. As indiretas incluem instrumentos como o VB-MAPP, *Checklist Denver*, ABBLS-R, PEAK, avaliação das habilidades sociais, alguns dos quais descreveremos com mais detalhes.

VB-MAPP

Marcos de desenvolvimento estabelecidos, referenciados por critérios, guia curricular e sistema de rastreamento de habilidades – barreiras linguísticas e de aprendizagem –, modelo instrucional e ambiente educacional adequados. Abrange cinco grandes componentes que envolvem:

- Avaliação de marcos: mede 16 domínios da linguagem e 170 marcos de linguagem, aprendizagem e sociais, distribuídos em níveis de desenvolvimento infantil típico, sendo o nível 1 de 0 a 18 meses, o nível 2 de 18 a 30 meses e o nível 3, de 30 a 48 meses.
- Avaliação de barreiras: são 24 barreiras linguísticas e de aprendizagem.
- Avaliação de transição: são 18 áreas, entre habilidades sociais, aprendizagem em grupo, trabalho independente, habilidades de autocuidado, adaptabilidade a mudar.
- Análise de tarefas e habilidade de suporte.
- Programa de colocação e objetivos do plano de ensino individualizado.

A aplicação do VB – MAPP em crianças com TEA, nos níveis I, II e III de suporte, requer uma preparação do terapeuta para compor materiais específicos, como fotografias de membros da família e de animais. Outros recursos necessários incluem objetos que fazem parte do cotidiano da criança, quebra-cabeça e blocos de montar.

PEAK

Promoting the Emergence of Advanced Knowledge (PEAK), traduzindo, significa "Promovendo a Emergência e Avançando o Conhecimento". Envolve o ensino de novas habilidades e a generalização destas que possibilitem a construção de novas habilidades, com o objetivo de promover a independência. Segue os níveis de desenvolvimento típico infantil e adolescente, de 2 a 17 anos.

Contém avaliações diretas e indiretas, de aspectos da linguagem que incluem habilidades de aprendizado de base, como realizar pedidos, seguir instruções, realizar imitação; habilidades de aprendizado de percepção, como identificar e parear objetos; habilidades de compreensão verbal, como responder perguntas; e raciocínio verbal, como responder a uma situação, memória, bem como se lembrar de eventos passados e habilidades de matemática, como trabalhar com quantidade, números e dinheiro.

Os dados sugerem que o PEAK-DT apresentou alta confiabilidade teste-reteste e interobservadores, segundo estudo de análise inicial da confiabilidade da avaliação do PEAK-DT. Esse instrumento direciona habilidades que estão ausentes e podem permanecer ausentes sem treinamento específico[7].

SSRS

SSRS – Inventário de Habilidades Sociais, Problemas de Comportamento e Competência Acadêmica para Crianças – é um sistema de avaliação de habilidades sociais, que inclui ainda medidas de comportamentos problemáticos e de competência acadêmica de crianças do ensino fundamental[8]. Inclui três questionários de avaliação, destinados ao estudante, aos pais e ao professor. Portanto, abrange a avaliação direta e indireta do repertório de habilidades sociais, pois a criança realiza uma autoavaliação e é avaliada pelo seu responsável e seu professor.

A escala de autoavaliação das habilidades sociais é composta por 34 questões, respondidas pelas crianças em termos de frequência da ocorrência de cada comportamento indicado. Os pais e professores avaliam tanto a frequência e importância das habilidades sociais quanto a frequência dos comportamentos problemáticos das crianças, e os professores avaliam a posição da criança em indicadores de sua competência acadêmica. Portanto, o questionário dirigido aos pais inclui duas escalas de medida: uma que avalia as habilidades sociais das crianças, contendo 38 questões, e outra que avalia os comportamentos problemáticos apresentados por elas, contendo 17 questões. O questionário dirigido aos professores é composto por três escalas de medida: uma que avalia as habilidades sociais de seus alunos, contendo 30 questões; outra escala, que avalia os comportamentos problemáticos, contendo 18 questões; uma terceira escala, que avalia a competência acadêmica dos alunos, contendo nove questões[9].

Checklist Curriculum – Modelo Denver

O *checklist* é a ferramenta para definir objetivos de ensino para a intervenção. O conteúdo se divide em quatro níveis, em grupo de faixas etárias: nível 1 (9-18 meses), nível 2 (18-24 meses), nível 3 (24-36 meses), nível 4 (36-48 meses); e áreas de desenvolvimento, sendo elas: comunicação receptiva, comunicação expressiva, habilidades de jogo/brincadeira, interação social, cognição, motricidade fina/grossa e autonomia. Existem ainda áreas exclusivas para cada nível: no nível 1, área de comportamento; nos níveis 1 e 2, imitação; no nível 2, atenção conjunta.

O *checklist* foi desenvolvido especificamente para crianças com TEA e reflete o perfil típico do desenvolvimento envolvendo competências visuais e motoras mais avançadas e competências sociais e de comunicação mais pobres do

Quadro 1 Instrumentos comportamentais em transtorno do espectro autista

Instrumento	Avaliador	Faixa etária	Habilidades
VB-MAPP	Profissionais	0-4 anos	Marcos do desenvolvimento verbal Barreiras de aprendizado Análise de tarefas e atividades de vida diária Objetivos de transição
PEAK	Profissionais	2-17 anos	Habilidades de aprendizagem de base Habilidades de aprendizagem de percepção Habilidades de compreensão verbal Raciocínio verbal
SSRS	Aluno Responsável Professor	6-14 anos	Habilidades sociais Comportamentos problemáticos
Checklist Curriculum – Modelo Denver	Profissionais da intervenção precoce	1-5 anos	Comunicação receptiva Comunicação expressiva Habilidades de jogo Interação social Cognição Motricidade fina/grossa Autonomia Comportamento Imitação Atenção conjunta

Fonte: elaborado pelos autores.

que em outras crianças na mesma faixa do desenvolvimento. Em cada nível, os itens de comunicação e socialização apresentam um desenvolvimento mais imaturo do que as habilidades motoras, quando comparado com o desenvolvimento típico padrão[10].

O TEA nível II de suporte é caracterizado por prejuízos na comunicação social, manifestando-se com uma interação limitada a interesses específicos e uma comunicação não verbal com pouco contato visual e resistência ao toque, por exemplo. Os déficits nessa área são aparentes, ainda que haja apoio. Iniciar as interações sociais acontece raramente, assim como respostas são reduzidas ou anormais às aberturas sociais de outras pessoas.

Quanto aos comportamentos restritos e repetitivos, há rigidez em lidar com mudanças, assim como sentimentos de angústia, desconforto e/ou dificuldade em mudar o foco ou a ação. Comportamentos restritos ou repetitivos aparecem com frequência suficiente para serem evidentes a um observador casual.

Estratégias de intervenção podem incluir o uso de apoios visuais para ajudar na transição entre atividades e modelação por meio de vídeos com habilidades de resolução de problemas. O TEA nível III de suporte é caracterizado por déficits graves nas habilidades de comunicação social verbal e não verbal com respostas mínimas a interações sociais.

Quanto aos comportamentos restritos e repetitivos, há inflexibilidade de comportamento, extrema dificuldade em lidar com a mudança e outros comportamentos restritos e repetitivos que interferem acentuadamente no funcionamento em todas as esferas.

A intervenção em análise do comportamento requer um olhar individualizado para a necessidade de cada criança, adolescente ou adulto. A seguir, listamos alguns dos conceitos básicos utilizados nessa prática que fundamentam o analista do comportamento. Segundo Souza e Miguel et al. (p. 261)[11], para a análise do comportamento, a linguagem é entendida como comportamento operante, ou seja, a linguagem é modelada e mantida pelas consequências do ambiente.

Gomes[12], em sua publicação, apresenta uma rota para o ensino das habilidades básicas com programas de ensino. A autora ainda menciona que, além de considerar o nível de dificuldade, o outro desafio é articular o ensino simultâneo de habilidades variadas. Portanto, separar as habilidades em níveis de dificuldade facilita a aplicação e o registro das observações.

- Habilidades fáceis de serem ensinadas.
- Habilidades de dificuldade moderada.
- Habilidades mais difíceis.

Quadro 2 Os operantes verbais e suas características

Operante	O que é?	Antecedente	Resposta	Consequência	Correspondência ponto a ponto	Similaridade formal	Exemplo
Mando	Pedir itens reforçadores e informações; dar instruções, ordens e conselhos	Operação motivadora	Vocal, gestual, língua de sinais, figuras	Específica	Não	Não	Dizer "água" quando está com sede.
Ecoico	Repetir palavras ditas por outros	Estímulo verbal vocal	Vocal	Reforço generalizado	Sim	Sim	Dizer "água" quando escuta "água".
Tato	Nomear objetos	Estímulo não verbal	Vocal	Reforço generalizado	Não	Não	Dizer "água" quando vê um copo de água.
Intraverbal	Responder perguntas e fazer comentários durante conversas	Estímulo verbal	Vocal	Reforço generalizado	Não	Não	Dizer "água" quando alguém pergunta "O que você toma para matar a sede?".
Textual	Ler palavras escritas	Estímulo verbal escrito	Vocal	Reforço generalizado	Sim	Não	Dizer "água" quando vê a palavra escrita "água".
Transição	Escrever palavras ditas por outros	Estímulo verbal vocal	Vocal	Reforço generalizado	Sim	Não	Dizer "água" quando alguém diz "água".

Fonte: Souza e Miguel et al., 2018, p. 264[11].

Quadro 3 Ensino das habilidades básicas

Currículo de habilidades básicas	Nível	Data de início	Data de término
1 – Habilidades de atenção			
1.1 Sentar	☆		
1.2 Esperar	✭		
1.3 Contato visual	☆		
2 – Habilidades de imitação			
2.1 Imitar movimentos motores grossos	✭		
2.2 Imitar ações com objetos	☆		
2.3 Imitar movimentos motores finos	★		
2.4 Imitar movimentos fonoarticulatórios	★		
2.5 Imitar movimentos grossos em pé	✭		
2.6 Imitar sequência de movimentos	★		
3 – Habilidades de linguagem receptiva			
3.1 Seguir instruções de um passo	☆		
3.2 Seguir instruções de dois passos	✭		
3.3 Identificar partes do corpo	✭		
3.4 Identificar pessoas familiares	★		
3.5 Identificar objetos	★		
3.6 Identificar Figuras	★		
4 – Habilidades de linguagem expressiva			
4.1 Apontar em direção a itens desejados	☆		
4.2 Produzir sons com função comunicativa	☆		
4.3 Imitar sons	★		
4.4 Aumentar os pedidos vocais	✭		
4.5 Nomear pessoas familiares	✭		
4.6 Nomear objetos	✭		
4.7 Nomear figuras	✭		
5 – Habilidades pré-acadêmicas			
5.1 Coordenação olho-mão	☆		
5.2 Emparelhar objetos	☆		
5.3 Emparelhar figuras	☆		
5.4 Emparelhar objetos e figuras	✭		
5.5 Usar o lápis	✭		
5.6 Usar a tesoura	✭		

☆ : habilidades fáceis de serem ensinadas; ✭ : habilidades de dificuldade moderada; ★ : habilidades mais difíceis.
Fonte: Gomes, 2016, p. 46[12].

O Quadro 3 traz um exemplo de como planejar as abordagens de comportamentos a serem ensinadas para crianças com TEA. Porém, as habilidades podem ser substituídas por outras, mantendo sempre o registro para que o profissional possa ter um mapeamento das habilidades trabalhadas e quais atingiram os objetivos, auxiliando na organização do ensino e na verificação da aprendizagem. Gomes[12] menciona utilizar os seguintes tipos de protocolos:

- Protocolo de objetivos e metas: usado quando se têm muitas habilidades a serem ensinadas e fica inviável o ensino de todas ao mesmo tempo (Quadro 4).
- Protocolos ABC: A – realiza a atividade sem auxílio do educador; B – realiza com auxílio do educador (físico ou verbal); C – não realiza a atividade, mesmo com o esforço do educador em auxiliar.
- Protocolos certo/errado: registro das tentativas de ensino – considerado certo sem auxílio e errado quando errou ou precisou de ajuda.
- Protocolos de ocorrência de respostas: quantas vezes emitiu o comportamento observado.
- Protocolos de manutenção: auxilia na manutenção das habilidades aprendidas.

Quadro 4 Protocolo de objetivos e metas

Objetivos	**Situação**		
O que você deve fazer	**Não ensinado**	**Ensino**	**Manutenção**
Cada comportamento precisa ser numerado.	Comportamentos que ainda não foram trabalhados.	Comportamentos que estão sendo ensinados atualmente.	Comportamentos já ensinados e que agora só se vai se preocupar em manter, para não esquecê-los.

Fonte: elaborado pelos autores segundo Gomes, 2016[12].

O profissional que trabalha com análise do comportamento entende que o planejamento e o registro são ações fundamentais para uma abordagem eficiente, portanto o sucesso do programa de intervenção não depende somente de quando se inicia e da sua intensidade, mas de como esses programas são executados e quantas vezes é dada a oportunidade para que a criança com TEA aprenda o comportamento desejado pelo aplicador.

Do ponto de vista da análise do comportamento[12], quando se fala em comportamento é preciso considerar todo o contexto, pois somente o que a pessoa

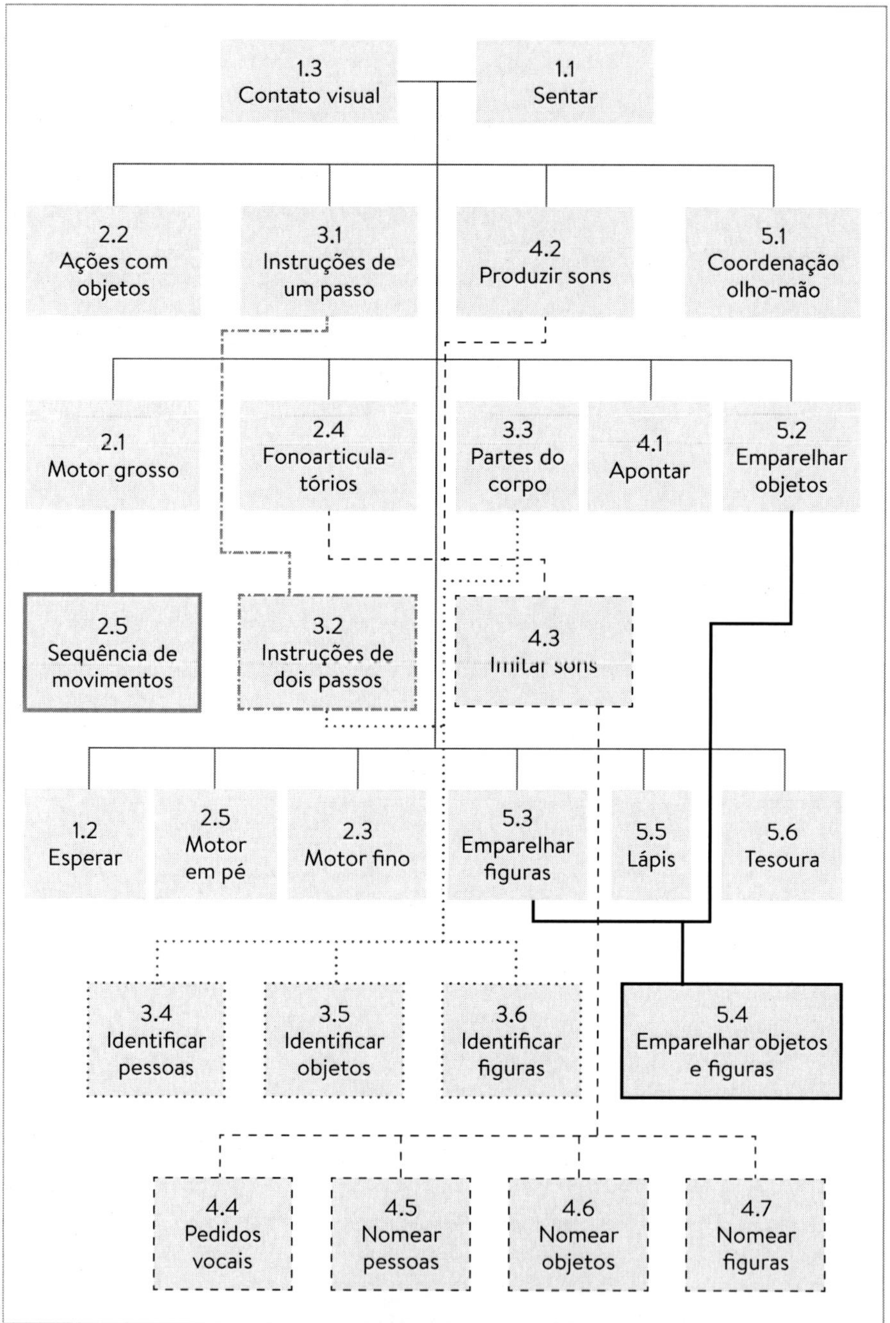

Figura 1 Rota para introdução dos programas de ensino.
Fonte: Gomes, 2016, p. 49[12].

faz não é suficiente. Com essas perspectivas, fica mais fácil planejar a intervenção terapêutica. O contexto em que o comportamento acontece chama-se de contingência, que podem ser:

- Resposta: o que acontece antes e depois da resposta.
- Estímulos antecedentes: o que acontece antes da resposta.
- Consequência: o que acontece após a resposta.

Os estímulos antecedentes não provocam a resposta automaticamente, e sim fazem aumentar ou diminuir os estímulos das respostas, portanto é muito importante observar os estímulos antecedentes para construir um planejamento educacional, pois, dependendo da atividade que se apresenta, pode aumentar ou diminuir a probabilidade de engajamento da criança. Também se podem observar os antecedentes com a finalidade de prevenir a ocorrência de respostas indesejadas.

As consequências fazem parte do processo, pois não há resposta sem consequência, o que traz dois pontos importantes:

- Emitir resposta novamente – reforço.
- Diminuir a ocorrência – punição.

É possível perceber se uma consequência foi reforçadora ou punitiva.

- Reforço: quando a pessoa emite determinado comportamento, sofre a consequência e depois de um tempo o repete, provavelmente a resposta foi seguida de reforço.
- Punição: quando a pessoa emite determinado comportamento, sofre a consequência e deixa de se comportar, provavelmente a resposta foi punitiva.

A análise do comportamento utiliza termos como "positivo" e "negativo" para diferenciar consequências reforçadoras e punitivas. Mas referir a algo positivo – significa acréscimo de algum estímulo e negativo – significa retirada de algum estímulo. Portanto, a contingência, que está associada a reforço positivo, segundo Gomes[12], é caracterizado pela repetição da resposta em função do acréscimo de algum estímulo. O reforço negativo é caracterizado pela repetição da resposta em função da retirada de algum estímulo.

Esse estímulo retirado é chamado de estímulo aversivo, ou seja, estímulo que influencia a ocorrência de resposta, no sentido de evitar ou fugir desse estímulo – por exemplo, a pessoa pode emitir a resposta ou deixar de emitir para não ter contato com o estímulo aversivo. A contingência que envolve reforço negativo é caracterizada pela repetição da resposta em função de retirada de um estímulo aversivo.

Quadro 5 Exemplo de contingência

Estímulo antecedente	Resposta	Consequência	Explicação
Criança de castigo	Pede desculpa	Liberada do castigo	Ficar livre do castigo foi reforçador para a resposta de desculpas. Se isso ocorrer novamente, pedir desculpas foi reforçador (repetição) pela retirada (negativo) do estímulo aversivo castigo.

Dica: Gomes[12] destaca que uma forma de avaliar se uma consequência é reforçadora positiva ou negativa é observar se há estímulo aversivo no antecedente e se a resposta é decorrente desse estímulo aversivo, pois, se a repetição acontece em função da retirada do estímulo aversivo que está no antecedente, então isso caracteriza reforço negativo.

Fonte: elaborado pelas autoras segundo Gomes, 2016[12].

Quadro 6 Exemplo de contingência

Estímulo antecedente	Resposta	Consequência	Explicação
1ª – A mãe combina com a criança	Que se ela fizer a atividade	Poderá assistir à televisão	Fará a atividade com mais alegria, empolgação e empenho, pois terá como consequência o ganho de algo de que gosta (contingência de reforço positivo).
2ª – A mãe solicita à criança	Que finalize a atividade	Pois se não fizer ficará de castigo	Fará a atividade tensa, aflita, desmotivada e se empenhará para finalizar a atividade, não porque terá ganhos, mas para evitar o estímulo aversivo castigo (contingência de reforço negativo).

Segundo Gomes[12], o sentimento envolvido nas duas situações não foi o mesmo. O efeito final nas duas situações é diferente, pois a primeira criança se sentirá animada com o término da atividade, enquanto a segunda criança se sentirá aliviada. É importante se atentar ao aspecto do reforço, porque as consequências reforçadoras positivas tendem a promover aprendizagens mais leves e agradáveis.

Fonte: elaborado pelas autoras segundo Gomes, 2016[12].

Contanto, há duas maneiras como a consequência pode ser apresentada e basicamente dois jeitos de reforçar uma determinada resposta:

- O reforço é apresentado após cada resposta.
- Algumas respostas são seguidas de reforço, enquanto outras não são.

Então, quando o reforço acontece a cada resposta, é chamado de reforço contínuo. Quando não, após cada resposta, é chamado de reforço intermitente. Portanto, quando se está no início do processo de aprendizagem, é importante que o reforço seja contínuo. Assim que o novo comportamento estiver estável, ou melhor, aprendido e aparecer com frequência alta, o reforço intermitente será importante para manter e fortalecer o comportamento aprendido.

Quadro 7 Exemplo de reforço contínuo e intermitente

Reforço contínuo	Reforço intermitente
Quando a criança começa a falar uma palavra nova, como "mamãe". É importante que a mãe fique atenta todas as vezes ao chamado da criança chamar, pois ela aprenderá rapidamente a relação da palavra falada e a atenção da mãe.	Quando a criança tiver aprendido essa relação, a mãe poderá dar atenção imediatamente em alguns momentos e demorar um pouco mais em outros. Isso tornará a criança mais persistente e o comportamento de falar "mamãe", mais forte.

Fonte: elaborado pelas autoras segundo Gomes, 2016[12].

Ainda a autora Gomes[12] comenta sobre a extinção do comportamento, ou seja, diminuir comportamentos indesejáveis. Quando pensamos em extinção de comportamento, é importante destacar que no início a criança pode apresentar aumento da frequência de respostas, variabilidade e respostas emocionais, o que pode parecer que a criança está piorando. Portanto, a extinção merece cuidado, pois pode fortalecer a resposta e não a extinção. Outro ponto que merece muita atenção é quando se utiliza punição positiva e negativa, pois determinado reforço pode vir a se tornar punição quando a criança não emite a resposta esperada.

Quadro 8 Exemplo de punição

Estímulo antecedente	Resposta	Consequência	Explicação
Mostrar a letra "A" impressa.	A criança fala corretamente o nome da letra.	É elogiada.	O elogio é um reforçador para que a criança nomeie a letra novamente.
Segundo Gomes (2016), o elogio é um reforçador para que a criança nomeie a letra novamente; porém, em uma nova tentativa, ela se recusa a falar o nome da letra, parando abruptamente. O que pode ter acontecido é que o elogio, ao invés de ter uma função reforçadora para resposta de nomeação, caracterizou-se como uma consequência punitiva. Para a análise do comportamento, a punição não está relacionada diretamente ao castigo, mas sim a qualquer consequência que provoque paradas abruptas de uma determinada resposta.			

Fonte: elaborado pelas autoras segundo Gomes, 2016[12].

Na análise do comportamento, utilizam-se termos como punição positiva e punição negativa.

- Punição positiva: é um tipo de consequência que produz a parada abrupta da resposta em função de um acréscimo de um estímulo aversivo.
- Punição negativa: é um tipo de consequência que produz a parada abrupta da resposta em função da expectativa de retirada de um reforçador de outra resposta, que não aquela punida, pois a retirada do reforçador da resposta indica extinção, e não punição.

Quadro 9 Exemplo de punição positiva

Resposta	Consequência	Indica punição	Explicação
Comer sanduíche	Achar um inseto	Parar de comer abruptamente	Em função do acréscimo do estímulo aversivo inseto

Fonte: elaborado pelas autoras segundo Gomes, 2016[12].

Quadro 10 Exemplo de punição negativa

Resposta	Consequência	Indica punição	Explicação
Acelerar o carro acima da velocidade permitida	Reforçado pela sensação que a velocidade produz	Próximo ao semáforo, parar de acelerar abruptamente	Não em função de estar "ganhando" um estímulo aversivo que é a multa, embora não aconteça imediatamente, mas em função da probabilidade de perder os "privilégios" (reforçadores de outras respostas), ao atropelar alguém, ter o carro apreendido e a carteira de motorista suspensa.

Fonte: elaborado pelas autoras segundo Gomes, 2016[12].

Na literatura, Gomes[12] apresenta que "Extinção" é um processo decorrente da retirada do reforçador que mantém uma determinada resposta, enquanto "Punição" é um tipo de consequência que se segue à resposta. Outro ponto importante é a diminuição da frequência da resposta; na extinção, o processo é gradativo e pode ser demorado, e na punição o efeito tende a ser imediato. Portanto, a intervenção baseada em extinção tende a obter resultados lentos, porém mais duradouros porque sem reforço a resposta não se mantém. Em punição há um efeito imediato, mas menos duradouro, pois a ausência da consequência punitiva pode resultar em retorno imediato da resposta, por ser reforçada por outra consequência.

Para aumentar a ocorrência de um comportamento correto e corrigir erros, podem ser utilizadas as dicas. Uma dica ou suporte é um estímulo suplementar não diretamente relacionado com a tarefa, mas que é associado a ela para controlar o desempenho da tarefa ensinada. Na literatura são descritas dicas físicas (total ou parcial), modelação (completa ou parcial), dicas gestuais, verbais e visuais[13].

- Dica física total: conduzir fisicamente o paciente, executando todo o movimento junto com ele. Exemplo: quando solicitado ao aluno a ação de "abrir", colocar a mão sobre a dele para executar a ação.
- Dica física parcial: conduzir fisicamente o paciente, executando parte do movimento junto com ele. Exemplo: quando solicitado ao aluno a ação de "abrir", dar um leve toque na mão dele para executar a ação.
- Modelo completo: pode ser apresentado o modelo completo da ação que está sendo solicitada (motora ou verbal). Exemplo: quando solicitado que o aluno fale "abre", fornecer o modelo completo da palavra.
- Modelo parcial: pode ser apresentado o modelo completo da ação que está sendo solicitada (motora ou verbal). Exemplo: quando solicitado que o aluno fale "abre", fornecer o primeiro fonema da palavra "a".
- Dica gestual: usar gestos para mostrar como deve ser a resposta da ação solicitada. Exemplo: ao ensinar um aluno a dizer não para interromper uma atividade, o terapeuta faz o movimento de não com o dedo.
- Dica verbal: apresentação de modelos verbais, como palavras ou frases, que ajudem o aluno a realizar a ação desejada: Exemplo: quando solicitada uma tarefa de nomeação da figura de um gato, o terapeuta pode falar "é um animal que faz miau".
- Dicas visuais: apresentação com apoio de figuras 2D ou palavras escritas para emissão da resposta correta. Exemplo: quadro de rotinas.

Os sistemas do uso de dicas podem seguir alguns procedimentos, sendo os principais deles o LTM – *Least to Most* –, que consiste na apresentação das dicas da menos para a mais intrusiva, e o MTL – *Most to Least* –, apresentação das dicas partindo da mais para a menos intrusiva[14].

Ensinar crianças com TEA por meio da intervenção de ensino sistemático e simultâneo de habilidades representa uma estratégia mais efetiva para o tratamento do autismo, mas, quando aplicada de forma ecológica, todos que fazem parte do convívio da criança também aprendem a conduzir o ensino. Há uma probabilidade muito maior de aprender o comportamento, esteja ele presente nas habilidades básicas ou nas habilidades acadêmicas e mais complexas.

REFERÊNCIAS BIBLIOGRÁFICAS

1. Rogers SJ, Estes A, Lord C, Vismara L, Winter J, Fitzpatrick Aet al. Effects of a brief Early Start Denver model (ESDM)-based parent intervention on toddlers at risk for autism spectrum disorders: a randomized controlled trial. J Am Acad Child Adolesc Psychiatry. 2012;51(10):1052-65.
2. Cooper JO, Heron EH, Heward JL. Applied Behavior Analysis, 3.ed. Philadelphia: Pearson; 2020.
3. Sundberg CT, Sundberg ML. Jack Michael's contributions to the treatment of autism. Behav Anal Pract. 2021;15(1):1-6.
4. Todorov JC, Hanna ES. Análise do comportamento no Brasil. Psic Teor Pesq. 2010.
5. Sandbank M, Bottema Beutel K, Crowley LaPoint S, Feldman JL, Barrett DJ, Caldwell N, et al. Autism intervention meta-analysis of early childhood studies (Project AIM): updated systematic review and secondary analysis. BMJ. 2023;383:e076733.
6. Autism Speaks. ASD levels of severity. [acesso em junho de 2024]. Disponível em: https://www.autismspeaks.org/levels-of-autism.
7. Dixon MR, Stanley CR, Belisle J, Rowsey KE. The test-retest and interrater reliability of the Promoting the Emergence of Advanced Knowledge-Direct Training assessment for use with individuals with autism and related disabilities. Behavior Analysis: Research and Practice. 2016;16(1):34-40.
8. Gresham FM, Elliott SN. Social skills rating system manual. Circle Pines: American Guidance Service; 1990.
9. Del Prette ZAP, Del Prette A. Avaliação de habilidades sociais: bases conceituais, instrumentos e procedimentos. In: Del Prette A, Del Prette ZAP (orgs.). Psicologia das habilidades sociais: diversidade teórica e suas implicações. Petrópolis: Vozes; 2009. pp. 187-229.
10. Rogers SJ, Dawson G. Intervenção precoce em crianças com autismo: manual para pais e profissionais. Porto Alegre: Artmed, 2010.
11. Souza AAS, Miguel CF. o ensino da linguagem na intervenção em crianças com transtorno do espectro autista. In: Sella AC, Ribeiro DM (org.). Análise do comportamento aplicada ao transtorno do espectro autista, 1.ed. Curitiba: Appris; 2018. p. 256-261.
12. Gomes CGS, Silveira AD. Ensino de habilidades básicas para pessoas com autismo: manual para intervenção comportamental intensiva. 1. ed. Curitiba: Appris; 2016.
13. Duarte CP, Silva LC, Velloso RL. Estratégias da análise do comportamento aplicada para pessoas com transtorno do espectro do autismo. 1. ed. São Paulo: Memnon; 2018.
14. Cengher M, Shamoun K, Moss P, Roll D, Feliciano G, Fienup DM. A comparison of the effects of two prompt-fading strategies on skill acquisition in children with autism spectrum disorders. Behav Anal Pract. 2015;9(2):115-25.

15. Sundberg ML. The verbal behavior milestones assessment and placement program: The VB-MAPP. 2. ed. Concord: AVB Press; 2014.
16. Bright Pine Behavioral Health. Exploring the different levels of autism. [acesso em abril de 2025]. Disponível em: https://www.brightpinepsychology.com/levels-of-autism/
17. Gitimoghaddam M, Chichkine N, McArthur L, Sangha SS, Symington V. Applied behavior analysis in children and youth with autism spectrum disorders: a scoping review. Perspect Behav Sci. 2022;45(3):521-57.
18. Bolsoni-Silva AT, Lopes JAL, Del Prette ZAP, Del Prette A. Validação das escalas de habilidades sociais, comportamentos problemáticos e competência acadêmica (SSRS-BR) para o ensino fundamental. Psic Teor Pesq. 2013;15(2):117-29.
19. Sella AC, Ribeiro DM, organizadoras. Análise do comportamento aplicada ao transtorno de espectro autista, 1. ed. Curitiba: Appris; 2018, p. 261-77.

15

Intervenção em treino parental para transtorno do espectro autista

Giovana Del Prette
Milene da Silva Franco
Rodolfo Ribeiro Dib

INTRODUÇÃO

A ampla variabilidade na apresentação clínica do transtorno do espectro autista (TEA) demanda intervenções altamente individualizadas, capazes de responder de forma precisa às particularidades cognitivas, comportamentais e adaptativas de cada criança. No contexto do treino parental, esse conhecimento é essencial para orientar estratégias específicas que favoreçam o desenvolvimento e a funcionalidade no ambiente familiar.

Neste cenário, a participação dos pais nas intervenções baseadas em Análise do Comportamento Aplicada (ABA) é fundamental. Os pais possuem um conhecimento aprofundado das particularidades de seus filhos, incluindo preferências, padrões comportamentais e histórico de aprendizagem, o que os posiciona como agentes-chave na implementação das estratégias terapêuticas. A ABA, reconhecida por sua eficácia na modificação de comportamentos, se beneficia significativamente da colaboração parental, que potencializa a generalização das habilidades adquiridas pela criança para contextos naturais, como o ambiente doméstico e a comunidade[1].

O envolvimento dos pais não se limita ao suporte das intervenções profissionais, mas é estendido ao manejo diário dos comportamentos desafiadores e à manutenção dos ganhos terapêuticos. O Treinamento Parental, neste contexto, emerge como uma intervenção essencial dentro da ABA, capacitando os pais a aplicar técnicas de modificação comportamental de forma sistemática e eficaz. No Brasil, onde o acesso a intervenções especializadas é frequentemente limitado, o Treinamento Parental torna-se uma estratégia indispensável para assegurar a continuidade e a eficácia do tratamento.

A necessidade de personalizar as intervenções para cada criança com TEA é crucial, dado o caráter idiossincrático do espectro autista. A integração ativa dos pais no processo terapêutico não apenas facilita a implementação das estratégias, mas também contribui para a robustez e a sustentabilidade dos resultados obtidos. Evidências sugerem que uma colaboração estreita entre família e profissionais de saúde é um fator determinante no sucesso das intervenções, proporcionando aos pais as ferramentas necessárias para enfrentar de forma eficaz as demandas comportamentais do dia a dia[2].

Este capítulo se propõe a apresentar estratégias de intervenções de treino parental voltadas para crianças com TEA, abordando quatro eixos principais: a) comportamentos da criança que são alvo de intervenção; b) habilidades parentais transmitidas pelo terapeuta; c) estratégias de intervenção utilizadas pelos terapeutas em colaboração com os pais, e d) protocolos de intervenção já validados e respaldados por evidências científicas.

PRINCIPAIS COMPORTAMENTOS-ALVO DE INTERVENÇÃO DA CRIANÇA

Habilidades sociais

As habilidades sociais são um dos focos centrais nas intervenções para crianças com TEA. O aprimoramento dessas habilidades envolve ensinar a criança a iniciar e manter interações sociais, compartilhar, compreender e responder a sinais sociais[3]. Por exemplo, uma intervenção pode ser projetada para ensinar a criança a fazer perguntas apropriadas durante uma conversa com um colega.

Crianças com TEA nível 1 de suporte podem ter dificuldade em interpretar as sutilezas das interações sociais, que são essenciais para a formação de vínculos. Já as crianças com maiores necessidades de suporte enfrentam dificuldades significativas em iniciar e manter interações sociais, apresentando frequentemente um isolamento social marcante, com pouca ou nenhuma iniciativa de se envolver em atividades sociais. Essas crianças podem ter dificuldades em interpretar sinais sociais, como expressões faciais e linguagem corporal, o que contribui para sua retração social[4].

Para o desenvolvimento do repertório social, são necessárias intervenções intensivas e estruturadas. Uma abordagem eficaz para promover a interação social é o uso de programas estruturados de socialização em pequenos grupos, nos quais as crianças podem praticar habilidades sociais com a mediação de adultos.

Comunicação verbal e não verbal

O desenvolvimento das habilidades de comunicação verbal e não verbal é essencial para a interação social, pois inclui a capacidade de adequar o vocabulário da criança, melhorar a estrutura das frases e incentivar o uso de gestos e expressões faciais adequados[5]. Por exemplo, um terapeuta pode trabalhar com os pais para ajudar a criança a usar frases completas em vez de respostas monossilábicas. Esse tipo de intervenção é crucial para TEA nível 1, onde a criança pode ter dificuldades discretas de comunicação que impactam as interações sociais.

Nos níveis mais altos de suporte, a comunicação verbal e não verbal é severamente limitada, dificultando a expressão das necessidades e desejos, o que pode levar a frustrações e comportamentos desafiadores devido à incapacidade de se comunicar eficazmente[6]. Um recurso possível para contornar essas limitações é o uso de sistemas de Comunicação Alternativa e Aumentativa (CAA). Dispositivos com aplicativos de comunicação ou sistemas de troca de figuras podem ser introduzidos para ajudar a criança a expressar suas necessidades e desejos. Por exemplo, uma criança pode usar um aplicativo de comunicação em um tablet para selecionar figuras que representem "comer", "brincar" ou "descansar", facilitando a comunicação com os pais e professores.

Comportamentos restritos e repetitivos

As intervenções também são direcionadas a comportamentos restritos e repetitivos, ajudando a criança a expandir seus interesses e a adaptar comportamentos repetitivos a contextos sociais mais apropriados[7]. Por exemplo, os pais podem ser ensinados a redirecionar um comportamento repetitivo, como alinhar brinquedos, para uma atividade estruturada que envolva interação social, como construir algo com os brinquedos junto com outra criança, o que viabiliza a flexibilidade e a adaptação social da criança.

Comportamentos repetitivos e de autoestimulação, como balançar ou bater as mãos, são comuns em crianças com TEA nível 3 e podem ser intensos, interferindo nas atividades diárias e na capacidade da criança de se engajar em novas experiências[8]. Técnicas de horários estruturados para reduzir a frequência desses comportamentos e a introdução de jogos sensoriais estruturados podem ser eficazes. Por exemplo, em vez de balançar repetidamente, a criança pode ser envolvida em uma atividade de modelagem com massinha, que fornece uma saída sensorial satisfatória e direciona a energia para uma atividade produtiva.

Comportamentos disruptivos e de desregulação emocional e sensorial

Comportamentos disruptivos e desregulação emocional e sensorial são áreas críticas de intervenção para crianças com TEA, pois esses comportamentos podem incluir crises de birra, agressividade, hiperatividade e respostas exageradas a estímulos sensoriais ou desencadeados por frustração e comunicação ineficiente[9]. As intervenções visam ensinar estratégias de autorregulação e *coping*, ajudando a criança a lidar com situações que desencadeiam esses comportamentos. Por exemplo, uma criança que se sobrecarrega em ambientes barulhentos pode utilizar abafadores de ouvido para reduzir a sensibilidade ao ruído.

Em episódios de intensa desregulação, as intervenções visam a implementação de planos de crise detalhados e o treinamento dos pais em técnicas de de-escalada. Por exemplo, quando uma criança começa a mostrar sinais de uma crise, os pais podem utilizar técnicas de respiração profunda ou redirecionar a atenção da criança para uma atividade calmante previamente identificada, como ouvir música suave ou desenhar. Outro exemplo é a implementação de "zonas de calma" em casa e na escola, onde a criança pode se retirar para se acalmar quando sentir que está prestes a ter episódios de desregulação emocional e comportamental. Essas estratégias são vitais para ajudar a criança a manter o controle em situações potencialmente estressantes e a desenvolver uma maior resiliência.

PRINCIPAIS HABILIDADES PARENTAIS ENSINADAS PELO TERAPEUTA

As habilidades parentais que serão alvo de ensino no treino parental devem ser determinadas pelas características da criança (e.g., idade, repertório comportamental), pelos objetivos da intervenção e pelas características da família (e.g., práticas de educação dos filhos, preferências, características culturais).

Fazer Análise de Contingências

Uma habilidade crucial ensinada pelos terapeutas aos pais é a capacidade de realizar a Análise de Contingências do comportamento da criança. A Análise de Contingências envolve a identificação dos antecedentes (eventos ou condições que precedem o comportamento), das respostas (o comportamento em si) e das consequências (o que ocorre após o comportamento)[10]. Este modelo explicativo do comportamento da criança é utilizado para desenvolver intervenções mais eficazes.

Ensinar os pais a fazerem análises de contingências é fundamental, pois permite que eles respondam de maneira mais adequada e imediata aos comportamentos desafiadores, promovendo mudanças positivas no comportamento da criança[11]. Quando os pais conseguem identificar os padrões de antecedente-resposta-consequência, podem modificar o ambiente ou suas próprias respostas para alterar o comportamento da criança de maneira eficaz[12].

Para ensinar essa habilidade, os terapeutas capacitam os pais a observarem cuidadosamente e registrarem os comportamentos dos filhos, identificando padrões e fatores desencadeantes. Por exemplo, uma mãe pode aprender a perceber que seu filho sempre tem uma crise de autoagressão após uma mudança na rotina, permitindo que ela antecipe e modifique essas situações para prevenir o comportamento desafiador.

Manejar consequências para o comportamento da criança

Ensinar o manejo de consequências para o comportamento da criança é uma habilidade crucial no treinamento parental, pois envolve a aplicação de reforçadores positivos e negativos de maneira consistente para incentivar comportamentos desejáveis e reduzir comportamentos indesejáveis.

Os pais aprendem sobre o conceito de reforçamento positivo, os tipos de reforçadores, como identificar e fazer uso de um estímulo potencialmente reforçador, como reconhecer o uso incorreto de reforçadores e como aumentar o uso de reforçadores sociais durante interações com a criança.

Os pais também aprendem a ficar sensíveis a comportamentos produtivos dos filhos, identificando respostas desejadas já presentes no repertório e que podem ser oportunidades para promover interação. Em função do interesse restrito, muitas vezes comum em pessoas com TEA, identificar interesses e estímulos potencialmente reforçadores é uma habilidade importante de ser adquirida pelos pais.

Para os casos de TEA com menor comprometimento, a atenção e o afeto dos pais são reforçadores poderosos, os quais devem ser disponibilizados imediatamente após comportamentos desejáveis, como compartilhar brinquedos ou iniciar uma conversa[13]. Os terapeutas ensinam os pais a utilizarem reforços tangíveis, como brinquedos ou tempo extra de brincadeira, imediatamente após comportamentos positivos, e a aplicar consequências negativas, como a retirada de privilégios, de forma justa e previsível. Por exemplo, uma mãe pode reforçar positivamente o comportamento de seu filho ao concluir uma tarefa doméstica oferecendo um tempo extra com um brinquedo favorito, e pode aplicar uma consequência negativa retirando o acesso a um dispositivo eletrônico após um comportamento agressivo.

Para lidar diretamente com comportamentos desafiadores, os pais são ensinados a ignorar de forma planejada esse tipo de resposta do filho, identificando consequências que reforçam comportamentos desafiadores. Eles também aprendem sobre os problemas que podem surgir durante esse tipo de procedimento e quais cuidados devem ter, como tipos de comportamentos que não devem ser ignorados e a importância da persistência durante a execução do procedimento.

Ensinar e generalizar comportamentos

No ensino de comportamentos por tentativas discretas, há um arranjo de ensino altamente estruturado no qual cada tentativa é iniciada pelo terapeuta e composta pela apresentação de estímulos antecedentes previamente selecionados, a resposta do aprendiz, uma consequência cuidadosamente planejada e um intervalo entre tentativas. Os pais podem ser ensinados a estruturar a sessão de ensino, realizar avaliações de preferência de estímulos para identificar potenciais reforçadores, selecionar e organizar os estímulos que serão usados (tanto os antecedentes quanto os consequentes), fornecer instruções claras e dicas necessárias para que ocorra a resposta, apresentar consequências contingentes e potencialmente reforçadoras no caso de acerto ou aplicar um procedimento de correção de erros no caso de resposta errada, e registrar dados.

No ensino naturalístico, o arranjo de ensino é estruturado para que o terapeuta possa criar e identificar oportunidades de ensino que ocorrem na rotina da criança, ensinando habilidades variadas no contexto de atividades preferidas inseridas na rotina diária. Os pais podem aprender a habilidade de organizar o ambiente para estimular a interação com a criança e identificar interesses do filho, ficando sensíveis aos sinais de motivação para propor oportunidades de tarefas e brincadeiras agradáveis que exijam respostas que fazem parte dos objetivos de aprendizagem da criança.

Manejar estruturas e rotinas

A criação de rotinas diárias estruturadas é essencial para crianças com TEA, pois proporciona previsibilidade e segurança, ajudando a reduzir a ansiedade e melhorar o comportamento, sobretudo quando ocorrem mudanças e transições[14].

Os terapeutas ensinam os pais a criarem rotinas consistentes e a usarem ferramentas visuais, como cronogramas e calendários, para ajudar a criança a entender e antecipar as atividades do dia[15]. Por exemplo, os pais podem criar um cronograma visual com imagens que representem cada atividade do dia, como café da manhã, escola e hora de dormir, ajudando a criança a se sentir mais segura e reduzir comportamentos desafiadores associados a mudanças inesperadas.

Técnicas de comunicação eficaz

O uso de uma comunicação eficaz se mostra efetiva para ajudar crianças com TEA a desenvolverem suas habilidades sociais e de linguagem. Os terapeutas ensinam aos pais técnicas para melhorar a interação e a compreensão da criança, já que frequentemente há dificuldades sutis de comunicação que podem impactar suas interações sociais. Técnicas de comunicação eficaz ajudam a melhorar essas habilidades e a reduzir a frustração tanto da criança quanto dos pais[16].

Os pais são instruídos a usarem frases curtas e diretas, evitando linguagem complexa ou ambígua. Por exemplo, dizer "Pegue seu casaco" em vez de "Por que você não pega seu casaco?". Os pais também são encorajados a modelar comportamentos verbais apropriados, como usar "por favor" e "obrigado", e a fazer perguntas abertas para incentivar respostas mais completas.

Muitos pais precisam ser treinados no uso de sistemas de Comunicação Alternativa e Aumentativa (CAA) para ajudar seus filhos a se comunicarem, devido à severa limitação da capacidade comunicativa. Isso inclui aprender a usar dispositivos de comunicação e métodos não verbais para facilitar a expressão das necessidades e desejos da criança[17].

Os terapeutas ensinam os pais a integrarem esses sistemas de comunicação no cotidiano da criança, incentivando seu uso em diferentes contextos. Por exemplo, o terapeuta ensina o pai a usar um tablet com um aplicativo de comunicação para ajudar seu filho a selecionar figuras que representem "comer", "brincar" ou "descansar", facilitando a comunicação e reduzindo a frustração e os comportamentos desafiadores.

Manejo de comportamentos críticos

Os pais precisam aprender estratégias específicas para lidar com crises e comportamentos extremos, como autoagressão e agressividade, incluindo prevenção de comportamentos interferentes/desafiadores, o desenvolvimento de planos de segurança e protocolos de intervenção de emergência[18].

Os terapeutas treinam os pais em técnicas de de-escalada e intervenções de segurança para garantir a segurança da criança e de todos ao seu redor. Por exemplo, quando uma criança começa a mostrar sinais de uma crise, os pais podem ser ensinados a utilizar técnicas de respiração profunda ou a redirecionar a atenção da criança para estímulos que a acalmem, previamente identificados, como ouvir música suave ou desenhar, ajudando a prevenir a escalada do comportamento.

Outro exemplo, caberia ensinar os pais a não deixarem visível o item de interesse de uma criança que apresenta comportamentos desafiadores e a oferecer previsibilidade, utilizando dicas visuais de uma sequência de atividades da rotina, para indicar quando o item estará disponível e quais comportamentos serão necessários para acessá-lo.

PRINCIPAIS ESTRATÉGIAS DE INTERVENÇÃO DO TERAPEUTA COM OS PAIS

Várias estratégias podem ser usadas para ensinar habilidades aos pais, incluindo o fornecimento de instruções verbais ou escritas, a modelagem de habilidades, o uso de dramatizações e ensaios das novas habilidades com o terapeuta e a criança, além do uso de feedback específico para diminuir os erros e reforçar as respostas corretas. O uso de todos esses componentes juntos é chamado de Treinamento de Habilidades Comportamentais (*Behavioral Skills Training* – BST), um método eficaz e eficiente para o ensino de novas habilidades.

Psicoeducação sobre TEA e Análise do Comportamento

A psicoeducação é um componente vital das intervenções no treino parental, proporcionando aos pais uma compreensão sólida do transtorno do espectro autista (TEA) e dos princípios da Análise do Comportamento Aplicada (ABA). Isso ajuda os pais a entenderem melhor as características do transtorno e a importância de aplicar técnicas baseadas em ABA. O terapeuta conduz sessões educativas para explicar o que é o TEA, suas manifestações específicas de acordo com o nível de suporte e os princípios fundamentais da ABA, como reforço, extinção e análise funcional.[19]

O acesso à psicoeducação viabiliza a compreensão dos pais sobre o transtorno do espectro autista, sensibilizando-os sobre o impacto que seus comportamentos geram no desenvolvimento dos filhos. Muitas preocupações surgem acerca das dificuldades enfrentadas por indivíduos com TEA, podendo ocorrer superestimação ou subestimação dessas previsões[20]. Na prática clínica, o compartilhamento de informações com os pais já mostra resultados positivos, potencializando a participação ativa nas intervenções devido à apropriação e empoderamento.

Para ensinar esses conceitos, os terapeutas conduzem sessões educativas detalhadas, usando materiais visuais e exemplos práticos para ilustrar os princípios da ABA e sua aplicabilidade aos comportamentos de seus filhos. Por exemplo, os pais podem aprender sobre o uso de reforçamento positivo para incentivar comportamentos desejáveis e técnicas de extinção para reduzir comportamentos indesejáveis, entendendo como essas técnicas podem ser aplicadas nas atividades diárias.

Acolhimento ao sofrimento e estresse parental

A intervenção também deve incluir o acolhimento ao sofrimento e estresse parental, proporcionando suporte emocional e estratégias de *coping* para os pais, uma vez que a parentalidade impõe uma sobrecarga significativa nos cuidados. Este apoio é essencial para garantir que os pais estejam em um estado emocional que lhes permita implementar as intervenções de maneira eficaz.

Os terapeutas oferecem sessões de suporte emocional individual e em grupo, nas quais os pais podem compartilhar suas experiências e aprender técnicas avançadas de *coping*[11]. Por exemplo, os pais podem ser ensinados a usar práticas de *mindfulness* e técnicas de relaxamento para reduzir o estresse. Além disso, a criação de redes de suporte social, como grupos de apoio, pode proporcionar um espaço seguro para os pais discutirem seus desafios e receberem encorajamento e conselhos práticos de outros que estão em situações semelhantes.

Treinamento comportamental no consultório

Os pais precisam praticar intensivamente as técnicas comportamentais em um ambiente controlado antes de aplicá-las em casa. Isso ajuda a garantir que eles se sintam confiantes e competentes na implementação das intervenções[21]. A presença da criança na sessão pode variar conforme a técnica utilizada. Técnicas como modelagem, em que o terapeuta demonstra como aplicar intervenções, e *role-playing*, em que os pais praticam as técnicas aprendidas em cenários simulados, são amplamente utilizadas. Por exemplo, um pai pode praticar como aplicar uma técnica de reforço positivo após a execução de um comportamento desejável pelo filho em um ambiente simulado. A videomodelagem, que envolve o uso de vídeos para demonstrar comportamentos e técnicas, também é comum.

Treinamento comportamental em ambiente natural

A prática do treino de habilidades em consultório permite que os pais desenvolvam maior segurança e autoconfiança na aplicação das estratégias, favorecendo a generalização das técnicas para contextos naturais, como o ambiente doméstico e escolar, sob a orientação e supervisão do terapeuta. O terapeuta (ou um acompanhante terapêutico) intervém com os pais em situações reais, oferecendo suporte e feedback enquanto aplicam as técnicas comportamentais aprendidas[22]. Este acompanhamento direto no ambiente natural da criança permite ajustes imediatos e uma aplicação mais contextualizada das técnicas.

Desenvolvimento de planos de intervenção personalizados

Cada criança e família é única, e as intervenções precisam ser adaptadas para atender às suas necessidades específicas. Os terapeutas colaboram com os pais para desenvolver planos de intervenção personalizados que levem em conta os pontos fortes e as áreas de necessidade da criança[23].

Os terapeutas realizam avaliações contínuas para monitorar o progresso e ajustar as intervenções conforme necessário. Por exemplo, um plano de intervenção pode incluir metas específicas para melhorar a comunicação e reduzir comportamentos desafiadores, com estratégias detalhadas sobre como os pais podem trabalhar para atingir essas metas. O terapeuta revisa regularmente o plano com os pais, fazendo ajustes com base no progresso da criança e nas mudanças e necessidades da família.

Protocolos de intervenção parental validados

A comunidade científica já validou inúmeros protocolos de Treinamento Parental que são empiricamente sustentados e direcionados para o desenvolvimento de diferentes habilidades. A escolha do protocolo ocorre em função da compatibilidade entre as habilidades ensinadas e o perfil das necessidades geralmente presentes nos casos de intervenção para indivíduos com TEA. A seguir estão elencados alguns.

Treinamento Comportamental de Pais (*Behavioral Parent Training* – BPT)

É direcionado para o acompanhamento de instruções/comandos dos pais, comunicação funcional (respostas verbais, vocais ou não, que possam substituir comportamentos interferentes/desafiadores), e habilidades adaptativas como sociais, de lazer, de autocuidado e acadêmicas. O BPT utiliza técnicas intensivas de *role-playing* para o manejo de crises e estratégias para reduzir comportamentos disruptivos intensos, com prática supervisionada no consultório, e sessões de acompanhamento frequentes para monitoramento e ajustes das intervenções.

Treinamento de Comunicação Social Mediado pelos Pais (*Parent-Mediated Social Communication Training* – PMSCT)

Concentra-se predominantemente em melhorar a comunicação social, incluindo o desenvolvimento de habilidades para iniciar e manter conversas e usar linguagem apropriada em contextos sociais. O PMSCT utiliza técnicas de modelagem verbal e histórias sociais para preparar a criança para interações sociais, combinando sessões no consultório com práticas supervisionadas em ambientes naturais, como casa e escola, e adotando estratégias para promover a comunicação social em contextos variados.

Treinamento de *Coping* e Suporte Parental (*Coping and Support Training* – CAST)

Foca em ajudar os pais a lidarem com o estresse e a desenvolverem estratégias eficazes de *coping*, combinando técnicas de manejo comportamental com suporte emocional. O CAST oferece aos pais estratégias para melhorar seu bem-estar emocional enquanto aplicam intervenções com seus filhos.

Intervenções Comportamentais Desenvolvimentais Naturalísticas (*Naturalistic Developmental Behavioral Interventions* – NDBI)

Integram habilidades relacionadas com as atividades diárias, incluindo estratégias para promover o desenvolvimento cognitivo e adaptativo. O NDBI ensina técnicas de incorporação de intervenções comportamentais em jogos e atividades lúdicas, promovendo a generalização das habilidades por meio da prática em contextos naturais.

Treinamento Parental Baseado em Videomodelação (*Video-Modeling Parent Training* – VMPT)

Combina sessões no consultório com prática em ambientes naturais, utilizando vídeos para ensinar e reforçar comportamentos-alvo, com foco em habilidades sociais e comunicativas. O VMPT também aborda comportamentos de autorregulação emocional e adaptações sensoriais por meio de exemplos visuais.

Treinamento de Comunicação Funcional (*Functional Communication Training* – FCT)

É um protocolo eficaz para reduzir comportamentos desafiadores, propondo o ensino de habilidades de comunicação alternativas que são funcionalmente equivalentes aos comportamentos problemáticos. Para crianças com TEA nível 3, o FCT pode incluir o uso de sistemas de comunicação alternativa, como dispositivos de fala gerada por computador, que permitem à criança expressar necessidades e desejos sem recorrer a comportamentos desafiadores. Os pais são treinados para identificar sinais precursores de comportamentos problemáticos e para ensinar e reforçar sistematicamente as alternativas de comunicação[18].

Intervenções Baseadas no Modelo TEACCH (*Treatment and Education of Autistic and Communication-Handicapped Children*)

Oferecem um programa estruturado que combina estratégias visuais e um ambiente físico organizado para ajudar crianças com TEA nível 3 a entenderem e interagirem com o mundo ao seu redor. Pais são treinados para usar calendários visuais, áreas de trabalho definidas e rotinas diárias estruturadas para aumentar a independência e reduzir a ansiedade da criança. Essas intervenções ajudam a criança a antecipar mudanças e a entender o que se espera dela, promovendo uma maior estabilidade emocional e comportamental[14].

Intervenção Comportamental Intensiva Precoce (*Early Intensive Behavioral Intervention – EIBI*)

É uma abordagem intensiva que utiliza os princípios da Análise do Comportamento Aplicada (ABA) para ensinar uma ampla gama de habilidades adaptativas, concentrando-se em habilidades de vida diária, comunicação e redução de comportamentos autolesivos e agressivos. Os pais são treinados para aplicar técnicas ABA em casa de forma consistente, garantindo que as habilidades aprendidas na terapia sejam generalizadas para o ambiente natural da criança[4].

Treinamento de Resiliência Parental (*Parent Resilience Training* – PRT)

Foca em capacitar os pais a desenvolverem resiliência emocional e habilidades de *coping* para lidar com o estresse associado ao cuidado de uma criança com TEA. Este treinamento inclui técnicas de *mindfulness*, suporte emocional e estratégias para promover o bem-estar mental dos pais. Ao fortalecer a resiliência dos pais, o PRT ajuda a melhorar a qualidade do cuidado que eles fornecem, reduzindo o impacto do estresse nas dinâmicas familiares[24].

CONCLUSÃO

Este capítulo apresentou uma visão abrangente das intervenções em treino parental para crianças com TEA, destacando comportamentos-alvo, habilidades parentais ensinadas e estratégias de intervenção dos terapeutas com os pais. Os protocolos adaptados para TEA são fundamentais para abordar as complexidades únicas dessas crianças, proporcionando estratégias específicas para melhorar a comunicação, reduzir comportamentos desafiadores e apoiar o desenvolvimento global.

A personalização das intervenções, baseada nas necessidades individuais da criança e da família, é crucial para o sucesso dessas abordagens. A eficácia dos protocolos é sustentada por evidências de meta-análises e ensaios clínicos, demonstrando a importância de práticas baseadas em evidências no apoio a crianças com TEA e suas famílias.

As intervenções parentais são essenciais para promover mudanças comportamentais significativas em crianças com TEA. Para que essas mudanças ocorram, é necessário alterar as contingências em vigor. O Treino Parental se mostra um meio eficaz para ensinar e instrumentalizar os pais, permitindo que novas práticas sejam aprendidas e mantidas no repertório parental.

REFERÊNCIAS BIBLIOGRÁFICAS

1. Licona S, Bush L, Chavez V, Dillon E, Wainer AL. Parent-mediated interventions. In: Leaf JB, Cihon JH, Ferguson JL, Weiss MJ (Orgs.). Handbook of applied behavior analysis interventions for autism: integrating research into practice. Cham: Springer, 2022. p. 289-315.
2. Oliveira CL, Schmidt A, Pendeza G. A participação dos pais em intervenções com análise do comportamento aplicada (ABA) para crianças com Transtorno do Espectro Autista. Psicologia USP. 2020;31.
3. Bellini S, Peters JK, Benner L, Hopf A. A meta-analysis of school-based social skills interventions for children with autism spectrum disorders. Remedial Spec Educ. 2007;28(3):153-62.
4. Steinbrenner JR, Hume K, Odom SL, Morin KL, Nowell SW, Tomaszewski B, et al. Evidence-based practices for children, youth, and young adults with Autism: Third generation review. J Autism Dev Disord. 2020;50(11):3916-32.
5. McDuffie AS, Yoder PJ. Types of parent verbal responsiveness that predict language in young children with autism spectrum disorder. J Speech Lang Hear Res. 2010;53(4):1026-39.
6. Ferreira JP, Monteiro TD, Barros R. Comunicação Alternativa e Aumentativa para crianças com Transtorno do Espectro Autista: uma revisão de literatura. Rev Bras Educ Espec. 2023;29(1):133-50.
7. Boyd BA, McDonough SG, Bodfish JW. Evidence-based behavioral interventions for repetitive behaviors in autism. J Autism Dev Disord. 2012;42(6):1236-48.
8. Santiago C, Gabriel R. Comportamentos repetitivos e estereotipias em crianças com Transtorno do Espectro Autista: Revisão de literatura. Cad Pós-Grad Distúrb Desenv. 2022;22(1):41-55.
9. Cohen IL, Johnson M. Handbook of autism and pervasive developmental disorders: diagnosis, development, neurobiology, and behavior. Wiley; 2004.
10. Hanley GP, Iwata BA, McCord BE. Functional analysis of problem behavior: a review. J Appl Behav Anal. 2003;36(2):147-85.
11. McIntyre LL. Parent training for young children with developmental disabilities: randomized controlled trial. Am J Ment Retard. 2008;113(5):356-68.
12. O'Neill RE, Albin RW, Storey K, Horner RH, Sprague JR. Functional assessment and program development for problem behavior: a practical handbook. Cengage Learning; 2015.

13. Cipani E, Schock KM. Functional behavioral assessment, diagnosis, and treatment: a complete system for education and mental health settings. Springer Publishing Company; 2010.
14. Probst P, Glen I. TEACCH Program for Children and Adults with Autism: a program overview and best practices guide. Hogrefe Publishing; 2011.
15. Hume K, Boyd BA, McBee MT, Odom SL. Assessing implementation of comprehensive treatment models for young children with autism spectrum disorders: reliability and validity of two measures. J Autism Dev Disord. 2011;41(6):467-80.
16. Sussman F. More Than Words: helping parents promote communication and social skills in children with autism spectrum disorder. Hanen Centre; 1999.
17. Nefdt N, Koegel R, Singer G, Gerber M. The use of a self-directed learning program to provide introductory training in pivotal response treatment to parents of children with autism. J Posit Behav Interv. 2010;12(1):23-32.
18. Bearss K, Johnson C, Handen B, Smith T, Scahill L. Parent training in autism spectrum disorder: what's in a name?. Clin Child Fam Psychol Rev. 2015;18(2):170-82.
19. Leaf JB, Oppenheim-Leaf ML, Leaf R, McEachin J, Taubman M, Torres N, Milne C. Applied behavior analysis is a science and, therefore, progressive. J Autism Dev Disord. 2016;46(2):720-31.
20. Portes VP, Vieira ML. A psicoeducação como recurso de intervenção na clínica de crianças com Transtorno do Espectro Autista. Estud Psicol. 2022;27(1):1-13.
21. Drew A, Baird G, Baron-Cohen S, Cox A, Slonims V, Wheelwright S, et al. A pilot randomised control trial of a parent training intervention for pre-school children with autism. Eur Child Adolesc Psychiatry. 2002;11(6):266-72.
22. Miltenberger RG. Behavior Modification: principles and procedures. Cengage Learning; 2008.
23. Ho MHR, Lin LY. The effects of early intensive behavioral intervention on young children with autism spectrum disorders: a meta-analytic review. J Autism Dev Disord. 2020;50(10):3624-39.
24. Postorino V, Sanges V, Giovagnoli G, Fatta LM, De Peppo L, Armando M, Vicari S. Clinical differences in children with autism spectrum disorder with and without food selectivity. Appetite. 2017;113:207-15.

Índice remissivo